JN016410

口絵 1　スピード・ラビット（三人組で動物の形をつくる）
　　　　目的：大声で笑い合い、スキンシップを図りなが
　　　　らの心と体の開放を目指した活動

口絵 2　マインフィールド（二人組で一方は目を隠
　　　　し、他方は指示を出し、障害物に触れな
　　　　いように移動する）
　　　　目的：相手の立場を考慮したコミュニケー
　　　　ション（アサーティブネス）を学ぶ活動

口絵3 ヘリウムリング（みんなで指に乗せ
たフラフープを床まで下ろす）
目的：協調性やコミュニケーション
能力を高める活動

口絵4 ヒューマンノット（みんなで無
作為に結んだ両手を知恵の輪の
ように解いていく）
目的：パーソナル・スペースの
縮小と課題解決を通したコミュ
ニケーション能力を高める活動

口絵5 オール・キャッチ（キャッチする目標個数を決め、みんなで一
斉に投げたボールをキャッチする）
目的：目標設定・課題解決（Try & Error）・振返りの一連の体
験学習サイクルを学ぶ活動

口絵 6　トラスト・ブリッジ（みんなで仰向け
　　　　となり、手でチャレンジャーの体を目
　　　　的地まで運ぶ）
　　　　目的：支える側はチャレンジャーの心
　　　　身の安全を確保し、挑戦できる環境を
　　　　つくることの重要性を学び、チャレン
　　　　ジャーは身を委ねる体験をすることで
　　　　相互の信頼関係を構築する活動

口絵 7　モホーク・ウォーク（揺れるワ
　　　　イヤーの上をみんなでゴールを
　　　　目指して移動する）
　　　　目的：難易度の高い課題解決に
　　　　挑み、チームビルディングの過
　　　　程で得たすべてのチームの力を
　　　　体験学習サイクルに則りながら
　　　　活かす活動

口絵 8　全方向型ホエール・ウォッチング（8角形のシーソー
　　　　に全員がバランスをとって乗る）
　　　　目的：チームの発達段階や総合力が現れ、チームビル
　　　　ディングの過程で得たすべてのチームの力を体験学習
　　　　サイクルに則りながら活かす活動

口絵 9　ダングルデュオ（地上 10 m のゴールを目指し、命綱
をつけて 2 人で協力しながら角材の階段を登っていく）
目的：自己への挑戦と葛藤とともに、他者との信頼関
係を構築する活動

口絵 10　ビレイ（チャレンジャーの命綱を
チームで預かる）
目的：チャレンジャーが安心して
挑戦するために、仲間が各自の責
任を果たすこと（I am）が重要で
あることを学ぶ活動。チャレン
ジャーと命綱を預かっている仲間
との間をつなぐものはコミュニ
ケーションを土台とした信頼関係

口絵 11　マトリックス（揺れるワイヤーの上
に置かれた 5 枚の板に乗りながら、
チームで協力しながらゴールを目
指して移動する）
目的：最大 8 名までが同時に挑戦で
きるチームチャレンジコースの一
つで、高所での課題解決やチーム
ワークが求められる活動

アドベンチャーと教育

特別活動とアクティブ道徳教育

工藤 亘 編著

川本和孝・村井伸二・山口圭介 著

玉川大学出版部

まえがき

　2019 年、平成から令和に元号が変わり、世の中も何かと変動するタイミングで玉川大学 TAP センター長となった筆者は、就任挨拶で大好きな青いバラの話をした。青いバラは自然界に存在しないが、某企業の創始者の口癖 "やってみなはれ" によって研究が進み、不可能とされていた青いバラが誕生したのである。それにより青いバラの花言葉が「不可能」から「夢叶う」に変わり、"アドベンチャー" と共通点がある。BLUE ROSE に B：Believe（信頼）、L：Liberal（自由）、U：Up（向上）、E：Empower（力づける）、R：Respect（尊重）、O：Openness（開放性）、S：Support（支援）、E：Error is OK!（失敗しても大丈夫！）の意味をつけたい。

　2020 年で TAP を開始して 20 年目。人間でいえばやっと成人式を迎えた段階で、この 20 年で達成したこともたくさんあるが課題もある。しかし、BLUE ROSE のように成功を信じて尊重し合い、開放的で自由に試行錯誤し、協力しながら互いの向上のために支援できるような TAP でありたいと考える。我々は常に TAP の意義や価値を尊重し、成功の不確かなことや正解の一つではないことに挑戦し続けており、Trial & Error を繰り返しながら進化と発展を目指している。その理由は "進みつつある教師のみ、人に教える権利あり"（Diesterweg）であり、"挑戦し続ける限り誰もが成功者" だからである。

　新元号の令和とは Beautiful Harmony（美しい調和）であり、その意味を「一人ひとりの日

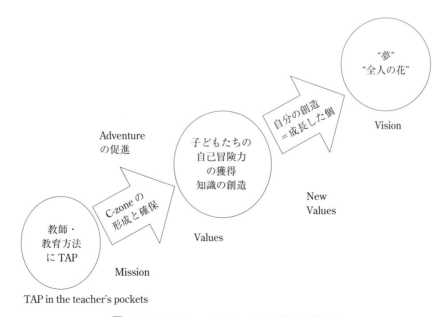

図　TAP の Mission・Values・New Values・Vision

本人が明日への希望とともにそれぞれの花を大きく咲かせることができる、そうした日本でありたい」と安倍元相は説明する。調和のある人づくりとして、全人教育はこれまで日本の教育に貢献してきた。その具現化を図る TAP は子どもたちをはじめ、すべての人々の夢を叶え、全人の花を咲かせるために在り、そのためには子どもを人生の開拓者として育てる必要がある。

　TAP では、子どもたちが自己冒険力（人生を開拓していく力）を獲得し発揮できるように教師や保護者、指導者等の教育観や関わり方を刺激し、マインドを変えることが大切だと考える。自己冒険力は、教師等の「支導」によって子どもがアドベンチャーをできる環境について体験学習し、そこでの気づきや学びを子ども自身で試行錯誤しながら日常生活に活かし、夢や自己実現に向かう力である。それはなすことによって学ぶ力であり、"何かを学ぶためには自分で体験する以上によい方法はない"（Einstein）のである。さらに我々は次世代の教師やリーダーの育成を図り、TAP の考え方や理論、技術を継承することが使命だと考えている。

　本書は、教職を目指す学生や、教育現場において子どもたちの成長のために教育的愛情を注いでいる先生方のためにある。また、グループワークや人材育成・マネジメントに携わる方のためにもある。そして TAP センターで認定する「TAP リーダー資格（大学）」や「学級ファシリテーター資格（大学院）」のテキストとして使用する。TAP リーダーは「TAP Ⅰ（実践編）」を通じ、チームビルディングの過程においてコミュニケーション能力、課題解決能力、目標設定と意思決定、自己主張と協調性、リーダーシップとフォロワーシップなどを体験的に学ぶのである。「TAP Ⅱ（理論編）」においては、本書を用いて理論と実践の往還と統合を行い、リーダーとして現実社会で応用・転用できるようにすることを学ぶのである。学級ファシリテーターは、本書に基づいた「ファシリテーターとしての教師の技術と実践 A・B」を通じ、教育の専門職である教師が、学級での学びや子どもの成長を促進するファシリテーター（支導者）としての役割や考え方について理論的に学ぶのである。

　本書は 4 章で構成され、第 1 章は "アドベンチャー" をキーワードに実践と研究を続けている玉川アドベンチャープログラム（Tamagawa Adventure Program）の背景や理論が書かれてある。アドベンチャーとは何か、なぜアドベンチャーを通した体験学習が人の成長に寄与するのか、アドベンチャーのできる環境づくりの必要性などについて学ぶのである。

　第 2 章は、教育の専門職である教師（Teachers as professionals）に必要な "指導と支導"、"ファシリテーターの役割" などをキーワードに書かれてある。玉川大学には「子どもに慕われ、親たちに敬われ、同僚に愛せられ、校長に信ぜられよ」という教師訓があり、TAP はこの土台づくりに貢献できることが書かれてある。教師と子ども、子ども同士の学級づくりや保護者や地域との関係づくりの素地として TAP は貢献し、人間関係に素敵な化学反応を起こすのである。

　第 3 章は、学級経営・特別活動における TAP の活用法について書かれてある。教育課程における特別活動の役割と TAP との共通点、TAP と学級経営との関連性、学級づくりや集団づくりにおける TAP の活用法について学び、子ども同士の関係づくりや教師と子どもの関係づ

くりの構築について学びを深めるのである。

　第4章は、道徳教育とTAPについて書かれてある。道徳の本質と道徳教育の展望、学校における新たな道徳の教育の展開、道徳教育におけるTAPの位置づけや新たな試みであるアクティブ道徳教育について書かれてある。小・中学校では「特別な教科　道徳」がスタートしたこともあり、2019年にTAPセンターでは「アクティブ道徳教育研究会」を発足させたのである。Herbartは"教育の目的を倫理学に、方法を心理学"に求めたが、TAPは体験的な道徳教育の取組みのために、方法論では教育心理学・社会心理学などの心理学を取り入れている。

　新しい知識・情報・技術が高い評価をもつ知識基盤社会の到来、グローバル化の進展や人工知能（AI：Artificial Intelligence）の急速な進化、地球規模課題の深刻化や持続可能な社会づくりへの要請、少子高齢化や貧困問題など、社会の変化が加速度的に進み、将来の予測が困難になっている。この新しい社会を創造し発展させ、よりよい人生や社会を自ら創り出し、新しい価値を生み出すことができる子どもたちを育てていく必要がある。高度で多様な価値観や個性をもち、子どもたちが活躍できる環境を整えるのは大人や教師の使命である。そして教育の不易と流行を踏まえ、どんな時代にあっても社会に貢献できる人づくりをするのがTAPの使命でもある。

　日本経済団体連合会の新卒採用に関する調査（2018年）では、選考にあたり重視した点の1位はコミュニケーション能力（16年連続）であり、次いで主体性、チャレンジ精神であった。TAPにはコミュニケーション能力・主体性・チャレンジ精神を体験的に修得する機会が豊富にある。その結果、創造社会に必要な想像力と創造力の融合、組織と個人を結ぶエンゲージメント、イノベーションを生むデザイン思考、チームづくりに不可欠な心理的安全性の向上に貢献でき、企業から高い評価を得ている。

　また近年、AIを搭載したロボット開発が注目されているが、いくら開発が進んでもロボットには教師は務まらないと確信する。なぜなら、教育は人によって行われる営みであり、専門職である教師がホスピタリティとクリエイティビティを基に、学級や対人関係をマネジメントするからである。"教育は人なり"。Kantは"人間は教育によってのみ人間となる"と、Rousseauは"人間は教育よってつくられる"と言う。教師には教育者としての使命感、人間の成長や発達についての深い理解、子どもに対する教育的愛情、教科等に関する専門的知識と広く豊かな教養、そしてこれらを基盤とした実践的指導力が強く求められている。この実践的指導力の一端をTeachers as professionalsを通して学ぶことができるのである。

　2019年、TAPセンターのロゴが決定した。玉川大学では全人教育の理念に加え、IDEALSを人生における究極的な目標とし、TAPはその目標の実現のためにロゴの3色にIDEALSの意味を込めたのである。赤（T）はLeadership & Service、緑（A）はAdventure & Environment、青（P）はInternational Perspective & Democracy。これからの日本や世界を担っていく若者たちが、夢を叶えるまでの険しい道のりを積極的に歩んでいけるようにTAPは在る。また、専門知識や技術と同時に、社会人としてふさわしい倫理観も身につけ、知識と心を豊かにするた

めにも存在し、本書はその理論を学ぶために在る。

　TAP は成人式を迎えた青年であり、まだまだ発達する可能性を無限に秘め、未開拓な分野が存在する。今後も"行動する全人教育"として TAP の理論と実践を往還・統合し、"実践なき理論は空虚であり、理論なき実践は盲目である"（Lewin）を胸にさらなる「アドベンチャーと教育」の進化と深化を目指すのである。

　最後に、本書を手にした方へのメッセージ。"チャンスの神様は一瞬で通り過ぎ、アドベンチャーの神様はいつも傍にいます！"。チャンスの神様は、いつ訪れるかはわからず一瞬にして通り過ぎてしまうが、前髪をつかんだ者には幸運が訪れる。アドベンチャーの神様は、いつでも傍にいてそっと心や体を動かす刺激をくれ、いろいろな体験や学びを与えてくれるのである。チャンスを逃さずに、一緒にアドベンチャーをしましょう！

　　2020 年 5 月

工　藤　　亘

目　　次

1章　玉川アドベンチャープログラム(TAP)

1.1　玉川アドベンチャープログラム（TAP）

〔1〕TAP の 概 要

　TAP は、1999 年 7 月、小原芳明玉川学園園長・玉川大学学長と米国の Project Adventure, Inc.（PA, Inc.）の Richard G. Prouty 代表との間で「非営利団体プロジェクトアドベンチャーと玉川学園は教育活動を通じて日米交流を促進する事業に協力して取り組むことに合意する」という協定を結んだことから始まったのである。2000 年 4 月、玉川学園は「行動する全人教育」のテーマのもと全人教育研究所心の教育実践センターを発足させ、アドベンチャープログラムを全人教育の実践のために導入し、学園内に PA, Inc. と Project Adventure Japan（PAJ）の協力を得て、学校教育施設の屋外コースとしては日本初の ropes コースを設立した。同年 7 月に PA, Inc. から講師を招聘し、玉川学園・玉川大学の教師向けに Adventure Programming コースと Adventure in the classroom コースを合わせた研修を開催し、その内容を踏まえ玉川学園の教育や日本社会に適応させた「玉川アドベンチャープログラム」が誕生したのである。そして 2002 年 4 月には、玉川学園での TAP の取組みが子どもたちの自尊感情を大切にしながら好奇心を育て、チャレンジ精神と豊かな心を育む海外の実践校として評価され、PA, Inc. 主催の創設 30 周年記念セレモニーにて「Project Adventure Award for Program Excellence」を受賞したのである。2000 年から 2014 年までは玉川アドベンチャープログラムを小文字で "tap" と表記してきたが、2015 年より大文字の "TAP" に変更した。それを踏まえ、本書で扱う「玉川アドベンチャープログラム」は、混乱を防ぐために、すべて大文字の TAP に統一することとする。

　TAP には以下の三つのコンセプトがあり、現在に引き継がれている。

① **Tamagawa Adventure Program**：全人教育を具現化するためにアドベンチャー教育を用い、チームで協力し人と支え合う体験学習を通して生きる力を身につける。

② **Teachers as professionals**：教師としての専門性を発揮して、子どもの可能性を促進する。

③ **tap**：ノックをしてドアを開く（自己開示）、コツコツ叩いて自分の意思を発信する（自己主張）、自他の能力や資源を開発する・活用する・利用する。

　活動の中心は上記の①と③であり、グループ活動を通し参加者が主体的に基礎的・汎用的能力等について体験的に学習するプログラムである。他者との関わりを通してコミュニケーショ

ン能力、信頼関係を構築する能力、課題解決能力等を養い、そこで気づき、感じ、学んだこと
を日常生活に応用・転用することが重要である。また他者がもっている力を発揮できるように
支援できる能力、つまりファシリテーション能力の開発にも寄与している。

　TAP には「I am（Inter-accountable mind）」という精神があり、「**私は私である**」と同時
に「**相互に責任を担う気持ち**」が大切であることを意味している。この I am を尊重し、さま
ざまなことに挑戦していこうとするのが「**I am a challenger!**」である。そして Challenger に
は以下のような意味が込められている。

　　CH：Challenge（挑戦する）　　ALL：Alternative（すべて／選ぶ余地がある）
　　EN：Enrich（豊かにする）　　　G：Growth（成長）
　　E：Experience（経験）　　　　　R：Respect（尊重）

　I am a challenger! とは「挑戦することにはすべて選ぶ余地があるが、相互に責任を担う気持
ちを最大限にもち実行していくことが前提であり、そのうえでさまざまな挑戦により、経験が
豊かなものになり人間的な成長が促進されていく」ものである。ただし、諸要因により直接的
には活動に参加できず挑戦することを選択しない場合でも、I am によって仲間のために何か
協力できることで関わり、互いを尊重し合うことで I am a challenger! になるのである。個人
によっては、挑戦しないことを選択することがチャレンジの一つとも考えられるからである。
我々には目に見えない心の領域があり、他人が無断でその領域に踏み込むことや強制的に個人
の心の領域から出されてしまうと安心・安全ではなくなるのである。特に教育関係者やヒュー
マン・サービスに関わる人はこのことを認識する必要があり、個人差や多様性を受容すること
が重要である。

　TAP は 12 名前後のグループや大人数の集団を目的と状況によって小グループに分けて行う
活動が中心であり、グループや個人の目標に向かい、それぞれの責任を果たす過程を通して体
験学習を行うものである。知育に偏ることなく、なすことによって学ぶことを重要視する
TAP は、参加者が体験から得た気づきや学び、知恵や感性等を大切にするのである。

　小原國芳は全人教育の完成のために 12 の教育信条を掲げている。そのうちの労作教育・反
対の合一・第二里行者と人生の開拓者・24 時間の教育・国際教育は、玉川学園の大きな特徴
である。小原の労作教育は「自ら考え、自ら体験し、自ら試み、創り、行うこと」を意味し、
"百見は一労作に如かず"と表現したのである。額に汗して「労しむこと」とそれに作業の
「作」ではなく創作の「作」を合わせて「労作」とし、その本質は自ら進んで手伝う自発性で
あり心構えである。石塚（2012）は労作教育を「何かを成し遂げた体験こそが何かを成し遂げ
たくなる動機の源」[1] とし、単なる作業ではなく自発性・行為性・創造性を伴うのが労作であ
り、TAP はこれを今日的に具現化したものと言える。森山（2011）は小林澄兄の労作教育思
想研究の特質をまとめ、労作教育は「体験的学習を推進していくうえで重要な示唆を与えてい
る」[2] とし、小原の目指す労作教育と TAP の重要性を示している。玉川学園校歌の 2 番の歌
詞は労作教育そのものである。

「星あおき　朝（あした）に学び」＝「知」

「風わたる　野に鋤ふるう」＝「行」

「斯（か）くて　吾等（われら）人とは成らん」＝「知行合一」

　朝日が昇り、明るいうちに勉学に励み、その後、汗水たらして労しむことの両方が大切である。我々はこのようにして人となるのであり、知と行を兼ね備えた人を目指す精神が労作教育であり、その重要性が謳われている。

　反対の合一とは相反する二面を一つにすることであり、知識と体験の合一や理想の自己と現実の自己との合一等である。机上で学んだ知識、例えばコミュニケーションの理論を知ることも重要であるが、実際に目と目を合わせ自分の思いや考えを伝え合わなければ成立しないのである。知識と合せて直接的な人とのやり取りの中で学ぶコミュニケーションが重要である。価値観の異なる他者と関わりながら自分の価値観を磨き、多様性を認めながら自己を確立していくことも反対の合一である。TAPでは、課題解決を通しながら正反対の考えを一つにまとめ、合意形成を図る活動が豊富にある。

　玉川学園のモットーである「人生の最も苦しいいやな辛い損な場面を真っ先に微笑みを以って担当せよ」は、マタイ伝5章「山上の垂訓」に第二里行者の1節「人もし汝に一里の苦役を強いなば彼とともに二里行け」の影響を受けて小原が考案したのである。苦役を強いられた者は一里で開放されるが、イエスは次の一里も自らの意思で行けと説き、第二里行者として教育信条の一つとしたのである。また、与えられた課題を超えて追究する逞しさや+αへの挑戦こそ価値ある開拓であり、その実践力はTAPの中で培うことができる。個人として最大限に課題解決に努めることはもとより、他者との協働のうえに目標を達成し、挑戦するレベルを自己決定し、失敗を恐れずに挑戦する姿勢こそが第二里行者と人生の開拓者であり、TAPはそれを具現化しているのである。

〔2〕TAPの目的の変遷

　2000年当時、教育界は多くの問題を抱え、子どもたちの豊かな心を育む環境をいかに促進するかが課題の一つであった。そうした社会的状況に対応し、21世紀の豊かな教育社会を創生するために、玉川学園では「行動する全人教育」をテーマに心の教育実践センターを発足させ、児童・生徒・学生をはじめ教職員に対してTAPを導入し、玉川学園全体として取り組んだのである（2003年改組により玉川大学学術研究所心の教育実践センター）。

　発足当時のTAPは、①強い心を育むプログラム（対象：K-12の教育活動）、②より望ましい人間関係を育成するためのプログラム（対象：K-16および教職員・一般）、③国際社会で活躍する人材の「心」を育てるためのプログラム（対象：K-16）の三つを目的として実施していた。

　2015年の改組で玉川大学高等教育附置機関の玉川大学TAPセンターとなり、現在に至っている。これを機に玉川アドベンチャープログラム（Tamagawa Adventure Program）を"tap"

から"TAP"と変更し、ropes コースをチャレンジコースと改名したのである。

　TAP センターの目的は、①全人教育の理念を基調に、体験を通して心の豊かさや人間関係、リーダーシップを育成する教育活動の拠点とすること、②必要に応じ玉川学園の各学校および学外の教育諸機関にも門戸を開放し、その実践、研究の成果を広く社会に提言し、我が国の教育諸活動の充実発展に寄与することである。「全人教育の理念を基調」とは、玉川大学での教育実践の中で最も根源的なことであり、TAP の実践および開発には全人教育の理念がその基調になくてはならない。小原は理想の教育の在り方を探求し続けた結果、情熱と苦難の体験から「全き人を育てる」という教育の姿を全人教育としたのである。そして「真（学問の理想）・善（道徳の理想）・美（芸術の理想）・聖（宗教の理想）・健（身体の理想）・富（生活の理想）」の六つの価値を調和的に創造することが人間形成には必要だとしたのである。全人教育の理想を実現させるために 12 の教育信条があり、その具現的かつ今日的な教育実践の一翼を担っているのが TAP である（**表 1.1**）。

　全人の花は、温室栽培で整えられた環境下で育つ花ではなく、困難な環境下であっても逞しく成長できる適応力や抵抗力、**自己冒険力**（自分自身で人生を開拓していく力）を兼ね備え、それぞれのタイミングで開花する花である（**図 1.1**）。

　「体験」とは、TAP で行われている一つひとつの活動のみを指すものではない。学内外を問

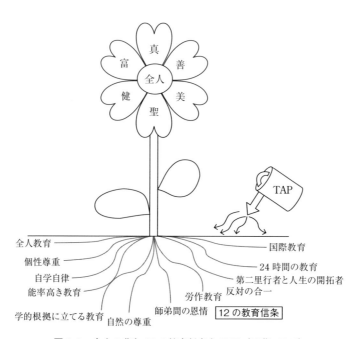

図 1.1　全人の花と 12 の教育信条と TAP（工藤, 2016）
出典：工藤亘「TAP の足跡とこれからの可能性― teachers as professionals モデル開発を目指して―」教育実践
　　　学研究第 19 号、2016 年、p.57

表 1.1　12 の教育信条と TAP の関連性（工藤, 2017）

12 の教育信条	TAP の学習理論
全人教育	調和のとれた人格形成のための教育 全体論的な教育アプローチ Tamagawa Adventure Program：tap Teachers as Professionals
個性尊重	互いを最大限に尊重し合う集団の中の役割 多様性の受容 Full Value、TAP-Commitment
自学自律	自己指導力の育成・自己決定権の尊重 自らの意志で学びへの挑戦 I am a challenger!、Challenge by Choice
能率高き教育	学習スタイル 試行錯誤の探求学習のうえでの能率 多重知能（MI）に基づくアプローチ
学的根拠に立てる教育	教育学・社会心理学・教育心理学 体験学習理論・アクティブラーニング アドベンチャーの理論
自然の尊重	野外教育（冒険教育・環境教育） 雄大な自然自体が偉大な教育 子どもの本質を十分に発揮させるための教育
師弟間の恩情	ファシリテーターと学習者との関係性 参加者同士からも学び合う共同体 生徒指導（指導と支導）
労作教育	体験学習・経験学習・総合的学習・道徳教育 自発性・行為性・創造性 全人的理解（知的理解＋感性的理解＋身体的理解）
反対の合一	個と集団・理論と実践・知識と体験 理想の自己と現実の自己 価値観の受容と統合・正反合
第二里行者と人生の開拓者	リーダーシップとフォロワーシップ ＋αへの挑戦・実践力・起業力 キャリア教育・自己冒険力
24 時間の教育	遠征型教育・オンデマンド型教育 Any time, Any place
国際教育	異文化への尊重・国際交流 コミュニケーションスキル IDEALS

出典：工藤亘「生徒指導とキャリア教育から観た K-12 での TAP に関する研究―体系的で社会に開かれたカリキュラム開発と縦割りでのプログラム作りを目指して―」玉川大学教育学部全人教育研究センター年報 2017 第 4 号、2017 年、p.2

わず自然の中での体験活動や遠征型の活動、美化労作を含めた環境の維持や保全活動、国籍や宗教を超えさまざまな人と関わり、リーダーシップや価値観の多様性を学ぶ交流活動も含まれ、これらの体験を通して、コミュニケーション能力や対人関係能力、課題解決能力等の向上がみられるのである。「学外の教育諸機関にも門戸を開放」とは、一般企業やプロスポーツ選手、教員研修等、積極的に学外の教育諸機関との連携を図りながら教育現場で起こっている事例や課題を協議し、省察しながら一般化できるように研究を進めることを指している。

　以上の解釈を踏まえ、TAP センターでは自らが推奨している体験学習のサイクルに則り、その教育実践を振り返り、教育現場をはじめ実生活に応用・転用できるように一般化し、研究を積み重ねた成果や課題を公表していくことが使命でもある。特に教員養成に注力している玉川大学では、教職に関わる人材養成の学修スタイルやモデル開発をすることが目的でもある。これからの世界を担っていく若者たちが、夢を叶えるまでの険しい道のりを積極的に歩んでいくために自己冒険力を育む必要があり、そのためには教師等の指導と支導によってアドベンチャーができる環境について体験学習をすることが大切なのである。また、専門的な知識や技術の習得と同時に、社会人としてふさわしい倫理観を身につけ、知識と心を豊かにするためにも TAP は存在しているのである。

1.2　TAP を支えるバックグラウンド

〔1〕Kurt Hahn の冒険教育と TAP

　Project Adventure（PA）と TAP の関係については先述したが、PA の源流を掘り下げると Outward Bound School（OBS）や Kurt Hahn に行き着くことになる。OBS は 1941 年、英国アバドビーにユダヤ系ドイツ人の教育哲学者であり冒険教育の祖と呼ばれる Hahn によって設立されたのである。OBS は、自然環境の中でストレスフルな経験を通し、性格育成や自己の発達を目的とする冒険プログラムであり、1962 年に米国コロラドに設立されたのを契機に短期間に顕著な発達を遂げ、多くのアドベンチャープログラムに影響を与えている。

　Hahn の教育理念は、道徳的で正しい判断力をもち強い精神力をもった人間の育成であった。厳しい身体訓練やサバイバル技術を修得し、実践する過程で生命の危険に直面させ、生に対する正しい態度を育て、他人の生命を危険から救出する能力を養い、他人への奉仕の精神を培うことを目的とした。この思想を基に OBS の根本方針は四つの柱（奉仕活動・自己信頼・熟練したモノづくりの技術・心身の健康と思いやり）、教育の五信条（冒険心溢れる好奇心・折れない精神力・不屈の追求心・自制心・思いやり）、ザーレムの七つの掟（自己発見の機会・勝利と敗北・目標達成のために我を忘れて没頭する・沈黙・想像力・スポーツの試合・裕福な家庭の子どものもつ自分が特別であるという感覚をなくさせる）があり、世界中の OBS に引き継がれている。OBS の使命は、非日常的なチャレンジという体験を通して、自己の中に秘められた可能性に気づき高めることである。OBS の冒険教育プログラムは、英国の海運業で働

く船乗りが第二次世界大戦中の北大西洋で生き残るためのトレーニングとして始まり、戦後、青少年教育プログラムとして世界中で導入されるようになったのである。

　Hahn は 1967 年に Round Square も設立し、Internationalism（国際理解）、Democracy（民主主義の精神）、Environment（環境問題に対する意識）、Adventure（冒険心）、Leadership（リーダーシップ）、Service（奉仕の精神）の頭文字をとった「IDEALS」[3]を教育の柱としたのである。Hahn は「教育の目的は、人々に価値観を形成する経験を与え、意欲的な好奇心、くじけない精神、飽くなき追求心、そして最も重要な他者を思いやる心という資質を維持することです。若者に経験を積ませないことはとがめられるべき怠慢です」[4]と述べ、OBS と Round Square でこの目的を果たそうとしたのである。Round Square の年に一度開催される国際会議には世界各国の 90 校を超える高校生が集まり、環境や国際的な問題をテーマにしたディスカッションやボランティア活動などが実施されている。玉川学園はこの国際会議に 2004 年から参加し、2005 年には日本で初めて正式なメンバー校として認定され、関係を深めてきたのである。この関係性を踏まえ、玉川大学では全人教育の理念に加えて「IDEALS」を人生における究極的な目標と定め、教育の基本理念としたのである。

　2015 年 6 月に来日したドイツの Koerrenz 教授は、講演会の中で「Hahn こそ、新教育の真の担い手であり、Hahn の思想や理念の根底にあるのは全人教育であり、その今日的な成果である国際バカロレアや Round Square が玉川学園とつながるのは自然な流れ」と主張し、Hahn の教育哲学と玉川学園の教育実践（TAP 等）の関係性を裏づけるものとなったのである。

〔2〕PA と TAP

　PA は 1971 年、米国マサチューセッツ州のハミルトン・ウェンハム高校の Pieh 校長やその地区のカリキュラムコーディネーターが中心となり創設されたのである。PA は OBS の基本理念に影響を受け、冒険的な教育手法を人材育成のために短期間で反復しやすいプログラムであり、冒険をより身近に学校教育の現場に活かしたプログラムである。米国では 1960 年代後半から、学習の動機づけや学校内での人間関係改善、一般的体育授業の代替としてカリキュラムを豊かにし学校を発展させたため、アドベンチャープログラムが学校教育に積極的に採用されたのである。

　PA には「Full Value Contract（FVC）」[5]と「Challenge by Choice（CBC）」[6]という考え方がある。FVC とは、個人が集まりグループを構成して共通の目標に向かっていく際に事前にグループで決めるガイドラインである。PA はメンバーが互いに尊重し合うことに合意することから始めるため、目標を達成するための心がけや規範づくりとも言える。TAP では FVC を対象者に合わせ、具体的な TAP-Commitment として規範づくりに役立てている。ここで言う Commitment とは主体的で積極的な関わり方を指し、TAP の活動指針となる。

　CBC とは、個人の挑戦レベルは自分自身が決定権をもっているという考え方である。他者からの強制や強要は存在しないが、人によってはこれを「何もしなくてよい権利」と誤解する

こともあるので注意が必要である。本来の考え方は、個人が挑戦しないと選択した場合でもその個人がグループの一員として目標を達成するために何ができるかを考え、できる範囲で協力を行動に表す責任をもつことである。PA が大切にする心理面や感情面の安全を維持するために個人の意思決定を尊重するものであり、I am a challenger! の基になった考え方である。

　プログラムの流れは 4 段階に分けることができる。第 1 段階は、初対面の固さを揉みほぐすために軽い動きの伴った活動を行う（アイスブレイク）。第 2 段階は、互いの信頼関係を築くためのプログラムで、易しいものから徐々に難しいものに移行していく（信頼関係構築）。第 3 段階は、信頼関係がある程度でき上がったところで次に互いのコミュニケーションを深めるためのプログラムに移っていく（コミュニケーション）。第 4 段階は、信頼関係やコミュニケーションができてくると心の安全が築かれてくる。この段階では互いが遠慮するのではなく自己主張し合い、リスクを感じながらもメンバー同士が対峙していけるように振返りなどを通して働きかける（複合活動）。以上を基本として、グループの目標を考慮し、シークエンシング（組立て順序）に基づいてプログラムを構成するのである。

　また、PA を効果的に実施するためには「体験学習のサイクル（ELC）」[7]を踏まえておく必要がある。ELC は、FVC と CBC の環境が正しく機能していることが前提であり、Kolb[54] が提唱した経験学習モデルを土台にしている。ELC は、①「目標設定」⇒②「実体験」⇒③「振返りと観察」⇒④「概念化・一般化」⇒⑤「試験・適用」で循環し、体験が繰り返されることによって学習効果を高めていくものである。

①**目標設定**：より充実した達成感を得るために目標を明確に設定する。個人やグループとしての目標を設定することで参加意識も高まり、より積極的な行動を促す。

②**実体験**：直接体験であり、知識を教えるようなものではない。知識から教えてしまうと「気づき」や「感動」が起こりにくい。

③**振返り・観察**：活動を振り返り、自分や他のメンバーがどんなことを感じていたかなどの情報を集める過程である。振返りには、体験を改めて思い出し記憶に定着させること、他人の眼差しから学ぶという二つの意義がある。

④**概念化・一般化**：振返りの過程で集めた情報を整理統合し、その中から自己への「気づき」につながる法則性を導き出す。また、整理しきれていないものはサイクルに戻して、さらに体験を重ねる。

⑤**試験・適用**：概念化・一般化によって得た法則性を自分のものとして実生活へ適用を試みる。一つのサイクルでは一般化しきれなかった体験は次のサイクルに戻す。こうしてELC が繰り返されることによって体験はなんらかの形で一般化される。

　日本では 1995 年に PA プログラム普及とコース建設を目的に PAJ が発足した。玉川学園は2000 年に TAP を導入したが、米国の子どもの特性や教育事情、文化に応じた PA を直輸入しても日本の教育現場にはそぐわなかったのである。そのため玉川学園や国内向きのプログラムを開発する必要があり、それが心の教育実践センターの使命となり、現在に引き継がれている。

〔3〕動機づけ研究・脳科学と TAP

Maslow（1943）の欲求階層性理論は、人間の欲求は低次のもから高次のものへと至る階層性を特徴とする。Glasser の選択理論では、「みじめな感情も含め、自分たちの行動のすべてを自ら選んでいる」[8] とし、自分の行為と思考のすべてを選択している。Maslow（1943、1970）の欲求階層性理論に対し、Glasser の基本的欲求には段階がない点が違いであるが、「安全の欲求が満たされないと愛・所属の欲求が満たされない」[9] という点は、グループ活動をベースとする TAP では重要な概念である。TAP では心身の安全確保が重要であり、グループ活動を通して培われる信頼関係・達成感・充実感は個人の成長とともに自己実現につながると考える。

鹿毛（2004）は動機づけを規定する要因を認知、感情、欲求、環境の 4 要因とし「人は、環境と相互作用しながら自らが内にもつ知・情・意の働きによって動機づけというダイナミックな心理現象を体験しつつ、行為を生み出していく主体である」[10] と捉えている。櫻井（2001）は自ら学ぶ意欲のプロセスの中で「安心して学べる環境が動機づけプロセスに重要な影響を与える」[11] としている。安心して学べる環境によって他者からの受容感が形成されるため、関係性の欲求が満たされることが重要になる。この考えは、TAP の心身ともに安全な環境を形成・確保し、拡大することが人間的成長につながるという考え方と合致する。

DeCharms（1968）の「オリジン感覚（やらされているのではなく自分から進んでやっているという気持ち）」[12] や、Deci らの自己決定された学習は外発的に動機づけられた学習より質が高いという「自己決定理論」[13] は、自らの意思において挑戦を選択することに意義や価値を置く I am a challenger! の考え方と合致している。Brophy（2004）は「内発的動機が発達するものだとしたら諸活動は自己決定したうえで経験されなければならない」[14] と指摘し、村山ら（2015）は、内発的動機づけを促進するためには自己決定感が特に重要であり、「同じ課題でも“自分で選んだのだ”と思うとその課題に対するコミットメントが増し、内発的動機づけも増大する」[15] と心理学研究と神経科学研究の両面から実証している。この点からも I am a challenger! の考え方が重要であることがわかる。

Atkinson（1964）は価値 × 期待モデルの先駆者であるが、Brophy（2004）は Feather（1982）、Pekrun（1993）、Wigfield & Eccles（2000）らの動機づけ研究を「価値 × 期待モデル」[16] としてまとめている。価値とは、報酬や課題自体の遂行プロセスに取り組む機会を価値づける程度である。期待とは、課題をうまく達成することができそうだという期待の程度を指し、価値と期待の積によって学習者のやる気が高まるのである。TAP は、対人関係における課題解決やその克服等を教材とするため、アドベンチャーをしようとするその動機として価値と期待は大いに影響を与える。しかし、自らの動機と他者からの期待とのバランスには注意が必要である。

Bandura（1977）の「自己効力感理論」[17] では、成功体験が与える人の行動の生起は自己効力感によって説明できるとし、効力予期と結果予期が人の行動に影響を与えるとしている。さらに Bandura（1997）の社会的認知理論は、Schunk ら（2008）が提唱した自己調整学習の

「社会的認知モデル」[18] にも影響を与えている。TAP は、成功の不確かなことに自ら挑戦しながら行われる活動であり、成功体験による自己効力感は人間的な成長の大きな糧となる。その一方で失敗体験も起こるため、目標設定や課題の難易度には注意を払う必要がある。課題の難易度については Yerkes ら（1908）の「Yerkes & Dodson の法則」[19] が参考になる。その法則とは、快適な状態で一定レベルのパフォーマンスを発揮できるが、その一方でパフォーマンスを最大限に発揮するには相対的に不安な状態、つまり少しストレスが高い状態が必要というものである。TAP ではこの法則を踏まえ課題設定を行い、アドベンチャーを促進している。

Nicholls（1984）は「目標理論」[20] を提唱し重要な概念として達成目標を挙げ、Dweck（1968）の「達成目標理論」[21] にも共通している。さらに Nicholls は達成目標には自我関与と課題関与が存在すると主張している。TAP では目標を個人やグループで設定するため、自我関与された目標の達成感は自己効力感や自己有用感の向上にもつながっている。Dweck のいう増大的知能観（失敗体験や困難の知覚は問題に対して以前とは異なる方法で対処する）のもち主は、TAP における課題解決場面でもその対処が期待され、新しい知識や技能を身につけることによって自分の能力を高めることができる。

Ames & Archer（1988）の「熟達目標」[22] は、他者との比較に関わらず自分の能力が拡大したかに焦点が当てられるため、自分が努力し進歩したこと自体が有能感を高めることになる。仮に目標達成に失敗したとしても、自分のやるべき行動が明確なことから、モチベーションが低下することなく目標達成に向けた努力の継続が期待できる。そのため TAP での成功の不確かなアドベンチャーを行う際の目標設定には熟達目標は有効である。

Csikszentmihalyi（1990）は、フローについて「人間はフローの状態のとき、つまりチャレンジに出会うことや問題を解決すること、何か新しいものを発見することに没頭しているときに最も心地よいと感じる。フローを生み出すほとんどの活動には明確な目標、明確なルール、迅速なフィードバック—集中させ、スキルを必要とする一連の外因的な作用—がある」[23] と指摘している。Brophy（2004）は、フロー経験の八つの特徴を踏まえ「挑戦しがいのある課題に熱中するとフローを経験する傾向がある」[24] としている。TAP は、これらの動機づけ研究の理論を踏まえてプログラミングされているため、フローや至高体験が豊富である。

大木（1993）は、やる気と脳科学の観点から「やる気とは具体的な欲の方向性、すなわち目的と行動が結合したとき、沸き上がる」[25] としている。視床下部は原始的な脳であり、胎児期から幼児期にかけては欲の脳（視床下部）の他に好き嫌いの脳（扁桃核）、やる気の脳（側坐核）も急速に発達するとし、「幼児期に基礎的、根源的、野性的には発達する。子どもたちには未知の世界への関心、すなわち未知の世界を知りたいという欲がある」[26] と指摘する。奥村（2011）は「人間が習慣を続けるためには脳が「快感」と判断するような習慣回路を身につける必要性があり、行動、目標・夢・意欲、快感（ドーパミンが分泌される）が循環化されると脳内に新たな習慣回路が作られる」[27] としている。神経伝達物質であるドーパミンは報酬や動機づけ、運動制御等に影響を与え、セロトニンはやる気や集中力、思考力に影響を与えている

ことも判明している。村山ら（2015）は、神経科学研究においては自己決定のチャンスがあると脳内報酬系の活性化がみられ、「自己決定感がやる気を促進するための重要な要因の一つ」[28]であることを証明している。オキシトシンは「社会的ストレスを軽減し、社会的な報酬を強め、その結果として、他者との絆を強める」[29]ことが明らかになっている。また、恐れへの減少にも作用し、冒険心にも影響を与えるため、社会的行動が促進されるのである。これらの脳科学や神経科学での研究成果および心理学での研究成果や根拠に基づいてTAPは実践されている。

〔4〕 場の理論・リーダーシップ論とTAP

　Lewinは、1940年代初期から1950年代にかけ、場の理論の研究を行っている。場の理論では、行動は人とその環境との関数であり、人と環境とは相互に依存し合っている変数でもある。これは「$B = f (P, E)$」[30]という公式で表され、Bは行動、Pは人、Eは環境を指している。この場の理論は、**アドベンチャーの理論**「$A = f (P,$ C-zone)」（工藤, 2016）の基底となっている。TAPはグループでの活動が中心となるため、グループ・ダイナミクスやコミュニケーション、リーダーシップとフォロワーシップを含む社会心理学との関連性が高く、Lewinの研究は示唆に富んでいる。

　リーダーシップとは、集団を目標達成に貢献するように方向づける働きかけを指し、Chemers（1997）は「ある共通の課題の達成に関して、ある人が、他者の援助と支持を得ることを可能とする社会的影響過程」[31]と定義している。つまり人やチームに影響を与え一つにする働きや結果を出すことであり、「フォロワーに意識の変化を積極的に促す行為」[32]である。それに対してフォロワーシップとは「リーダーの働きかけを主体的に受け止めて目標達成に貢献しようとする集団の成員性」[33]のことである。フォロワーシップには「模範的・独立型・順応型・実務型・消極的」[34]の五つのスタイルがある。フォロワーの語源は、古高地ドイツのfollaziohan、すなわち「手伝う、助ける、援助する、貢献する」であり、リーダーの語源は「忍ぶ、苦しむ、耐える」である。リーダーとフォロワーは平等な共生関係にあり、互恵的関係性が存在する。ちなみに「シップ」とは英語の「名詞＋ship」であり、職や地位、在職期（に伴う）性質、状態や技能を指す。

　リーダーシップ理論の研究は、特性論（優秀なリーダーに備わった特性を抽出する）、行動論（リーダーの行動を類型化し、有効なリーダーシップ・スタイルを見出す）、状況適応論（状況によりどんなリーダーシップ・スタイルが有効かを見出す）、変化型リーダーシップ論（組織変革を実現するために求められるリーダーシップを追求する）がある。近年ではサーバント・リーダーシップ、ファシリテーター型リーダー、アサーティブ・リーダー、インスパイア型リーダー、オーセンティック・リーダーシップ、ハンブル・リーダーシップ等が注目を集めている。TAPはPM理論（三隅, 1966）、リーダー・マッチ理論（Fiedler, 1967）、変革型リーダーシップ（Kotter, 1988）、ファシリテーター型リーダー（Rees, 1998）、シェアド・リーダー

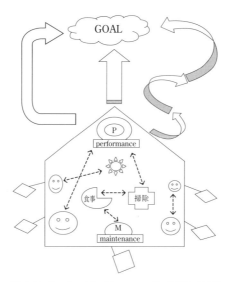

図 **1.2** Leadership Adventure 号（工藤, 2003）

出典：工藤亘「体験学習による小学 5 年生の自己概念の変容と効果―玉川アドベンチャープログラムの実践を
通して―」学校メンタルヘルス第 5 巻、2003 年、p.101

シップ（Carson, Tesluk, and Marrone 2007; Perry, Pearce, and Sims Jr. 1999）等の理論を踏ま
え、一人のリーダーを育てることが目的ではなく、**状況に応じて誰もがリーダーシップを発揮
でき、それに対して誰もがフォロワーシップを発揮できるようになることを**目指してリーダー
シップ教育を実践している。

　PM 理論は「目標達成（Performance）機能」と「集団維持（Maintenance）機能」という
二つの機能で構成され、P 機能と M 機能の両方を兼ね備えたリーダーが優秀である。TAP の
活動時に P 機能と M 機能を当てはめて考案したのが図 **1.2** である。

　アドベンチャーには「役割を変える」ということもある。普段、リーダーシップを発揮する
ことが得意な人がフォロワーに回り、仲間の意見や行動を尊重してみたり、身体運動が不得意
な人が活動的なことに挑戦してみたりすることもアドベンチャーであり、役割学習でもある。
役割を変えることは慣れないことに挑戦することであり、仲間の気持ちや状況を体験学習する
絶好の機会となる。このリーダーシップとフォロワーシップのバランスをとらなければ船は目
的地に辿り着けないのである。また、もし目標設定内であれば、時間はかかるが一直線上に進
むことだけが目標達成ではなく、あえて未経験の役割に挑戦し、いろいろなルートを選ぶこと
もアドベンチャーとなる。

　変革型リーダーシップとは、フォロワー自身の自己に向けられた関心を、集団や組織に対す
る関心へと転換させフォロワーに理想的な影響力を与えるようなリーダーの働きかけである。
Kotter（1990）は、リーダーシップとマネジメントを区別し、組織改革や体質改善を進め、新

しいビジネスモデルをつくるためには変革型リーダーが必要だとしている。変革型リーダーシップは、よりダイナミックな環境変化のもとで効果を発揮するため、TAPの活動中、難題にぶつかり活動や思考が停滞したときこそ求められるリーダーシップである。

　Rees（1998）は「ファシリテーションとはリーダーシップの一形態」[35]とし、リーダーとファシリテーターをミックスしたのがファシリテーション型リーダーである。TAPの活動時にもメンバー同士でメンバーをリードしたり参加意欲を促進する場面があり、メンバー同士で状況に応じた行動をとることが望ましいのである。MaCall（1988）は「リーダーは生まれつきではなく、育成できる」[36]と主張している。TAPはリーダーシップ教育と開発にも臨んでいくが、その際には「リーダーシップコアの3要素（能力・人間性・一貫性）」[37]や「リーダーシップ脳」[38]なども参考にしたいものである。

　2020年3月、TAPを取り入れたリーダーズトレーニングの実践事例が先進的であると一般社団法人大学スポーツ協会に認められ、「UNIVAS AWARDS 2019-2020」でスポーツ統括部局／SA賞を受賞した。

〔5〕実存主義・人間性心理学・発達の最近接領域・ダイナミック・スキル理論とTAP
　実存主義は20世紀を代表する哲学の一大潮流であり、Kierkegaard、Nietzsche、Jaspers、Heidegger、Sartreらがとった哲学的態度を指す。自分自身が「今ここ」にある存在として、いかに在るか、いかに生きるかを問う態度のことである。人間は「今ここ」という瞬間に、どのように生きるのかを自由に選択できるのである。実存主義では「自分の意思のもとで可能性を自由に選択できる存在としての人間を最大限尊重」[39]するのである。しかも選択の結果の良し悪しに限らず、選択から生じた結果に対しては自分自身で責任を負う必要がある。TAPにおいてもこの実存主義は大切な態度であり、「今ここ（Be Here）」を大切にし、挑戦するか否かを自分自身で決めることができる I am a challenger! の基底になっている。また「人間がもつ潜在的可能性に着目し、その実存に至る過程を研究し手助けする学問的立場」[40]である人間性心理学の基本的な立場の背景であり、自分自身の目で現実を凝視する現象学とも深く結びついている。人間性心理学の中心人物であるMaslowの欲求階層論やRogersのクライエント中心主義もTAPの根底に影響を与えている。

　Vigotsky（1932）は、自力で達成できる領域の少し上に、他者からの協力や支援によって達成可能な「発達の最近接領域（ZPD）」[41]があり、それが次第に自力でできるようになるという発達観を説いた。ZPDに適合する形で刺激を与え、発達を促すことが最適水準の教育となる。

　Fischerら（1998）のダイナミック・スキル理論では、能力とは多様な要因によって影響を受けながらダイナミックに成長していくものとされ、「能力の成長は、自分の内側に溜め込まれる形で成し遂げられるような静的なものではなく、状況や他者との関わりを通じて絶えず変化をしながら成し遂げられるという動的なもの」[42]である。発達範囲とは、最適レベル（他者や環境からのサポートよって発揮することができる、自分がもっている最も高度な能力レベ

ル）と機能レベル（他者や環境からの支援なしに発揮することができる、自分がもっている最も高度な能力レベル）との間のギャップであり、年齢を重ねるごとに発達範囲が広がるため他者からの支援がより必要になる。これらのことから、より高度な能力を獲得し発達するためには、他者からの支援に基づいて最適レベルを発揮していく実践が重要である。グループ活動を取り入れ、他者との関わりの中で人間的な成長を目指すTAPの考え方と合致している。

〔6〕これまでのTAP研究

　筆者によるTAP研究は次のとおりである。①TAPの実践による小学5年生の自己概念の変容と効果については、身体的特性に関してのみ有意差がみられた（2003）。②児童・生徒にBeing活動を用いた心の安全教育に関する研究では、否定的な言葉は出るが肯定的な言葉が出にくいこと、肯定的・否定的の両方に容姿に関する記述が目立つこと、他人に自分の言葉は知られたくないこと、言葉の捉え方が個々に違うことに気づいたり、不快な言葉を言わないように心がけることが判明した（2004）。③小学5年生でのTAPの4年間の実践に関する横断的な研究では、規範を守ることに関して2年分が有意であった（2005）。④高校2年生の授業でのTAPの効果では信頼関係のみ有意傾向があった（2005）。⑤TAPでのファシリテーターの定義とファシリテーターとしての関わり方やプログラミングを整理した（2010）。⑥TAPを通した教師の専門性を高めるための研究において、指導者と支導者（ファシリテーター）の違いとそれぞれの役割の相補性について整理した（2012）。⑦TAPのインターンシップ経験で習得した能力や要素はコミュニケーション能力、目標設定と意思決定、挑戦、ファシリテーション能力、挑戦できる環境づくりとTAPの規範、アクティビティであった（2013）。⑧学習指導と生活指導における教師の指導と支導のバランスやファシリテーションについて研究し、集団で体験的に学ぶことの意義を明らかにした（2014）。⑨Teachers as professionalsモデル開発とアドベンチャーの理論を基にした教師の役割と、C-zoneに着目したエッジワークと動機づけについて明らかにした（2016）。⑩教師が考えるTAPの意義と課題についてまとめ、生徒指導とキャリア教育から観たK-12でのTAPについて整理した（2017）。⑪規範意識や道徳性とTAPとの関係性、および教育委員会からの依頼目的とTAPに求められる教員研修の在り方について整理した（2018）。⑫TAPでの目標設定と振返りへの指導と支導とTAPを活かしたアクティブ道徳教育について明らかにした（2019、2020）。

1.3　アドベンチャーの定義とC-zone

〔1〕エッジワークとアドベンチャー

　エッジワーク研究の発端は、1960年代の米国の医学・心理学会におけるストレス研究から発展した。代表的な研究者はKlausnerであり、1968年に「人はなぜ危険を冒すのか―ストレス探求の研究―」を著し、人間を環境へのアクティブな挑戦者＝ストレス・クリエーターと位

置づけた点が今日まで影響を与えている。その後、心理学や冒険教育、社会学でも研究され、1990 年に Lyng が論文「エッジワーク—自らリスクを冒す行動に関する社会心理学的分析—」を発表した。冒険教育は「冒険の要素を取り入れ、特定の教育目的をもって体験学習として組織的に行う活動」[43] と定義され、Hahn の教育哲学が基盤とされている。この冒険教育においてリスクや冒険それ自体の理論が追加されながら冒険教育の理論と実践の研究が行われてきたが、Lyng（1990）の「Edgework」[44] の考え方や Apter（1992）の「Dangerous Edge」[45] の考え方が影響を与えている。Apter は危険を損害の可能性という意味で用い、物事がうまくいかない場合に起こる危険性の結果を外傷とし、危険と外傷の間の境界線を「危険のふち（Dangerous Edge)」[46] と定義した。

　一般的にアドベンチャーとは身体的・精神的にハードなものであり、ヒマラヤ登山やジャングルに足を踏み入れることなどが連想される。確かにこれらもアドベンチャーであるが、TAP ではより身近にアドベンチャーが可能であると考え、**「成功するかどうか不確かなことにあえて挑戦すること」**をアドベンチャーの定義とする。この定義を図で表すと図 **1.3** のようにな

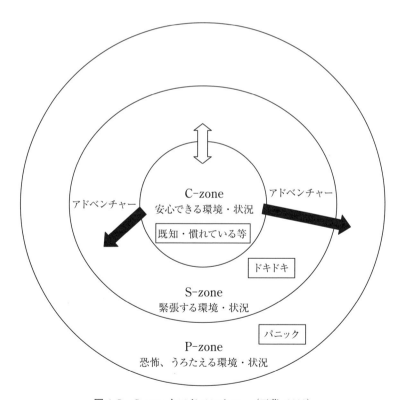

図 **1.3**　C-zone とアドベンチャー（工藤, 2003)

出典：工藤亘「体験学習による小学 5 年生の自己概念の変容と効果—玉川アドベンチャープログラムの実践を通して—」学校メンタルヘルス第 5 巻、2003 年、p.100

り、C-zone から勇気を出して、S-zone あるいは P-zone に一歩踏み出してみることである。TAP では心身の状況やそれらを取り巻く環境を円形の三つの領域に分けて考え、その円の中心に近いほど、安全かつ快適でありリスクが少ないことを意味している。

　この考え方であれば膨大な時間や大金をかけなくてもアドベンチャーができ、身体的・精神的にハイリスクを負わなくても誰もがアドベンチャーが可能となる。例えば、会議で挙手することや大勢の前で発言すること、見ず知らずの人に電車の中で席を譲ることなどであり、このアドベンチャーはいつでも、どこでも、誰でも実行に移すことが可能である。

　Adventure の語源をたどるとラテン語の ad（前方に）＋ venire（来る）、英語では a.ad（〜の方向へ、〜に ＋ ven. vent（来る）と venture（危険を承知で行う・冒険的企て・思い切って進む、思い切って言うなど）という意味合いがあり、危険が自分に向かって来ることである。関連語には advent（重要な人物や事件の出現・到来・キリストの降臨・新しく生まれ変わる）、adventitious（偶然の・外来の・偶発的ななど）がある。これらの言葉は前例のないことに挑戦することであり、なんら成功への道のりが示されていない不安に満ちた過程であることがわかる。この語源から包括的に捉えると、成功の不確かなことに自ら踏み出し、挑戦した結果、新たな自分に出会い、新たな自分を創生していくことがアドベンチャーの意義となる。

　C-zone とは Comfort-zone の略であり、自分にとって居心地がよく快適な状態であり、慣れ親しんでいて予測可能な領域である。既に知っていることや普段の生活で特に意識することもなくストレスや恐れ、不安を感じることがなく安心して過ごせる領域であり、安全領域とか快適領域とも訳される。

　この考え方は先述した「Yerkes & Dodson の法則」に端を発している。C-zone は自己イメージによって決まるため、自己イメージが崩れることは避け、自己イメージに合致することには取り組むのである。これはホメオスタシスによって我々は C-zone を保とうとするのである。ホメオスタシスの働きにより、自己評価に対し結果が自己イメージよりも低すぎると不安や緊張が生まれ、無意識のうちに C-zone に留まるか元に戻ろうとする。逆に自分の自己評価に対し結果が自己イメージよりも高すぎても謙遜や照れで C-zone に留まるか元に戻ろうとするのである。苫米地（2010）は、人が高いパフォーマンスを発揮できるのは C-zone にいるときとした。また「C-zone から外れるといきなり盲点が生じるため、周囲の人に想像がつかない間違いをし始める」[47]と指摘し、心拍数が上がり筋肉も硬直し、抽象思考ができなくなるなどの影響が出て運動パフォーマンスが下がるのである。しかし TAP では、C-zone に留まることではなく、あえてリスクを自らの意思決定において背負い、C-zone から踏み出すことに意義と価値を認め、アドベンチャーを推奨している。

　S-zone とは、C-zone の外側の領域であり Stretch/Strange-zone の略である。まだ知らないことや不慣れなことで、少し緊張をしてドキドキするような領域であり、失敗するリスクや不安が伴う領域でもある。また伸縮性がある領域でもあり、C-zone と S-zone を往還しながら試行錯誤を繰り返し、それまでに知らなかったことを知り、できなかったことができるように

図 **1.4**　C-zone と成長の関係性

なるとそこは新たな C-zone になり、さらにその外側が新たな S-zone になっていくのである。

　P-zone とは Panic-zone の略であり、恐怖を感じて狼狽し想像を超え慌てふためくような領域である。C-zone からは最も遠い位置にあり、少しの勇気だけでは踏み出しにくい領域である。幼少期から我々は無意識のうちに C-zone と S-zone を往還しながらアドベンチャーを行い、時には P-zone に出ながら成功体験や失敗体験をすることで成長してきたのである。

　例えば、初めておつかいをするときは心身ともに不安やリスクを伴い、ベソをかきながらも乗り越えて克服してきたのである。見守ってくれる親が居る安全な自宅から出て、不慣れな場所へ歩み出し、時に立ち止まり、迷い、戻ったりしながら目的地へ辿り着く。そして安全で安心できる自宅（C-zone）へ戻り、親に「よく頑張ったね」と労われながら抱擁され、達成感を味わい、自信をつけながら成長してきたのである（図 **1.4**）。

　我々は安心できる家から出て、人々やさまざまな環境と関わり、多様な体験を通しながら社会性や知識・技術を学び、人間的に成長してきたのである。「井の中の蛙、大海を知らず」という諺は、慣れ親しんでいることだけに留まっては成長が止まり、視野が狭いという意味である。幼少期は無意識にアドベンチャーができたが、加齢に伴いアドベンチャーが減少するのは情動記憶が関連するのである。幼い頃の成功体験や失敗体験の記憶、苦しかった記憶、痛かった記憶などの情動記憶は、個人のものの考え方や見方の信念を体系づける。人間は自分にとって居心地がよい状態を維持しようとするホメオスタシスが働くため、情動記憶によって感情レベルで痛い・恥じをかく・傷つくといった情報を知覚すると、無意識のうちにそれを拒否し、その状況から逃れようとするのである。

　また、加齢に伴い他人のアドベンチャーには寛容になれるが自分には厳しくなる傾向があ

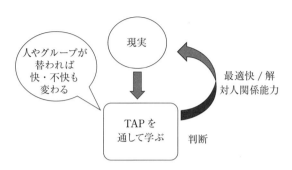

図 **1.5**　コミュニティと最適快／解

る。それは失敗への不安や羞恥心、他人に迷惑をかけたくないなどの理由が考えられるが、その結果アドベンチャーをしなくなり、人間的な成長は促進されないのである。これは個人の性格に起因するものもあるが、周りの環境（人的要因・物理的要因など）が大きく影響を与えているとも考えられ、アドベンチャーのできる環境をつくることが重要である。

　SDGs を視野に入れた知識基盤社会・グローバル社会では、所属メンバーやグループが入れ替わることが多く、それまで快適に感じていたことや最適な解決策としたことも変わる可能が高い。その状況における「最適快／解」をその都度、自力あるいは多様な他者と協働して生み出し、知識を豊かに創造し、活用する資質・能力をさまざまな人間関係や答えの一つではない課題に対して向き合い、最適快や最適解を体験学習するのが TAP である（図 **1.5**）。

〔2〕 アドベンチャーの理論

　Lewin の場の理論では、行動は人とその環境との関数であり、人と環境は相互依存の変数でもあると考え、「$B = f(P, E)$」[48]という公式で表している。B（Behavior）は行動、P（Personality）は人、E（Environment）は環境を指している。この場の理論をアドベンチャー教育に応用すると、行動を既に定義したアドベンチャーに置き換え、その出現率は自身の性格や周囲の環境（C-zone）によって影響を受けるということになる。この場の理論を基底にしたのがアドベンチャーの理論であり、その公式を「$A = f(P, \text{C-zone})$」とする（図 **1.6**）。

　A は Adventure（アドベンチャー）、P は Personality（個性・性格）、C-zone は Comfort-zone（安全な領域）の略である。Personality は個人の性格であるが、ここでは先述したアドベンチャーの定義においてアドベンチャーをしやすい性格の有無を指している。TAP では成功体験や失敗体験を人間的な成長の要素とし、試行錯誤を繰り返すことを尊重するため、図ではあえて一直線ではなく螺旋状で表現することを断っておく。また Kapur（2008）は「生産的失敗」[49]を提唱し、失敗後の学習の質を高めるプロセスを重視している。

　I am a challenger! の考え方は、他者から強制されてアドベンチャーをするものではなく、自らの意思において挑戦を選択することに意義や価値を置き、メンバー全員が互いに尊重し合う

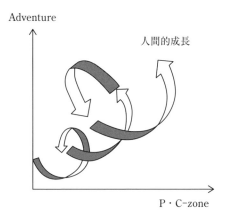

図 1.6　Adventure と P・C–zone の関係性（工藤, 2016）

出典：工藤亘「アドベンチャー教育におけるエッジワークと動機づけについての研究―アドベンチャーの理論を基にした教師の役割と C–zone に着目して―」教育実践学研究第 19 号、2016 年、p.40

ものである。DeCharms のオリジン感や Deci らの自己決定によって動機づけられた学習は外発的に動機づけられた学習よりも質が高いため、アドベンチャーに前向きな性格や自己決定できる性格が影響する。しかし、個人の性格はそれまでの人生において形成されたものであり、アドベンチャーに前向きな性格には簡単に変容するとは考えにくい。そこでアドベンチャーの理論では、アドベンチャーを促進する要因として個人の性格と C–zone（周囲の人的・物理的環境が心身ともに安全な状況や領域）を掛け合わせ、C–zone の形成と確保がアドベンチャーを促進し、その結果として C–zone が拡大され人間的な成長につながると考える。特に他者との関係性が安全であり、そこにアドベンチャーに前向きな性格や自己決定権が多く存在した場合には、よりアドベンチャーが促進されるのである。

　以上を踏まえ、個人の性格の変容が容易ではないとすれば、人間の成長を促すためのファシリテーターや教師の役割は C–zone を整えることであり、並行してメンバー全員に C–zone を形成・確保および拡大することの必要性や意義について認識させることである。

　アドベンチャーを繰り返しているうちに今まで S–zone だった領域が C–zone に変わり、何度も繰り返しているうちに C–zone が拡大する。試行錯誤をしながら成功体験や失敗体験を繰り返し、アドベンチャーをするほど C–zone は拡大し、その結果として人間的な成長につながるのである。C–zone や S–zone の拡大に伴い、それまで P–zone であった領域も狭くなり、今まで恐怖を感じていた領域が少し緊張するくらいに変わっていくのである。それは年齢・性別・人種、時間や場所には無関係であり、いつでも、どこでも、誰でも成長できるのである。

　アドベンチャーを繰り返すことは人間的な成長を促進する大切な要素と位置づけることができる。しかし、人それぞれ C–zone の形や大きさが異なるという視点を忘れてはならない。同じ体験をしても感じ方・捉え方は個人によって異なり、友人同士でも一方には安心できること

表 1.2　SMART ゴールガイドライン

S	Specific	目標は具体的ですか？	Specific	具体的な目標である
M	Measurable	目標は何かしらの形で計ることができますか？	Measurable	目標を計測できる
A	Achievable	目標は達成可能ですか？	Agreed upon	目標に同意している
R	Relevant	その目標は適切ですか？ 今の生活や状況に関連していますか？	Realistic	現実的な目標である
T	Trackable	その目標はプロセスを追跡できますか？	Timely	目標の期限が明確である

でも他方にとっては緊張や不安に感じることかもしれない。両者の合意がないうちに無理やり C-zone から引き出すこと（Challenge by <u>no</u> Choice）は、心身の安全を阻害してしまうのである。特にリーダー的立場にある人はこのことを認識し、メンバーとともに多様性を認めたうえで個人やグループの目標に向かって C-zone から S-zone に一歩踏み出すことを支援し、アドベンチャーのできる環境をつくることが大切である。目標を設定することは C-zone から S-zone に踏み出しやすくするため、TAP では「SMART ゴールガイドライン」を使用している（**表 1.2**）。

〔3〕アドベンチャーができる環境促進

　アドベンチャーができる環境の前提は、**TAP-Commitment** が守られていることである。TAP は精神的・身体的ストレスやリスクを伴いながらグループ活動を行うため、以下の①から⑦の規範をメンバー間で共有し、それを基に体験学習を行っている。

①**Play Safe（心身ともに安全である）**：体験を伴うため身体の安全確保は当然であり、暴力を振るったり悪ふざけをしてメンバーを傷つけたりする行為は論外である。また精神面や心の安全も守らなければならない。言葉による暴力（悪口、否定的な言動）、否定的な態度（無視・無気力）はメンバーの心の安全を損なうものである。さらに自分自身やメンバーのことをディスカウントすることも安全ではない。

②**Play Hard（一生懸命にやってみる）**：未知や既知を問わず、まずは夢中になり一生懸命に活動することで達成感を味わうことができ、新たな学びや気づきがある。体験は二度と同じ時間や状況はなく「今、ここで」を大切に取り組む姿勢が重要である。誰かが手を抜いたり、自分が手抜きをすることはグループの士気を下げるため目標達成の妨げにもなる。

③**Play Fair（公正に、ルールを守る）**：集団や組織で活動を行う場合には必ずルールがあり、そのルールは遵守しなければならない。このルールが公正に守られなければ活動自体の意義が問われることになる。互いにルールを守り、その中で最高のパフォーマンスを発揮することがグループ活動の醍醐味である。不正で得られた結果は真の目標達成ではなく

達成感や自己肯定感を味わうことはできない。

④ **Be Positive（肯定的に、前向きに捉える）**：「自分にはできない」という考え方から「どうしたら不可能を可能にできるか」や「どんな協力をしたら解決できるのか」という前向きで肯定的な捉え方を大切にするものである。体験学習は「学び方を学ぶ学習」でもあり、成功要因や失敗要因を分析し、振り返ることで新たな解決策を発見できる可能性をもっている。発想の転換や建設的な意見交換が大切である。

⑤ **Have Fun（楽しむ）**：上述した①～④の規範が守られていなければ楽しむことはできない。また、自分だけ楽しむのではなくメンバー全員をも楽しくさせようと思う気持ちが大切である。まず体験すること自体を楽しみ、学習する過程を楽しもうとする気持ちが真の学習につながる。

⑥ **Be Here（今、ここに）**：自分やメンバーの内面、身体的な活動や外界の事象に関してその場その時に起こっていることを感じ取ることである。精神的・肉体的に今、ここに存在し、自分自身がメンバーの大切な一員であると思うことが大切である。物理的に参加していても活動に無関係なことを考えていることは Be Here ではない。

⑦ **Respect（互いに多様性を認め、尊重し合う）**：互いに主体でありながら同時に相手を尊重すること、つまり相互主体的な理解に基づいていることが大切である。多様な個性や目標をもった人がいるため、それぞれが責任を担う気持ちをもち合い、メンバーを最大限に尊重するようにすべきである。例えば、誰かが意見を発表しているときはそちらに顔を向け、傾聴やうなずきも Respect である。「聴く」には他者の言うことに耳を傾けること、その人が言っていることに積極的に関わろうとする二つの意味がある。

　以上が活動中の規範であるが、これらはすべて I am に含まれており、相互に責任をもち合う気持ちを行動化しなければならない。さらにアドベンチャーを促進するためには以下のことを実行する必要がある。

　「**Trial & Error**」を積極的に取り入れ、その行動や思考を肯定的に認めていくことである。人間は誰でも失敗をするが、その失敗を恐れるあまり挑戦することに躊躇してしまうことがある。TAP では失敗することで打開策が発見できるかもしれないと考え、試行錯誤を繰り返すことは否定的に捉えるものではない。しかし、自分やメンバーが失敗をした際の対応の仕方次第でアドベンチャーができる環境が変わってしまうことを理解する必要がある。TAP では Trial & Error を自他ともに積極的に認めることで心の安全が確保され、アドベンチャーがしやすくなると考える。また、Error is OK！（失敗しても大丈夫！）の雰囲気や環境も重要である。

　「**Assertiveness**」[50) という自己主張の考え方がある。これは相手の立場を傷つけないように配慮した自己主張であり、平等な人間関係を築くための考え方である。人が自分の感情・態度、願望、意見、権利を直接、率直、かつ正直に表すとともに、一方で他者の感情・態度、意見、権利を尊重するような自己主張の仕方である。Assertiveness の本質的な特徴は自分と他者の両方に敬意を払い、バックグラウンドを捨て、対等で平等な対人関係を前提としつつ、他

者の権利を侵害することなく自己の権利を行使するところにある。このような自己主張の仕方で意見交換をすることがアドベンチャーを促進させるのである。

　TAPでは、サークルを積極的に用いて意見交換や振返りなどを行っている。サークルは円卓での食事と同様に上座がなく、対等な立場で自由に発言することができ、全員の顔を見ながら話したり聴いたりすることが可能である。国際会議のテーブルは楕円形が採用され、参加者が自由に話せる雰囲気を演出したり、主催者側が適度にリーダーシップをとったりするのに便利だと考えられている。メンバーの意見をじっくり聴き、対等な立場で話し合いができるサークルはアドベンチャーがしやすい環境を促進するのである。

　アドベンチャーができる環境としてはPlay Safeが最も重要であり、特に「心の安全」について重要視すべきである。TAPは身体活動を伴うため身体の安全確保は言うまでもないが、目に見えない精神面や心の安全を守ることもアドベンチャーの重要な土台となる。

　Edomondson（1999）は「心理的安全」[51]（気兼ねなく自由に自分の意見やアイデアを出せる状況）の重要性を説き、TAPで用いるPlay Safeと重なる部分がある。先述した言葉による暴力や否定的な態度はメンバーの心の安全を損なうものであり、グループの凝集性や士気を著しく損ねてしまうのである。

　TAPでは、心の安全を守る方法の一つとして「呼ばれたい名前」を自分自身で決めている。その理由は肩書やバックグラウンドを取り除き、地位や役職に捉われずに対等な立場で尊重し合いながら人間関係を構築するプロセスを学ぶためである。肩書を背負ったままだと他者からの役割期待が起きやすく、自分自身もそれに応えようとしてしまうのである。その結果、メンバー間で遠慮や萎縮、依存の構図に陥りやすく、素直な気持ちを伝えたり行動がしづらくなり、互いに余計なストレスを感じてしまうのである。もう一つの理由は、他者からつけられた「あだ名」は呼ばれている当人を傷つける可能性があるからである。身体的特徴や成績などを起因とするあだ名は否定的なイメージを伴うこともあり、呼んでいる方は悪気がなくても呼ばれている当人は傷ついている可能性がある。これらの理由からTAPでは自分自身で呼ばれたい名前を決め、呼ばれるたびに嬉しくなり、肯定的な感情を互いにもち合いながら心の安全を確保しているのである。心も体も安全であり、安定した環境や土台がなければ思い切った一歩は踏み出せないのである。

1.4　体験学習

〔1〕体験学習と体験学習サイクル

　体験と経験が混同されているため、その整理から始めたい。体験とは「個人の主観的な感情によって体験者が固有の主観的な出来事を表す概念」[52]であり、体（五感）を通して得られる直接的な体験を指し、蓄積されるものではない。

　経験は「現実に密着し、経験される物事の客観性や事実に注意が向けられた概念」[53]であり、

図 **1.7** 体験と経験のイメージ

量・質・深度が存在し蓄積が可能である。体験はこの経験の中に包括されている（図 **1.7**）。

Dewey は経験主義学習論者であり、教育は体験を通して生じると主張し、体験と学習の関係性が密接であることから体験学習に多大な影響を与えてきた。そして、体験の質の重要性について言及し、体験の質を連続性と相互作用の原理から捉え、体験の質を向上させるためには反省的思考が必要であるとした。Lewin は 1944 年に設立されたグループ・ダイナミックス研究センターに所属し、1947 年に公正雇用実施法の正しい理解とその遵守を促進する地域社会のリーダーを養成するワークショップを開催している。そこで人間関係トレーニングや今ここで起こっている体験を学習に用いる体験学習の有用性を発見している。また Lewin はリーダーシップ、アクション・リサーチなどの研究分野を立ち上げ、体験学習に大きな影響を与えている。

Dewey や Lewin の研究に基づいた Kolb の体験学習モデル[54] は、Dewey の学習理論を単純化した循環論であり、さまざまな体験学習にも反映され TAP にも影響を与えている（図 **1.8**）。

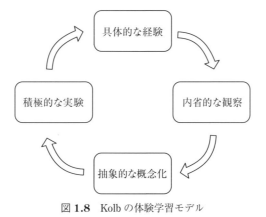

図 **1.8** Kolb の体験学習モデル

Kolb の体験学習の定義は「体験に基盤を置く連続的変換的プロセス」[54]であり、相川（1990）は「学校教育として、児童・生徒が目的や内容といったものを、実際に、実地に、直接に、経験できるように意図的・組織的・計画的に仕組んだ教育活動としての学習である」[55]としている。また山口（1999）は体験学習を「身体的活動や直接経験によって引き起こされる主観的な感情や意識を基盤あるいは素材として成立する学習」[56]とし、体験学習は経験学習に包摂される概念として捉えられている。

学校教育における体験学習は、学習者が観察・調査・見学・飼育・勤労・奉仕などの体験活動を通じて学習者の感覚機能を使いながら対象に直接働きかけ、そこから事実や法則を習得する学習方法の一つであり、一定のカリキュラムやプログラムのように構造化された中で学習を促進するものである。また、概念学習（知識習得・文化伝達型）と対比し、体験学習は人間中心・問題解決型である。以上を踏まえ、本書での体験学習は Kolb の定義を基底に置き、学校教育での体験学習を主眼に入れて使用する。

Hahn は OBS を設立し世界中に影響を与えており、そこでの冒険教育プログラムは特に PA の基になっている。PA は、冒険活動をグループで行い、体験学習サイクル（図 **1.9**）に則って試行錯誤を繰り返しながら達成感や成功体験を重ね、自尊感情を高めていこうとする活動である。自己概念や自己意識などの心理的変数の向上に有効であることが検証されている。

Kolb の体験学習モデルは PA にも応用されている。1970 年代に PA が導入されるのと並行してアドベンチャープログラムによるカウンセリング、すなわち Adventure Based Counseling（ABC）が学校教育カリキュラムに組み込まれている。ABC の基礎的な原理に関する論文は、Schoel（1974）の「Counseling on the Run」と Medrick（1977）の「Counseling Passive Behavior through Outdoor Experience」である。また Gass ら（1993）は「Adventure Therapy」を著し、複合的な内容の通院治療を受けている患者に対して治療を促進するために治療計画の一部に用いる療法としたのである。「Adventure Therapy」では、自然環境は必須ではなくどこでも実施可能な課題解決型の活動やロープスコースを活用する PA などで用いられている。

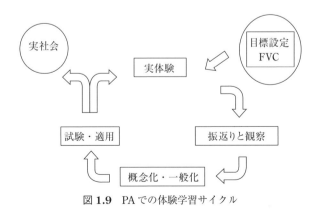

図 **1.9**　PA での体験学習サイクル

　アドベンチャープログラムとは、自然環境における冒険的な活動やそれに伴う親密な小集団での活動を通じて人格の発達を目指すプログラムを指し、Ewert（1987）、川村（1980）、井村（1985）、蓬田（2000）、中島ら（2001）、工藤（2002）、山田ら（2006）、白鳥（2009）などの研究によって自己概念の向上や内発的動機づけ（自己有能感・自己決定感）に効果がある。Kolb の ELC と PA で使用されている ELC に、Roethlisberger ら（1939）のホーソン効果や心理援助の観点、Beck ら（1979）の「認知療法モデル」や「行動活性化モデル」[57]、Adventure Therapy で使用されている「ABC ≈ R モデル」[58]を参考に「**体験学習法 BACKL**」[59]（図 **1.10**）という循環モデルを考案し、積極的に行動から認知への観点を重要視している。

　近藤（2010）は「体験や経験の共有が先にあり、その後で、あるいはそれと同時に感情や意志の共有が生じるのではないか」「感情から行動が生じるではなく、行動から感情の変化へ」[60]と主張し、TAP に示唆を与えている。体験学習法 BACKL は、事前の計画や話し合いに膨大な時間を費やし、行動に移らず試行錯誤や失敗体験すらできずにタイムアップになってしまうグループを見ていて考案したのである。行動を起こすことが重要な理由は、感情から行動が生じるのではなく、行動から感情の変化が起こるからである。行動を起こすことで、何かを感じ、気づくことがあり、また疑問や不思議に感じることが生じやすくなり、感受性が増すことになる。行動を起こす際には、先入観や固定概念に捉われず、オープンな気持ちで臨むことでより感受性が高まり、新たな発見に結びつくのである（図 **1.11**）。

　ここでの振返りは、Schön（2001）の「行為の中の省察」[61]を支持し、いつでもどのタイミ

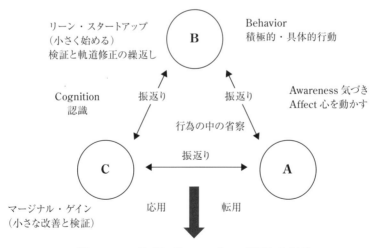

図 **1.10**　体験学習法 BACKL（工藤, 2004、2019 改訂）

出典：工藤亘「目標設定と振り返りへの指導と支援に関する研究—TAP や体験学習での活用を視座に—」玉川大学教師教育リサーチセンター年報第 9 号、2019 年、p.62

図 **1.11**　オープンハート（工藤，2004）

出典：工藤亘「Being 活動を通じた心の安全教育— tap の実践を通して—」玉川大学学術研究所紀要第 10 号、2004 年、p.70

ングでも可能である。生きた知識とは、その理由や根拠まで納得して身につけた知識のことであり、既有の知識と関連づけられることで、ものの見方や考え方が一層深まるのである。生きた知識は長期記憶ができ、必要なときに適切な選択をして活用することができる。生きた知識を活用すると多くの知識と関連づけられ、理解が深まり、次の生きた知識が生成されるのである。Schön の行為の中での省察では、行為の中で驚き戸惑うなどの感情が動くことで省察が深まっていき、その経験への意味の探求が導かれるのである。Mezirow（1991、2012）の「変容的学習」[62] の理論は、方向の混乱を伴う経験や感情が揺れるところが起点となっている。また、課題解決型の活動の途中で何度か振返りをすることや、一つの活動が終了するたびに振返

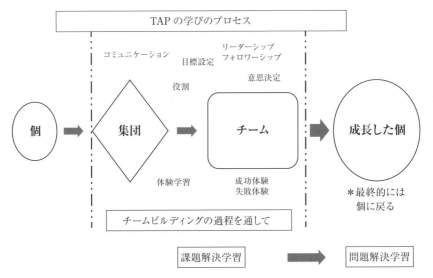

図 **1.12**　TAP の学びのプロセス（工藤，2017 改訂）

出典：工藤亘「TAP を実践している教師が考える TAP の意義と課題についての研究— TAP を実践している教師へのヒアリング調査をもとに—」教育実践学研究第 20 号、2017 年、p.28

りを行うこともある。さらには、すべての活動が終了した際に行う場合もあり、その振返りの
タイミングや内容等の判断は指導者や教師に委ねられているため、効果的な振返りのために何
に焦点を当てるかが重要である。

　TAP の学びのプロセスは、個人⇒集団⇒チームというようにチームビルディングの過程の
中で、チームが目標とする姿を完成するまでメンバー間で相互作用が行われるように刺激し合
いながら学ぶものである。そのプロセスを通りながら最終的には成長した個を目指している
（図 **1.12**）。課題解決を目指してコミュニケーションをとり、リーダーシップとフォロワー
シップを効果的に発揮し、その過程でルールや規範遵守、主体性と協調性、自己主張と協働、
成功や失敗などを体験学習するのである。チームは必ず解散を迎えるため、他者から課題を与
えられ誰かが見ているから実行するのではなく、自ら問題を発見し主体的に問題解決をしてい
けるように促進しているのである。

〔**2**〕**目標設定と振返り**

　Locke（1969）は、目標がパフォーマンスやモチベーションに及ぼす効果を探ることを目指
した目標設定理論を提起した。目標設定の効用は「期待、退屈感の軽減、課業への興味の増
大、成果に対する満足感の増大、承認や無意識の競争に結びつき、かつまた仕事への自信や誇
りを高める」[63] のである。しかし、目標を設定すること自体がモチベーションを高めるわけで
はなく、自らが設定した目標を達成することで自信や有能感が高まり、それがモチベーション
につながるのである。また、具体的な数字や期限を明確化した目標設定が目標に注目させ、モ
チベーションを高めることになるため、自分の能力に合ったレベルで挑戦できる目標を設定す
ることが重要である。Nicholls（1979）は、**自我関与**できる目標設定の重要性を指摘した。同
じ目標でも自分で設定した目標は自我が関与しているためモチベーションが高まるのである。

　チームの目標と個人の目標が関連し自我関与をしやすくするために、TAP では Quick Norm
等を用いている（図 **1.13**）。TAP での目標設定には熟達目標が参考になる。熟達目標は他者

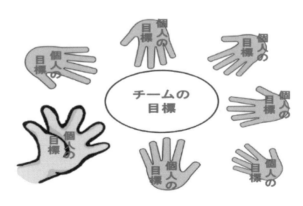

図 **1.13**　Quick Norm

との比較ではなく、自分が進歩したか、スキルを獲得できたか、自分の能力が拡大したかに焦点を当てるため自分自身でコントロールができるのである。熟達目標志向の高い人は、自らの成長のために熱心に取り組み、たとえ失敗したとしても違う方法を考えるなど、前向きである。この熟達目標志向が高まりやすい組織風土をもつチームは、課題に対する意欲や他者への援助行動も増すため、結果的にメンバーの満足度やパフォーマスが向上するのである。

　TAP はチームビルディングの過程を通して、集団での関わり方やコミュニケーションの取り方、目標設定の必要性や課題解決能力などを学ぶことができる。そして各自が学んだことを普段の生活に応用・転用し、さらなる個人の成長を促すことを目指している。なお、チームでの活動には目標設定が必要不可欠であり、個人の目標とチームの目標とが相互に結びつき、自我関与された目標が望ましいのである（図 **1.14**）。

　振返りは「内省・省察・リフレクション・反省的思考」と呼ばれることも多く、研究者や研究分野によって定義が多様であり明確な定義づけがされていない。Dewey（1910）はリフレクションを信念の根拠として、自分自身の直接の評価だけではなくエビデンスなどを通して正当性がある（ない）ことを暗示しているとし、経験を意味づけ、学びにつなげていく認知作用としている。Schön（1983）の「行為の中の省察」は、Dewey の探求の理論を受け「不確定な状況から確定的な状況への転換を担う探求の過程をより精緻にみていくこと」[64] が考えの基になっている。我々は何かを体験する中で思考し省察することもあるし、体験をした後でその体験を省察することもある。Kolb の体験学習サイクルは、Dewey の学習理論を単純化した循環論であり、体験後の省察が最も重要である。省察という思考活動は、学習活動中は常に行われ、次の行為の在り方を判断し意思決定する営みでもある。また省察は、自らの体験に基づいた事物への考え方を創出し、新たな状況に適応するために必要であり、省察を行うことで体験の質が高まり、深みのある真の体験学習になるのである。Korthagen（1985）は、体験による

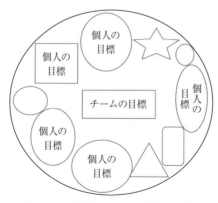

図 **1.14** 個人の目標とチームの目標（工藤, 2017）

出典：工藤亘「TAP を実践している教師が考える TAP の意義と課題についての研究―TAP を実践している教師へのヒアリング調査をもとに―」教育実践学研究第 20 号、2017 年、p.28

学びの理想的なプロセスを「行為と省察が代わるがわる行われるもの」[65]とし、プロセスを五つの局面（行為・行為の振返り・本質的な諸相への気づき・行為の選択肢の拡大・試行）に分けて ALACT モデルとし、省察の重要性を指摘している。Mezirow（1991）は省察を「経験の意味づけを解釈し、意味づけを行う努力の内容とプロセスを、また努力の想定を批判的に評価するプロセス」[66]と定義し、内省を思考や感情について考えることとした。Mintzberg（2004）は「まず内面に着目し、その次に外面に目を向けることにより見慣れたもの事を別の角度から見る」[67]と表現している。松尾（2011）は「行為を振り返り、知識・スキルを身につけ修正する」[68]とし、行為の後だけに内省するのではなく、行為をしている最中にも内省することが含まれると指摘しており、Schön の行為の中の省察を支持している。以上を踏まえ TAP では、振返りを「体験学習サイクルを用いながら行為の中や後での洞察や振返りを通じて体験を意味づけ、質の高い知識やスキルを学ぶための営み」とする。

〔3〕 振返りの意義と方法

　Moon（2004）は、学習における意図的な振返りの成果を「①新しく学習していることの意味づけをすること、②有意味学習で学んだことを抽出するプロセスからさらに学ぶこと、③既にある情報や知識を整理することによって学ぶこと」[69]としている。また、学びを促進する振返りの役割は「①知的な余地を拡大させる。学習スペースに余裕をもたせる、②学びの当事者であるという意識を高める、③メタ認知を促す（自らの学びのプロセスや自らの学び方の強みと弱みをわかっていて、かつ、それについて振り返ることができる人はより学ぶ）」[70]とし、振返りは学習行動自体にも影響を及ぼすと指摘する。

　Borton（1970）は、三つの質問（3What's）「What・So What・Now What」[71]を用いて段階的に振返りを行っている（図 **1.15**）。第 1 段階は「何が起こったのか」という状況を振り返り、事実関係の確認を行い、振返りの対象となる体験と本人がその体験をどのように理解して

図 **1.15**　Rolfe の内省的実践のフレームワーク（筆者加筆）

出典：Gary Rolfe,Melanie Jasper,Dawn Freshwater（2001）Critical Reflection In Practice,RED GLOBE PRESS, p.45

いるのかを共有する。第2段階の「何を学び、どんな意味があるか？」では、その体験に本人がどんな意味を見出しているのかを振り返る。同じ体験でも人によって意味づけは異なるため、特定の体験をどのように捉えているのか、なぜそう考えるのかを聞き合うことで本人にとっての意味を共有するのである。第3段階の「何が今後に活かせるか？」では、学んだことや気づきをこれからどうしていきたいのかという行動について問うものである。第1、2段階を踏まえ、さらに改善するために必要な行動や今後挑戦してみたいことを問うことで、振返りによって得た学びや気づきの次の行動への応用・転用を促すことができる。

Bolton（2014）はリフレクションモデルをサイクル・スパイラル型、質問リスト型、ステップ型に大別したが、経験学習モデル、リフレクティブ・モデル（Gibbs, 1988）、3What's モデル（Driscoll, 1994）、体験学習法 BACKL はサイクル・スパイラル型になる。

和田ら（2014）の研究では、幼児期・児童期の褒められて嬉しかった経験や初めての体験、青年期では友達と何かをやり遂げたことや人との関わりの中での感動体験が記憶に残ることが多いことがわかっている。感動体験は達成動機との関連性が強いため、TAP では感情面にも焦点を当てた振返りを重視することで ELC につなげている。

無藤（2009）は「気づきを可能にすることや体験活動から教室活動につなげることの重要性」[72]を指摘する。このことから TAP と言語活動を意図的・計画的に位置づけ、各教科や総合的な学習の時間などとも連動し、事前の目標設定や調べ学習、役割分担によって活動への意欲を高め、事後のまとめや発表会を通して気づきや感情を共有することが重要である。それにより学びが拡大・深化し、体験で得た学びが生きた知識として定着するのである。

振返りには体験したことを深化させ、他者と共有することで多様な考えを知り、他者理解・相互理解を深めると同時に自己認識を広げる意義がある。そして共有したことを次の活動や実生活に活かすために行うのである。振返りは個人やペア、グループや全体で行うこともある。協同学習で話し合いを促す技法のシンク・ペア・シェアは、一人で考える⇒二人組で共有し、視野を広げ再考する⇒全体で共有、の順序で対話や議論を行うものであり、他者と共有した考えや気づきは、大人数の前で発言する抵抗感や不安を軽減する働きがある。そして、内省的思考や他者と本質的な対話ができる共感の場があると知識創造活動が活性化されるのである。ただし体験⇒振返り⇒発表のように形式的になりすぎると、意識的にファシリテーターが期待していることを表現するようになるため注意が必要である。さらに、振返りでは正解を求めずに、率直に自分の考えを安心して表現できる雰囲気や環境を整える必要がある。

KPT（Keep・Problem・Try）という振返りの起源は、1990 年代後半、Alistair が「Reflection Workshop」の中で考案した The Keep/Try Reflection とされ、Keep はよかったこと・今後も続けること、Problem は困ったこと・問題点、Try は今後の活動で試したいことである。KPT を用いた振返りには、①活動を思い出す、②うまくいかなかった行動を確認する、③問題を洗い出す、④原因を検討する、⑤改善策を考える、⑥試したいことを考える、⑦試すことを選択する、のステップがある。

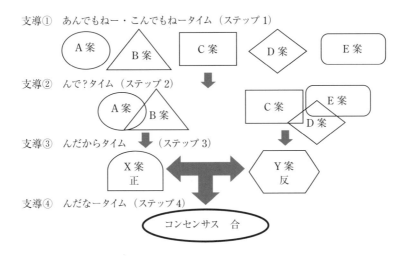

図 **1.16**　合意形成までのプロセスイメージ（工藤, 2019）

出典：工藤亘「目標設定と振り返りへの指導と支援に関する研究―TAP や体験学習での活用を視座に―」玉川大学教師教育リサーチセンター年報第 9 号、2019 年、p.63

　振返りの方法は、自然物やいろいろな事物が書かれたカード、詩、絵、コラージュ、マインド・マップ、ポートフォリオ、振返りシートなどを用いて表現させる工夫も必要であり、感情や内面を表に現すこと（外化）も重要である。また振返りによる自己の内面や気づきを他者に伝えること自体も挑戦であり勇気がいるため、振返りの内容を発表する際はファシリテーターが安心と挑戦のバランスを図り、個人やグループの状況を観察しながら進行する必要がある。

　TAP では意見を他者と共有し、課題解決のために対立した意見を合意して進めればならない場合もある。合意形成とは「多様な利害関係者が議論を通じて互いの多様な価値観と利害を認め合い、相互の意見の一致を図る過程のこと」[73] であり、単に X 案と Y 案を足して 2 で割ることや安易な折衷ではない（図 **1.16**）。多様な意見や異なる価値観をもつメンバーと意思決定をする際には、それぞれの考え方の存在を認め、意見の根底に潜む価値を掘り起こし、オープンな気持ちで情報を共有し、互いに納得できる解決策を協働で見出す必要がある。そのためにもファシリテーターの役割は重要であり、合意形成までのプロセスを大切にしなければならない。また、合意形成をするためには、目標・課題・判断基準を明確にする必要がある。よく使う判断基準は、効果・コスト・実現までの期間・実現可能性・波及効果などがあり、判断基準を明確にし、それに照らして最終的な案を選択するべきである。

〈文　　献〉

1)　石塚清章「労作教育」玉川大学出版部、全人 No.765、2012 年、p.22
2)　森山賢一「小林澄兄における労作教育思想研究の特質」教育実践学研究第 15 号、2011 年、p.83

3)　Peter Tacy. 2006. IDEALS at Work. DEERFIELD ACADEMY PRESS, p.63

4)　http://www. intaward. jp/history. php（2019 年 12 月 15 日閲覧）

5)　Dick, Prouty, Jim. School & Paul, Radcliffe. PAJ（監訳）「アドベンチャーグループカウンセリングの実践」みくに出版、1997 年、p.107

6)　前掲書 5)、p.152

7)　プロジェクトアドベンチャージャパン「クラスのちからを生かす」みくに出版、2013 年、p.42

8)　Glasser, W. 著、柿谷正期訳「グラッサー博士の選択理論」アチーブメント出版株式会社、2000 年、p.19

9)　柿谷正期・井上千代「選択理論を学校に」ほんの森出版、2011 年、p.137

10)　鹿毛雅治「学習意欲の理論」金子書房、2013 年、p.23

11)　櫻井茂男「自ら学ぶ意欲の心理学」有斐閣、2009 年、p.27

12)　de Charms, R. 1968. Personal causation. New York:AcademicPress.

13)　Deci, E. L. &Ryan, R. M. 1985. Intrinsic motivation and self-defermination in human behavior. New York:Plenum.

14)　Jere Brophy 著、中谷素之監訳「やる気をひきだす教師学習動機づけの心理学」金子書房、2011 年、p.208

15)　村山航、松村健二「やる気――内発的動機づけの神経科学――」生命の科学 Vol. 66. No. 1, 医学書院、2015 年、p.22

16)　前掲書 14)、p.19

17)　Bandura, A. 1977. Self-efficacy: Toward a unifying theory of behavioral change. *Psychological Review*, 84, 191-215

18)　自己調整学習研究会編「自己調整学習――理論と実践の新たな展開へ――」北大路書房、2012 年、p.9

19)　Yerkes, R. M., &Dodson, J. D. 1908. The relation of strength of stimulus to rapidity of habit-formation. *J. comp. Neurol. Psychol.*, 18, 459-482.

20)　Nicholls, J. G. 1984. Achievement motivation: Conceptions of ability, subjective experience, taskchoice, and performance. *Psychological Review*, 91, 328-346.

21)　Dweck, C. S. 1986. Motivation processes affecting learning. *AmericanPsychologist*, 41, 1040-1048.

22)　Ames, C., & Archer, J. 1988. Achievement goals in the classroom: Students' learning strategies and motivation processes. *Journal of Educational Psychology*, 80, 260-267.

23)　M. Csikszentmihalyi 著、大森弘監訳「フロー体験入門」世界思想社、2010 年、pp.92-93

24)　前掲書 14)、p.11

25)　大木幸介「やる気を生む脳科学」講談社、1993 年、p.61

26)　前掲書 25)、p.203

27)　奥村歩「『続ける・やめる』は脳でコントロールできる」青春出版社、2011 年、p.17

28)　前掲書 15)、p.23

29)　Meyer-Lindenberg et al., 2011. Oxytocin and vasopressin in the human brain:social neuropeptides for translational medicine. *Nature Reviews Neuroscience*, 12（9）, p.524

30)　Kurt Lewin 著、外林大作、松村康平訳「トポロギー心理学の原理」生活社、1942 年、p.21

31)　Chemers, M. M. 1997. An integrativetheory of leadership. Mahwah, N. J. : Lawrence Erbaum Associates. 白樫三四郎訳編「リーダーシップの統合理論」北大路書房、1999 年、p.1

32)　小野善生「最強の「リーダーシップ理論」集中講義」日本実業出版社、2013 年、p.20

33)　押谷由夫・宮川八岐編集「道徳・特別活動」明治図書、2000 年、p.192

34)　Kelley, Robert Earl 著、牧野昇訳「指導力革命：リーダーシップからフォロワーシップへ」プレジデント社、1993 年、p.11

35)　Fran Rees 著、黒田由貴子、PY インターナショナル訳「ファシリテーター型リーダーの時代」プレジデント社、2002 年、p.7

36)　MaCall, M. W. Jr. 1988. Developing Executives through Work Experience, *Human Resources Planning* 11, No. 1: 1-11.

37)　波頭亮「リーダーシップ構造論」産業能率大学出版部、2008 年、p.74

38)　髙橋潔「リーダーシップと脳」産政研フォーラム中部産政研 No. 82、2009 年、p.51

39)　中野明「人間性心理学入門」アルテ、2019 年、p.16

40)　前掲書 39)、p.17

41）　Lev Semenovich Vygotsky 著、土井捷三・神谷栄司訳「発達の最近接領域の理論」三学出版、2003 年、p.36
42）　加藤洋平「成人発達理論による能力の成長」日本能率協会マネジメントセンター、2017 年、p.35
43）　星野敏男・金子和正監修、自然体験活動研究会編集「冒険教育の理論と実践」杏林書院、2014 年、p.4
44）　Lyng, S. 1990. Edgework: A Social Psychological Analysis of Voluntary Risk Taking in *American Journal of Sociology*, 95（4）: 851-86
45）　Michael J. Apter 著、山岸俊男監訳、渋谷由紀訳「デンジャラス・エッジ――「危険」の心理学――」講談社、1995 年、pp.42-43
46）　前掲書 45）、p.42
47）　苫米地英人「コンフォートゾーンの作り方」フォレスト出版、2010 年、p.87
48）　前掲書 30）、p.21
49）　Kapur, M. 2008. Productive failure. *Cognition and Instruction*, 26, 379-424
50）　Alberti, R. E. &Emmons, M. L. Your Perfect Right:A Guide to Assertive Living. Atascadero, California:Impact Publishers, Inc., 1970, 197, 1978, 19821986, 1990, 1995, 2001.
51）　Edmondson, A. 1999. Psychological Safety and Learning Behavior in work Teams. *Administrative Science Quarterly*, 44, pp.350-383. 松尾睦「部下の強みを引き出す経験学習リーダーシップ」ダイヤモンド社、2019 年、p.151
52）　市村尚久、早川操、松浦良充、広石英記編著「経験の意味世界をひらく」東信堂、2003 年、p.59
53）　前掲書 52）、p.59
54）　Kolb, D. A. 1984. Experiential Learning: Experience as the Source of Learning and Development. Prentice Hall. p.41.
55）　瀬戸真、加部佐助編著「人間の在り方を求める体験学習」ぎょうせい、1990 年、p.17
56）　山口満編著「子どもの生活力がつく『体験的な学習』のすすめ方」学事出版、1999 年、p.11
57）　Christopher R. Martell, SonaDimidjan, Ruth Herman-Dunn 著、坂井誠、大野裕監訳「セラピストのための行動活性化ガイドブック」創元社、2013 年、p.12
58）　Michael A. Gass. H. L. "Lee"Gillis. Keith C. Russell. 2012. Adventure Therapy. Routledge, p.55
59）　工藤亘「『心の安全』についての一考察」学校メンタルヘルス第 7 巻、2004 年、p.42
60）　近藤卓「自尊感情と共有体験の心理学」金子書房、2010 年、p.114
61）　Donald A. Schön 著、佐藤学・秋田喜代美訳「専門家の知恵」ゆるみ出版、2001 年、pp.76-128
62）　Jack Mezirow 著金澤睦、三輪建二監訳「おとなの学びと変容」鳳書房、2012 年、p.5
63）　Locke, E. A. & Latham, G. P. 1984. Goal Setting. New Jersey:Prentice-Hall. 松井賚夫・角山剛訳「目標が人を動かす」ダイヤモンド社、1984 年、p.26
64）　早稲田大学平山郁夫記念ボランティアセンター編「体験の言語化」成文堂、2016 年、p.175
65）　Fred A. J. Korthagen 編著、武田信子監訳「教師教育学―理論と実践をつなぐリアリスティック・アプローチ」学文社、2010 年、p.53
66）　前掲書 62）、p.145
67）　Mintzberg, H. 2004. Managers not MBAs. 池村千秋訳「MBA が会社を滅ぼす」日経 BP 社、2006 年、p.383
68）　松尾睦「職場が生きる人が育つ『経験学習入門』」ダイヤモンド社、2011 年、p.70
69）　Moon, J. A. 2004. A handbook of reflective and experiential learning: Theory and practice. Routledge, 82
70）　前掲書 69）、86
71）　Borton, terry, Reach, Touch and Teach. New York, NY: McGraw Hill, 1970, 489
72）　無藤隆「いま求められる体験の質」児童心理 2009 年 8 月臨時増刊 No. 900「『体験』が育てる確かな学力」金子書房、2009 年、p.57
73）　猪原健弘編著「合意形成学」勁草書房、2011 年、p.17

2章　Teachers as professionals（TAP）

2.1　Teachers as professionals（TAP）

〔1〕教師としての専門性

TAP には三つのコンセプトがあり「**Tamagawa Adventure Program**」と「**tap（自己開示・自己主張）**」は参加者自身が主体である。それに対し「**Teachers as professionals**」は教育者が対象であり、教師としての専門性を発揮して子どもの可能性を促進することを目指している。

社会の複雑化や不確実性が高まる今日において、科学的技術や理論的知識に関する専門性に基づき課題解決にあたることを職務とする専門職の在り方に転換期が迫られている。子どもや保護者の抱える問題も複合化し、これまでの教育学や心理学などの理論や科学では対処しきれなくなっている。そこで、経験によって培われた実践的見識に基づき創造的に対応できる「反省（省察）的実践家」[1] が求められている。反省的実践家とは、主観的で言語化することができない暗黙知の状態＝「実践的見識」を意識化・言語化していく営みができる実践家である。

佐藤（2009）は、教師を「複雑で知性的な実践において高度の省察と判断が求められる『専門家（professional）』であると同時に、経験によって培われた洗練された技と知恵によって実践を遂行する『職人（craftsman）』でもある」[2] と表現している。いくら教育の専門家として各教科についての最先端の知識や理論を身につけていても、教育の職人として授業実践の技や経験に裏づけられた実践的知識がなければ教師しての仕事は遂行しきれない。その逆も同じことが言え、技や実践的知識に長けているが教科や指導法に関する科学的な知識や理論に精通していないのも不十分である。教育の職人としては、優れた教師の模倣や OJT を繰り返す必要があり、参考になる点を吸収し自分のものにしていく努力が必要である。教育の専門家としては、過去に確立した方法に頼るだけではなく固定的な枠組みから抜け出し、狭い経験と独善的な思考や不合理な信念に捉われないように研究と修養を続けていく必要がある。子どもとの関係を築くことで動機づけを高め、学習活動を促進するためには「専門性・親和性・柔軟性」の三つの資質が教師に求められ、教育の専門家には専門性、教育の職人には親和性と柔軟性が含まれている。

教師としては、教育の専門家と職人の力量を兼ね備えたいものである。専門家と職人のどちらかに偏らないようにそのバランス関係をタイプ別に図式化した（図 **2.1**）。

PC タイプは教師として理想的であり、専門家としての知識や理論と職人としての技や実践的知識を兼ね備えている。明るい雰囲気を醸成させながら子どもの内発的な動機を引き出し、

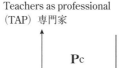

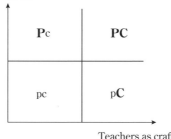

図 **2.1** 教師としての専門家と職人のバランス（工藤, 2012）
出典：工藤亘「teachers as professionals としての tap —「指導者」から「支導者（ファシリテーター）」へ—」
教育実践学研究第 16 号、2012 年、p.35

知的好奇心をくすぐり、知性的な判断や省察ができている状態である。Pc タイプは知識や理論は精通しているが、雰囲気づくりや機転の利いた対応が弱い。pC タイプはユーモアに富みエンターテイナーではあるが、論理性や合理性に欠けている。pc タイプは教師としての仕事を遂行するうえで、意識や責任感、そして努力が欠如しており自己研鑽が必要である。

　教師として自分の欠点や苦手な部分を克服しようとする前向きな姿勢が肝心であり、アドベンチャーを推奨する立場であれば自ら克服する努力が必要である。自分一人では克服できない場合には、第三者の協力を得ることや助言を求めることもアドベンチャーの一歩である。教師として専門家と職人のバランスはともに PC タイプを目指したいものである。教育に関わる専門家として知識や理論に裏づけられた確固たる基盤があり、子どもの優秀性を引き出すために、教師としての経験から獲得してきた技や知恵を巧みに発揮できる職人技も兼ね備えたいものである。教師は子どもの成長のために、支持的風土やアドベンチャーをしやすい環境を整え、学級や学校を C-zone（快適で安心・安全な領域）にしていくことも重要な役割である。C-zone の真逆は D-zone（不快で不安・危険な領域）であり、防衛的風土に支配され子どもの成長を妨げるため、それを取り除くことも教師の責務である（図 **2.2**）。

〔**2**〕TAP でのファシリテーションとファシリテーター

　ファシリテーションという言葉は多様な分野で使用されており、関わりの深い分野の一つに体験学習がある。体験によって学習を促す技法が 1960 年代に米国で興り、同時期にコミュニティ問題を話し合う技法としてワークショップやファシリテーションが体系化され、市民参加型のまちづくり活動へと受け継がれている。ビジネス分野では 1970 年代に米国で始まり、会議を効率的に進める方法として開発され「ワークアウト」と呼ばれるチームによる現場主導型の業務改革手法に応用されている。現在ではファシリテーションが専門技能として認知され、

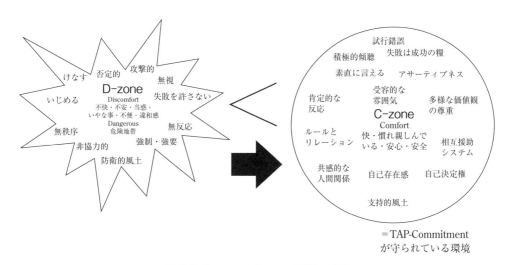

図 **2.2**　D–zone ⇒ C–zone（工藤, 2019）

出典：工藤亘「TAP と道徳教育に関する一考察」玉川大学教育学部全人教育研究センター年報第 6 号、2019 年、p.42

会議にファシリテーターを置くことが多い。またファシリテーションを研究する大学院もあり、学問的にも注目され始め、学校教育や社会教育など幅広い分野で応用されている。

　ファシリテーションの定義は多様であるが、TAP でのファシリテーションは互いから学び合うような体験学習を通し、**グループの知的・情緒的相互作用を支援・促進する働き**とする。ファシリテーターとは、メンバーが主体的に学ぶプログラムや学習環境づくりを行い、互いのコミュニケーションを円滑に促進し、それぞれの経験や知恵・意欲を引き出しながら、**グループによる知的・情緒的相互作用を支援・促進する働きを担う人（支導者）**である。ファシリテーターは、メンバーに直接的に指示を与え教え込む指導ではなく、メンバーとの双方向のやりとりを大切にして、個人やグループのプロセスに気づき、その状況を的確に判断し、個人やグループの能力を十分に発揮できるように支援しながら導き支導する人である。

　指導とは、教師主導のもとで教師が決めた目標に向かって直接的に働きかけることであり、教師が主体として指差す方向へ子どもを導くことである（図 **2.3**）。一方、「支導」（工藤, 2012）とは子どもが主体であり、教師が主導性を発揮し目標に向かって直接的に与え教え込むものではない。支導は、子どもの主体性と目標を最大限に尊重し、教師と子どもとの双方向のやりとりを大切にしたうえで一人ひとりや集団の特性や状況、プロセスなどを的確に判断し、子ども一人ひとりや集団の能力や特性を十分に発揮できるように支援しながら導くことである（図 **2.4**）。

　指導と支導はどちらか一方だけに偏重するものはなく、幼児期から青年後期にかけての発達段階や諸状況に応じてバランスを考慮し、教育実践の文脈から判断する必要がある。指導と支導のバランスに正解があるわけではなく、個と集団、家庭と学校・社会等との関わりの中なら総合的・創造的・探求的に教育活動で実践されることが重要である（図 **2.5**）。

図 2.3　指導のイメージ（工藤, 2018）
出典：工藤亘、藤平敦編著「生徒・進路指導の理論と
　　　方法」玉川大学出版部、2019 年、p.4

図 2.4　支導のイメージ（工藤, 2018）
出典：工藤亘、藤平敦編著「生徒・進路指導の理論と
　　　方法」玉川大学出版部、2019 年、p.5

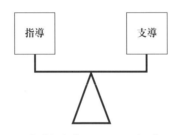

図 2.5　指導と支導のバランス（工藤, 2016）
出典：工藤亘、藤平敦編著「生徒・進路指導の理論と方法」玉川大学出版部、2019 年、p.5

〔3〕TAP でのファシリテーターの役割

　ファシリテーターは、以下の七つの視点を基にグループやメンバーと関わり、効果的なファシリテーションを心がける必要がある。

①体験学習・参加型学習であることを認識していること：メンバーが主体であり、ファシリテーターは効果的に支援するように配慮する。指導者主導の詰め込みスタイルとは大きく異なることを認識するべきである。効果的に支援するとは、メンバーが物理的・心理的にアドベンチャーをしやすい環境を整えることである。

②メンバー自身の「気づきや心を動かすこと」と「認識」を促進すること：グループでの活動を通して他者との関わりの中からメンバーが学ぶことが大切であり、メンバーは一人ひとりの気づきが異なることを認めるべきである。時にはメンバーの心の状況に合わせて、ゆっくりと時間をかけてプログラムを進行することもある。決して怒鳴ったり、目で威圧的に誘導してはならない。

③「正解は一つではない」ことを認識しておくこと：メンバーやグループは多様であり、目標達成のプロセスや進度も異なるため意思決定の仕方や最適解の出し方も様々である。プ

ログラムの意図とは異なる方向にグループが進むこともあるが、否定や誘導をするのではなくグループやメンバーを尊重し、自然な形でプログラムを修正したいものである。

④**安全への配慮をすること**：メンバーの心身の安全を確保することは最も重要である。活動中に危険な行為や言動が発生しそうなときには、介入し安全を確保するべきである。また、使用する道具・場所の事前チェックや保守管理、天候の変化や水分補給などの配慮も必要である（ソフト面・ハード面の安全確保）。

⑤**時間を管理すること**：活動時間は有限であり、決められた時間の中で進行し、終了するように時間配分を考えなければならない。授業であれば次の授業へ移動や着替え時間も配慮し、早めにプログラムを終了することが望ましい。進行状況で時間が延長しそうな場合はメンバーにも確認をし、その後の予定に影響しないように連絡をとるように促すことも必要である。目標達成まで「あと少し」の場合があるが、ファシリテーターはメンバーのモデルとしての自覚をもち、途中でも切り上げる勇気も必要である。教育的配慮も考慮したうえでの時間管理が求められる。

⑥**場所を管理すること**：活動の目的によって最適な場所を選ぶことやリスクマネジメントをすることが要求される。場所を選ぶ際には、屋内・屋外とその広さ、障害物（ガラス・机・柱・枝など）や天候（気温・湿度・雨・雷など）、騒音、コンディション、有害生物の発生状況、他団体への影響を最大限に考慮しながら選ぶことが望ましい。また、プログラム前に使用場所のチェックを行い、破損箇所が見つかった際には速やかに関連機関に報告をする義務がある。

⑦**グループ状況をみて判断すること**：人間関係や役割、集団の凝集性や意思決定能力、モチベーションの高低などをどう判断するかはファシリテーターの重要な役割である。初対面なのか、時間を共有してきたグループなのかで状況は異なる。また、グループ内で起こっている様子（表情・態度・言動など）を読み取ることが要求され、場合によっては臨機応変にプログラムを変更することもある。集中度合いは、長時間の立ち続けや気温、空腹感、眠気、のどの渇きなどで変化し、疲労度や達成感、成功体験や失敗体験も影響を受ける。TAP では GRABBS モダリティ・チェックリスト[3] を用いてグループ状況を判断している（表 **2.1**）。

Tuckman ら（1965）はグループ状況を見るためにグループの発達段階（フォーミング・ストーミング・ノーミング・パフォーミング・トランスフォーミング）を示し、それに山口（2006）の集団発達のモデル[4] を組み合わせ加工したのが図 **2.6** である（図 **2.7** も参照）。

また PA の発展のために活躍してきた Rohnke ら（1995）は、「A.P.P.L.E ファシリテーションモデル」[5] を用いファシリテーターとしての役割や関わり方を示しており、TAP でも応用されている（図 **2.8**）。

表 2.1　GRABBS モダリティ・チェックリスト

Goal（目標設定）	設定したグループと個人の目標にその活動はどのように関係したのか？
Readiness（レディネス）	活動を始める準備ができているか？　活動をやり通すだけの能力はあるか？
Affect（感情）	グループの雰囲気はどうか？　仲間同士の共感や思いやりはあるか？
Behavior（行動）	グループはどんな行動をしているのか？　反抗的ではないか？　投げやりになっていないか？ メンバーは自己中心的かそれともグループ全体のことを考えているか？
Body（身体の状況）	メンバーの体調はどうか？　何か医学的治療は受けているか？
Stage（ステージ）	グループはどの発達段階にいるのか？

（筆者により一部修正）

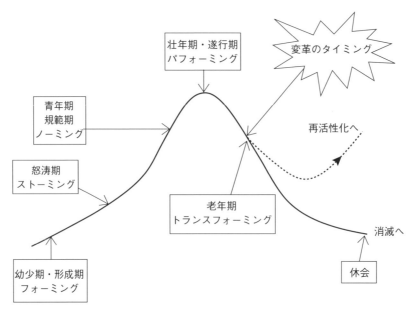

図 2.6　集団発達モデル（工藤，2012）

出典：工藤亘「teachers as professionals としての tap ―「指導者」から「支導者（ファシリテーター）」へ―」
　　　教育実践学研究第 16 号、2012 年、p.40

幼少期：やる気は十分だが、互いの役割や仕事の進め方などが手探りの状態。
形成期：確かめと相互依存がみられる段階。
フォーミング（Forming）：形成段階
新生のグループではリーダーシップが確立していないため、グループにはまとまりがない。しかし混乱と同時にグループの未来に対する希望もまた感じられる。この段階ではグループで何か達成することがきわめて重要で、そのことによってメンバー間に互いの期待やリーダーの期待に応えようという空気が生まれる。最初の成功体験はグループの基礎を固める。

↓

怒涛期：意見やメンバー間の価値観の相違などから生じた緊張がさまざまな場面で生じやすく、摩擦や分裂が起こることもある。
ストーミング（Storming）：本音と建前、対立と葛藤
メンバー同士が親しくなるに連れて消極的な行動が増える。このステージはメンバーがリーダーを知ろうとする時間である。「自分はやりたいことをやっているのか？」「リーダーはしっかりしているのか？」。まだその時々の状況に振り回されているだけで、主体的な行動はほとんどみられない。達成感や困難を乗り越えるという経験をうまく活かし明確な体験を植えつけていくことが重要である。

↓

青年期：まだ荒っぽいところもあるがメンバーも経験を積んで自信を獲得し、業績上昇の勢いに満ちている状態。
規範期：前ステージの危機を乗り越え、メンバーとも安定した関係が構築されている。
ノーミング（Norming）：行動規範が確立
グループはまとまりのあるユニットとして機能し始め、自分たちのやっていることにプライドをもち、自分たちの力を出し切ろうとする。グループが目的を達成するその一員としての誇りを感じるようになる。ゴールや行動ということについて仲間と対立することを恐れないようになる。

↓

壮年期：メンバー同士は互いに役割と規範を十分に把握して、阿吽の呼吸で協働する充実した状態。
遂行期：集団は成熟し、機能的な役割関係ができ課題遂行に向けて建設的で効果的な活動ができる。
パフォーミング（Performing）：機能・成熟
グループが成熟して十分に機能し、成果を挙げることができる段階。

↓

老年期：慣例や前例に固執し、仕事の縄張り意識が強くなるなどの「硬直化現象」がみられる状態。
トランスフォーミング（Transforming）：移行
グループがゴールを達成するか、またその前に時間がなくなった場合、必ず行われなければならない手続きであり、新しい日程を組んでやり直すという方法と、もう一つは次の段階の「解散」をするかを決めることである。

↓

休会：目標は達成され課題が終了となり、解散などによる集団の終了のことである。

図 2.7　集団発達モデルの解説（工藤, 2012）

出典：工藤亘「teachers as professionals としての tap ―「指導者」から「支導者（ファシリテーター）」へ―」
教育実践学研究第 16 号、2012 年、pp.40-41

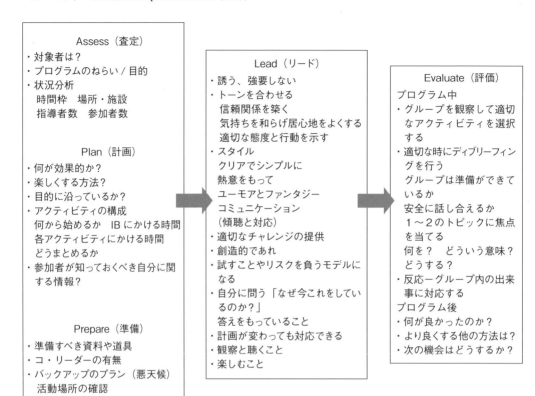

Assess（査定）
・対象者は？
・プログラムのねらい / 目的
・状況分析
　時間枠　場所・施設
　指導者数　参加者数

Plan（計画）
・何が効果的か？
・楽しくする方法？
・目的に沿っているか？
・アクティビティの構成
　何から始めるか　IB にかける時間
　各アクティビティにかける時間
　どうまとめるか
・参加者が知っておくべき自分に関
　する情報？

Prepare（準備）
・準備すべき資料や道具
・コ・リーダーの有無
・バックアップのプラン（悪天候）
　活動場所の確認

Lead（リード）
・誘う、強要しない
・トーンを合わせる
　信頼関係を築く
　気持ちを和らげ居心地をよくする
　適切な態度と行動を示す
・スタイル
　クリアでシンプルに
　熱意をもって
　ユーモアとファンタジー
　コミュニケーション
　（傾聴と対応）
・適切なチャレンジの提供
・創造的であれ
・試すことやリスクを負うモデルに
　なる
・自分に問う「なぜ今これをしてい
　るのか？」
　答えをもっていること
・計画が変わっても対応できる
・観察と聴くこと
・楽しむこと

Evaluate（評価）
プログラム中
・グループを観察して適切
　なアクティビティを選択
　する
・適切な時にディブリーフィン
　グを行う
　グループは準備ができて
　いるか
　安全に話し合えるか
　1～2のトピックに焦点
　を当てる
　何を？　どういう意味？
　どうする？
・反応－グループ内の出来
　事に対応する
プログラム後
・何が良かったのか？
・より良くする他の方法は？
・次の機会はどうするか？

図 2.8　ファシリテーターとしての役割や関わり方 [5]

2.2　TAP を活かした教育活動での教師の役割

〔1〕TAP を活かした教師の役割

　子どもにとって教師や友達との関係が良好であり、わからないことを安心して言える学業的
援助要請や共感的風土が学級にあれば、学習に興味が湧き諸活動に対する動機が喚起されるの
である。まずはそのためにも教師はよき聴き手のモデルとなり、子どもに聴き手と話し手の関
係性を学ばせたいものである。また、教師には学び合いや関わり合いの場を創出し、子どもの
主体的・創造的な学びや思考力・判断力・表現力を促進するための環境を整える役割があり、
子どもが安心して試行錯誤できるセーフティネットのような環境を築きたいものである。

　TAP を活かした教育活動で子どものアドベンチャーを促進するためには、**C-zone の形成と
確保および拡大**が教師の役割である。TAP はグループでの体験学習であり、身体面と精神面
の安全も守ることが大切である。怪我や事故の防止に努め、暴力を振るったり仲間を傷つける
行為が発生しそうになったら、教師は介入し安全を確保するべきである。また、言葉の暴力や

否定的な態度は心の安全を損なうため、教師は介入し C-zone を確保するべきである。

　茂木（2010）は、何かあったら逃げ込める場所である安全基地「セキュアベース」[6] がある
からこそチャレンジができると指摘する。セキュアベースは、Bowlby の共同研究者である
Ainsworth（1982）がその概念を導入し、1988 年に "*A Secure Base*" を発刊したことに端を発
している。セキュアベースの役割は、子どもが自主的に挑戦しようとすることを支えてあげる
ことや見守ってあげることである。幼少期に不安を乗り越え、失敗をしても次の挑戦ができた
のは安全基地（保護者）があったからであり、学校での安全基地は教師やクラスメイトであ
る。しかし、子どもが自由に挑戦することを認めず、失敗しない環境に置くことは、不確実性
や試行錯誤を封じてしまうため新しいことを学ぶ機会を減少させるのである。苫米地（2010）
は C-zone から引きずり降ろそうとする人や能力を制限している人を「ドリームキラー」[7] と
呼び、教師や保護者がドリームキラーにならないようにと警鐘を鳴らしている。

　学校教育では集団指導を通して個を育成し、個の成長が集団を発展させるという相互作用に
より子どもたちの力を最大限に伸ばすという指導原理がある。諸富（2011）は理想的な学級を
「個が生きることができるつながりがあり、そのつながりゆえに個が生き生きできる」[8] とし
た。その学級をつくるためには「ルールとリレーション」[9] が必要である。学級の最も基本的
なルールは、人を傷つける言葉は言わないことであり、TAP の Play Safe に相当する。**TAP-
Commitment** が守られていることによって人間関係が良好になっていくのである。

　折出（2014）は指導タイプを「統制主義的（子ども集団を自分の指導のもとに従わせ、その
指導・被指導関係を確立する）」と「民主主義的（子ども集団の対話・討論・討議を保証し、
一人ひとりの主体的な現実の把握を大事にし、子どもたちなりの力で選び取り共同で決めてい
くことを重視する）」[10] を示している。子どもが安心して自己を発揮し、仲間たちと相互に援
助し合い学び続けられる学級をつくるためには、規範やルールを教える統制主義的な指導も必
要である。しかし、学校生活全般が統制主義的指導だけで行われると、自己指導力や自己冒険
力、生きる力をもった子どもは育たないため、民主主義的な指導と支導が必要である。

　指導法には「**ティーチング⇒ファシリテーティング⇒コーチング**」の流れがあり、まずは指
導によるティーチングで子どもに基本的な知識や考え方、行動様式や規範を教えるのである。
そして、ファシリテーティングで思考や意欲を促進し、その後、コーチングによって子どもの
意見や考えを引き出していくのである（図 **2.9**）。このファシリテーティングとコーチングを
合わせたのが**支導**であり、子どもを主体としたうえで指導と支導を行う必要がある。その土台
には、日々のダイナミックな教育実践や教育環境で行われている生徒指導によって構築された
教師と子どもとの信頼関係が必要不可欠である。

　TAP は行事のように単発で行えばよいものではなく、教師が普段の子どもの実態や関心な
どをつかみ、目標や動機を促しながら子どもが主体的に体験学習をできるように引き出す必要
がある。そして、教師は子どもの体験学習中の様子や思考をつかみ、促しながら事後に応用・
転用（**転移**）できるように引き出すことで、実生活への生きた学びや深い学びになるのであ

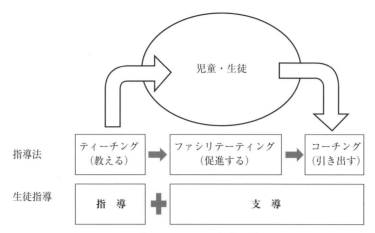

図**2.9** 生徒指導の土台の上での指導法（工藤, 2018）
出典：工藤亘、藤平敦編著「生徒・進路指導の理論と方法」玉川大学出版部、2019 年、p.7

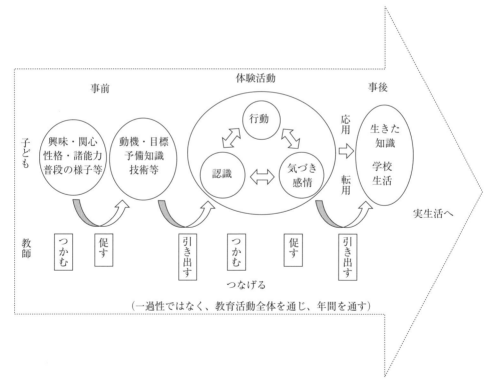

図**2.10** つなげる（つかむ・促す・引き出す）支導（工藤, 2018）
出典：工藤亘，川本和孝，白山明秀「TAP に求められる教員研修に関する研究―教育委員会からの研修依頼目
的と現状に着目して―」玉川大学教師教育リサーチセンター年報第 8 号、2018 年、p.120

る。TAP は点⇒線⇒面⇒立体のように顕在的カリキュラムと潜在的カリキュラムをつなぐことで教育活動に貢献できるため、カリキュラム・マネジメントが重要となる（図 **2.10**）。

　TAP の活動後などにフィードバックをすることがある。フィードバックとは、物事への反応や結果をみて改良・調整を加えることであり、行動や反応の結果を参考にして修正し、より適切なものにしていく仕組みである。フィードバックにより、それまで気づいていなかったことを認識し、次の学びの機会となるため重要である。ただし、感情のままに正論で攻撃するフィードアタックになってはならない。なぜなら自尊感情の低い人は高い人と比較して、失敗経験によりネガティブな気分を喚起するためである。

〔2〕 幼児期からの発達段階を踏まえた教師の視点と K-12 の TAP の現状

　幼児期は自我が芽生え他者の存在を意識することから、自己を抑制しようとする気持ちが生まれる重要な時期である。幼児は、保護者に守られた安全な環境から未知なる環境の幼稚園・保育所で担任や友達と生活することになり、新しいことへの出合いが増え、すべてが不慣れなことへの挑戦となる。保護者以外の大人（担任）や友達との集団生活、時間の過ごし方や生活空間がすべて新鮮であり、その中で子どもなりに社会的スキルを身につけていくのである。

　それまでの家庭生活では自分の思うままに行動できたが、初めての集団生活では思うままにならないことに気づく場面がある。幼児にとっては不本意だろうが、心の成長の過程では貴重な体験である。自分とは異なる意志をもつ他者と出会い、イザコザや葛藤を通して他者の存在に気づき、次第に他者の視点を受け入れることを学習していくのである。幼児の人とよりよく関わる力としての道徳性や豊かな心は、担任や友達と一緒に暮らす日常の園生活の中で体験するいろいろな出来事を通して成長していくのである。幼児は体験を通して、自他の両方の視点を考えて自分の欲求や行動を調整する力を少しずつ養い、道徳性が芽生えていくのである。その時に重要なのは保育者の視点である。幼児の行動にはすべて何かしらの意味があり、その行動を保育者の固定された枠組みだけで捉えるのではなく、すべてが新たなことや不慣れなことへの挑戦＝アドベンチャーという視点で保育者は幼児たちを支援する教育観をもちたいものである。表 **2.2** は発達段階・体験学習・キャリア発達の適時性を表したものである。

　保育者（教師）の役割はアドベンチャーをしやすい環境を調整することでもあり、幼児主体で活動ができるように支援したいものである。そのためにも、保育者（教師）が「重要な大人」として幼児との信頼関係を築き、他の保育者や保護者との共通理解のもとで幼児達とともに成長していく「共育」を目指したいものである。

　TAP センターは、各プログラムの企画・立案・ファシリテーションなどの実践と研究を行っており、玉川学園の K-12 プログラムは担任と連携し、プログラムの目的や内容、子どもの現状やニーズを確認・共有することで、最も適したプログラムを提供している。教育課程（低・中学年）では TAP を宗教・道徳に導入し、一貫教育の一つとして位置づけている。

　幼稚部では保護者や教師が主な対象である。子どものチャレンジを支援・促進できるような

表 2.2　発達段階・体験学習・キャリア発達の観点

年齢	受胎~0	1	2	3	4	5	6	7	9	12	15	18~
段階区分	胎児期	乳児期		幼児期			児童期			青年期		
				前期	後期		前期		後期	前期	中期	後期
ピアジェの発達段階	感覚運動期			前操作期				具体的操作期		形式的操作期		
エリクソンの発達課題	基本的信頼関係	自律性		自主性			勤勉性			自我同一性		親密性
学校制度				幼稚園			小学校・低学年		小学校・高学年	中学校	高等校	大学
学びの目標				生涯にわたる人間形成の基礎を培い、体験を通じて身の回りのことを学び、基本的な生活習慣を身につける			身体の発達に応じて初等普通教育を施しながら基本的な生活習慣を確立し、基礎学力を身につける		身体の発達に応じ初等普通教育を施しながら、基礎的な知識や技術を修得し、発展的な学習に取り組む	小学校における教育の基礎の上に、心身の発達に応じて中等普通教育を施す	中学校における教育の基礎の上に心身の発達に応じて、高等普通教育および専門教育を施す	高い教養と専門的能力を培い、真理を探究して新たな知見を創造し、その成果を社会に貢献できるようにする
体験学習（職場体験・ボランティア等を含む） 〔原体験／体験活動／体験学習 ⇒ 経験学習〕				五感を通して自然の事物や現象に直接触れる活動（火体験・石体験・土体験・水体験・木体験・草体験・動物体験・闇体験）			自分の身体を通して実地に経験する活動（自然体験活動・生活文化体験活動・社会体験活動）職場見学等（職業観の基盤をつくる場）		体験活動を通じて学習者の感覚機能を使いながら対象に直接働きかけ、そこから事実や法則を習得する学習 職場見学等（職業観の基盤をつくる場）	経験に基盤を置く連続的・変換的な過程。個人が社会的・文化的な環境と相互する作用プロセスであり、人間の中心的な学習形態 職場体験等（勤労観・職業観の育成の場）、インターンシップ等（勤労観・職業観の育成の場）		
キャリア発達段階 〔キャリア教育 ⇒（進路指導）⇒ キャリア教育〕				遊びを中心とした生活を通して体験を積み重ね自発的・主体的な活動を促す時期			人への関わり方が広がり、皆のための働くことの意義を理解し、主体的に自分の役割を果たそうとする態度を育成する時期 自分の特徴に気づき、目標を果たそうとする時期 進路の模索・選択に関わる基盤形成の時期			社会の一員としての自分の役割や責任の自覚が芽生える時期 人間関係も広がり、さまざまな葛藤や経験の中で自分の人生への関心が高まる時期 現実的な模索と暫定的選択の時期	学校から社会・職業への移行の準備として専門性の基礎を育成する段階 現実的探索・施行と社会的移行準備の時期	社会に出る直前であり、自らの視野を広げ、進路を具体化し、それまでに育成した社会人・職業人としての必要な能力や態度を専門分野での学修を通じて伸長・深化させていく時期 現実的の模索・施行と社会的移行の時期
キャリア発達課題				自分の生活に関係の深い人々と触合いや交流を通じて人と関わることの楽しさや人の役に立つ喜びを味わう			自己および他者への積極的関心の形成・発展 身の周りの仕事や環境への関心・意欲の向上 夢や希望、憧れる自己イメージの獲得 勤労を重んじ目標に向かって努力する態度の形成			肯定的自己理解と自己有用感の獲得 興味・関心に基づく職業観・勤労観の形成 進路計画の立案と暫定的選択 生き方や進路に関する現実的模索	自己理解の深化と自己受容 選択基準としての職業観・勤労観の確立 将来設計の立案と社会的移行の準備 進路の現実的吟味と試行的参加	職業についての希望を明らかにしていく

環境づくりが目的であり、アドベンチャーの理論などに基づき、ファシリテーターとしての子どもの見方を体験的に学んでいる（師弟間の温情）。低学年では 3・4 年生が主な対象であり、子どもの規範づくりを重視したプログラムは先行研究の結果を反映したものである。サマースクールは幼稚部生と合同（縦割り）で行われている（個性尊重・自学自律）。中学年では多感な時期であることや入学形態の影響もあるため、外部からの新入生と学内の進級生との円滑な関係づくりに対応したプログラムと、自己を発揮したうえでの個性尊重のプログラムが行われている（個性尊重・自学自律）。高学年では外部からの新入生と学内の進級生との円滑な関係

づくりに加え、国際機関へのキャリアを選択する全人的リーダーの育成やリーダーシップ教育に主眼を置いたプログラムが行われている（個性尊重・自学自律・自然の尊重・第二里行者と人生の開拓者・24 時間の教育・国際教育）。これらの TAP では、全人教育・労作教育などの土台の上に、教師やファシリテーターが研究を重ねた学的根拠に立っており、能率の高い一貫教育を目指して実施している。また、それぞれの目的とニーズに合わせ、発達段階に応じながらアーティキュレーション問題に対応しているのである。

〔3〕生徒指導・キャリア教育と「指導と支導」

　TAP を通した体系的で社会に開かれたカリキュラムを開発するには、心身の発達段階や発達課題を考慮したうえで生徒指導とキャリア教育を視野に入れる必要がある。生徒指導とキャリア教育は、ともに教育課程に基づき組織的かつ計画的に各学校の教育活動の質の向上を図る教育であり、顕在的カリキュラムとしての実践が求められているため、TAP を通した生徒指導とキャリア教育は単発で実践すればよいわけではない。また、学校の伝統や校風などを踏まえた潜在的カリキュラムも併せた観点で TAP を導入する必要がある。生徒指導とキャリア教育は、校種間の垣根を越えたつながり、保護者や地域・関係機関との協力関係や理解・連携が必要不可欠である。子どもが自己実現に向かうためには社会とつながる開かれたカリキュラムが必要であり、子どもと保護者の合同 TAP や地域や関係機関と行う TAP は有益である。

　生徒指導の理念は「一人ひとりの児童・生徒の個性の伸長を図りながら、同時に社会的な資質や能力・態度を育成し、さらに将来において社会的な自己実現ができるような資質・態度を形成していくための指導・援助であり、個々の児童・生徒の自己指導能力の育成を目指す」[11]ものであり、12 の教育信条と重複する点がある。自己指導力とは「このとき、この場でどのような行動が正しいか自分で判断して実行する力を意味する。そして選択する行動が正しいかどうか判断する根拠は、自己実現と他の人の主体性の尊重」[12]であり、12 の教育信条の自学自律や個性尊重との関連性が高く、TAP を通しての育成が期待できる。

　生徒指導は、①開発的生徒指導（すべての子どもを対象とし問題行動の予防や子どもの個性・自尊感情・社会的スキルの伸長に力点を置く）、②予防的生徒指導（登校しぶり、保健室に頻繁に行くなどの一部の気になる子どもに対して初期段階で問題解決を図り、深刻な問題に発展しないように予防）、③問題解決的生徒指導（いじめ、不登校等の深刻な問題や悩みを抱えている特定の子どもに対して、学校や関係機関が連携して問題解決を行う）の三つの目的があるが、TAP はすべての子どもが対象である開発的生徒指導としての側面が強い。

　生徒指導の範囲は、学業指導・適応指導・社会性指導・道徳性指導・進路指導・健康安全指導・余暇指導と広範囲である。学習や生活の基盤として教師と子ども、子ども同士の人間関係づくりが必要であり、TAP はこの土台づくりとしての貢献が期待できる。TAP を通した生徒指導を体系的に考える場合、初等・中等教育期間および高等教育期間を視野に入れた長期間の指導計画も必要になる。その際に各担当者同士での TAP を実践することで連携が強化され、

チームビルディングの過程を通した生徒指導の目標設定やファシリテーションについて学ぶことが可能になる。さらに、生徒指導は一部の担当者が行うものではなく全教職員で行うものであり、TAP を通じた生徒指導は他の教師との情報共有や共通理解が促進される。

　変化が著しくかつグローバル化が加速化する昨今、21 世紀型スキルの獲得が重要視されている。国内の教育現場では、子どもたちに生きる力や基礎的・汎用的能力を培わせることが課題であり、これらの諸能力の向上と獲得を目指す教育方法の実践の一つとして TAP は貢献できる。

　平成 23 年の中教審答申「今後の学校におけるキャリア教育・職業教育の在り方について」において、キャリア教育と職業教育の基本的な方向性の一つとして幼児期から高等教育までを体系的に進めることが示されている。その中心は基礎的・汎用的能力を確実に育成することであり、社会・職業との関連を重視するために実践的・体験的な活動の充実が求められている。基礎的・汎用的能力の内容は、人間関係形成・社会形成能力、自己理解・自己管理能力、課題対応能力、キャリアプランニング能力の四つであり、12 の教育信条とも共通点が多く、TAP は個性尊重・自学自律・第二里行者と人生の開拓者などの育成を通して貢献できる。

　石川（2017）は、子どもが身につけなくてはならない力として「課題解決に向けて協働する力・自分の考えを表現する力・クリエイティブな思考力」[13] の三つを挙げ、これらを養成するために教師は正解のない問いに取り組み、教師と子どもが互いに高め合う関係性の重要性を指摘する。この点は、師弟間の温情や労作教育が相当し、TAP の実践によって貢献できる。

　キャリア教育政策の中核である望ましい職業観・勤労観の育成には、豊かな体験に裏打ちされた身体知や労作教育が必要不可欠である。小原國芳は全人教育の完成のために 12 の教育信条を掲げ、その一つに労作教育を挙げている。労作は額に汗して労しむことと、それに作業の作ではなく創作の作を合わせた意味であり、その本質は自発性・行為性・創造性を伴う心構えである。労作教育は体験学習を推進していくうえで重要であり、労作教育と TAP はキャリア形成や人格形成においても重要な位置づけとなる。K-16 が同じ敷地内にある玉川学園・玉川大学は、校種間の垣根を越えた異年齢での交流や活動が実施しやすい環境にある。低学年では中・高校生とのレゴロボットのプログラミングや農学部の田んぼでの米づくりなどが行われている。これらのカリキュラムによりアーティキュレーション問題は改善され、校種間や学校と社会との接続が円滑になり、子どもに社会的・職業的自立に必要な能力や態度を育むことが可能になる。豊かな自然や海外施設がある玉川学園は、本物や異なる文化・言語を用いる人々に触れ、労作教育や TAP を通して、職業観・勤労観、道徳的な実践力を育み、社会の一員として自立していけるようなキャリア教育が可能である。

　TAP では丸暗記した知識でテスト問題を解く力ではなく、①将来の社会人や職業人に必要な基礎的な能力、②自分の生き方を開拓し創造していく自己冒険力、③第二里行者と人生の開拓者精神等を育むことを目指している。一人ひとりのキャリア発達の状況を敏感に読み取りながら対応し、計画的かつ継続的に TAP を実践することで子どもの成長を促進するのである。

図 **2.11**　指導と支導のうえでの自己決定と自己実現（工藤, 2018）
出典：工藤亘、藤平敦編著「生徒・進路指導の理論と方法」玉川大学出版部、2019 年、p.9

　図 **2.11** は子どもが自転車に乗り、自分の目的地（自己実現）に向かっているものである。しかし、自転車を乗りこなす過程では誰かの指導と支導を受け、乗り方や交通ルールを学んだのである。最初は補助輪をつけ、誰かに補助をしてもらいながら試行錯誤を繰り返し、徐々に自分自身でバランスをとることで自立できるようになる。そして次第にスピード制御や方向転換が可能になると、行動範囲が拡大し、自分が望む場所へ自力で向かうことが可能になるのである。

　教師がいつまでも主体となり、指導のみをしていては子どもの社会的自立や生きる力は育まれないのである。教師は子ども自身に自己決定や試行錯誤をする機会を積極的に設け、指導と支導のバランスによって子どもが**自己指導力**や**自己冒険力**を身につけていくのである。このバランスが崩れ、どちらかに偏りパンクをすると、子どもがアンバランスとなり、自分の進みたい方向に行けないため、個に応じた指導と支導が必要である。

　子どもの夢や自己実現を叶えるためには、教師・保護者・地域・関係機関が親密に情報交換をできる環境が必要であり、TAP はチーム学校の架け橋となるのである。これが体系的・継続的なカリキュラム開発と縦割りでのプログラムづくりの鍵となる。また学校教育における TAP はすべての教師が実施可能であり、活動のみを進行することが目的ではない。教育活動全体を通して TAP の考え方やアドベンチャーの理論、ファシリテーションなどについて教師や保護者が共通理解をしていることが大切である。それを土台に生徒指導やキャリア教育、各教科や道徳教育、特別活動と連動させ、教師が学び合う共同体や学習する組織を意識し、学び続け、理論と実践の往還・統合をすることが重要である。TAP は各教科や学級活動などに応用ができるため、教師は TAP の考え方をポケットの中に入れ（**TAP in the teacher's pockets**）、状況に応じていつでも・どこでも取り出し、実践することが可能である。

　日本労働政策研究機構が開発した職業ハンドブック OHBY（*Occupation HandBook for*

Youth）（2002）には430業種が示されおり、教師は多様な職業・職種に対してアンテナを張り、理解を深めようとする努力が必要である。子どもたちは学校教育を修了した後、教職以外の職種に就く可能性が圧倒的に高いことを教師は認識したうえで、キャリア教育に臨むべきである。

2.3　体験的に学ぶ意義

〔1〕みんなで体験的に学ぶ意義

子どもにとって学級とは、多様性のあるヒト・モノ・コトと出合い、子どもの既有の知識や経験が再構築され、人生や生き方について学ぶ場である。近年の学習理論は、学びが個人の頭の中だけで成立するものではなく、他者との社会的な関わりの中で構成されるという考え方が主流であり、Gergen（2004）に代表される社会的構成主義が学級でも求められている。社会的構成主義とは、人々の間の社会的な相互行為を通じて構成されるという考え方、つまり知識はヒト・モノ・コトとの関わりの中で構成されるという考え方である。

学ぶことについて佐伯（1995）は「本人が主体的に自分から学ぼうという意志をもってなんらかの活動をするというのが自然な解釈」[14]とし、人は学びがいを求めて学ぶとしている。佐藤（1995）は「対象との対話的実践・自己内の対話的実践・他者との対話的実践」[15]の三つの対話的実践を学習指導の中で相互に関連させ発展させていくことが重要だとしている。河野（2001）は「子どもたちが、自分は一人ではないと確信し、友に働きかけ、働きかけられ、ともに影響し合うことによって、生み出されるものの素晴らしさに気づいたとき、クラスには、大きな力がみなぎってくる」[16]と、社会構成主義に基づく学びの重要性を主張する。樋口（2012）は「学校は知識よりも生きて働く知恵を重視し、教えることよりも子どもの育つ力を信じて深く知ろうとする意欲を援助し、導いていくことが重要」[17]と指摘している。

学校は、学校内外の人々と連携して学校が直面している諸問題の解決を探り続ける場であり、学びを中心に組織された大人と子どもが育ち合う場として構築されるものである。学級は相互の関わり合いの中で学ぶ共同体であり、そこにおける学びとは、対象世界や自己や他者との対話とそれによる関係性の再構築である。高橋（2012）は「子どもはホモ・ディスケンス（homo discens）」[18]と主張している。Discens の語源はラテン語の discere であり、学ぶ、知る、理解する、研究するという意味をもち、英語の discover とも語源を共有することから、子どもは、狭い世界から抜け出し、それまで知らない新しい世界へ脱皮することで別の世界を見ようとする存在であると捉えている。また、学校を異年齢間が関わり合い、相互にコミュニケーションし合いながら学び合う場所として位置づけ、子どもの学びを促進するためには開放的かつ活動的な学級風土が培われていることが必要である。さらに学校は、子どもたちが他者・自然・事物と関わり合う場所であり、家庭や地域で経験的に学んできた内容を学び直す場所である。

以上のことからも、学びとは、単に知識量を蓄積することではなく、他者との出会いや関わ

りなどの相互作用を通して対象の意味を解釈し新たな創造や再構成をしていく営みであり、学習者が自分一人のみで行うことでないことがわかる。したがって学級には、互いに尋ね合い、学び合う姿勢や関係が存在し、みんなの学び合いの一員として自分らしさを発揮できる場という意義がある。今般の学習指導要領改訂では「探究」という教育方法が重要視され、地球規模の課題解決やSDGsの目標達成には、学習者が主体となりペアやグループなどの学習者同士の協力が必要不可欠である。UNICEFは地球規模の課題の学習は問題解決的かつ未来志向であり、知識の獲得だけでなく態度の変容や課題解決能力の育成が求められている。そして、課題に対する回答は複数あり、しかも正解が未来にしかわからないという問題を学ぶためには、教師が知識の提供者のみではなく体験から知識を引き出すファシリテーター、学習全体の構成を考えるプロデューサー、学校と社会をつなぐコーディネーターの役割が期待されている。教師は近視眼的にならないように大所高所からみんなで学ぶ意義について考え、子どもたち自身が異なる視点をもち寄り、複雑な問題解決を扱う学習形態である**協調学習**にも取り組むべきである。

〔2〕体験学習と体験の質と量

Pestalozzi以来、子どもの認識の過程は、直観（体験）⇒思考（概念化、知性）⇒実践（表現、行動）とされてきたが、子どもの直接体験が減少し、認識の過程がゆがみつつある。森山（1999）は「単に体験の広がりを問題にするのではなく、体験の深まりがなければ真の体験学習とはいえない」[19]と指摘し、体験を深めるためには「子どもが活動を通じて客観的陶冶財と出合い、子どもがすべてを傾けて陶冶財の理解に全身全霊を打ち込み、陶冶財理解の達成感、成就感、充実感を味わわせること」[20]が必要と指摘している。山口（1999）は体験の教育的意義を「思考や認識の唯一の確かな基盤であり、基礎的な人間陶冶に欠かせない」[21]とし、学習者への関心・意欲を高め学習の満足感や成就感を体得させ、学習者一人ひとりが主体的に追求し、自分との関わりの中で課題を見出し解釈する能力を養うとしている。

体験学習は、一定のプログラムのように構造化された中で学習を促進し、体験から得られるプロセスデータの観察に重点が置かれ、さまざまな能力や知識を学ぶものである（**表2.3**）。例えばテストでは測定できない個人の特性による能力（非認知能力）が挙げられる。それは意欲、協調性、粘り強さ、忍耐力、計画性、自制心、創造性、コミュニケーション能力であり、学力（認知能力）と対照して用いられる。非認知能力の高さが学歴や雇用、収入に影響することが研究によって明らかになり、幼児教育の分野で注目を集めている。非認知能力は、学力のように一人で身につけられるものとは異なり、集団行動の中での困難や失敗、挫折の経験を通して養われるものが多いためTAPには期待が寄せられている。さらに体験学習では暗黙知なども身につくとされ、形式知と統合させながら全教育活動に導入したいものである（**表2.4**）。

体験の質と量の関係性は図**2.12**のようになる。①は体験の質が高く量も多く、何かを感じ気づくことの可能性も高く、体験に含まれる潜在的な学びを引き起こしやすく最も望ましい。②は体験の質が高いが量は少なく、体験の中に含まれる潜在的な学びの素材は確保されている

表 2.3　体験学習によって得られやすい「知」と統合させたい「知」

体験学習によって得られやすい「知」		体験学習によって得られる「知」と統合させたい「知」	
①暗黙知	文字や言葉で表現できにくい自己内面的に感じたり考えたりすること	⑥形式知	単一的に教材や資料を記憶したり理解したりすること
②方法知	「形式的陶冶」に教育的価値を置いた授業。探求の方法や探求心（態度）、法則などの発見の方法、問題解決の方法などを重視	⑦内容知	「実質的陶冶」に教育的価値を置いた授業。科学的知識・技能の習得や概念・法則の理解、特定の技術の習得などを重視
③体験知	子どもの「体験」を重視。五感によって内面化される感動や感情を大切にし、豊かな「感性」を育てるのがねらい	⑧学校知	「学業に関する知能、学校の秀才がもつ知能」のこと
④経験知	その人の直接の経験を土台とし、暗黙の知識に基づく洞察の源になり、その人の個人的信条と社会的影響によって形づくられる強力な専門知識で、数ある知恵の中でも最も深い知恵		
⑤実践知	「ある領域の長い経験を通して、高いレベルのパフォーマンスを発揮できる段階に達した人」のことを熟達者とし、熟達者がもつ実践に関する知性のこと		

表 2.4　暗黙知と形式知

暗黙知	形式知
主観的な知（個人知）	客観的な知（組織知）
経験知（身体）	理性知（精神）
同時的な知（今ここにある知）	順序的な知（過去の知）
アナログ的な知（実務）	デジタル的な知（理論）

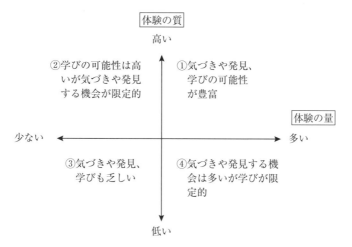

図 2.12 体験の質と量の関係性（工藤, 2014）
出典：工藤亘「みんなで体験的に学ぶことの意義についての一考察」教育実践学研究第 18 号、2014 年、p.71

が、気づきや発見する機会が乏しいため、宝のもち腐れになる可能性がある（例えば、高額・遠距離・長期）。③は体験の質が低く量も少ないため、何かを感じ気づくことの可能性が低く、学びを引き起こす可能性が最も乏しい。④は体験の量は多いが質が低く、ただ体験をしているだけで学ぶことは少ないが、気分転換ではよいかもしれない（例えば、安価・近場・短期）。

　以上の体験の質と量の関係性を踏まえ、プログラミングをする際には対象者の年齢や体力、発達段階等を考慮する必要がある。その指標として体験・体験活動・体験学習での質・効率性と量・計画性を表 2.5 に表す。なお、表中の矢印は、下方に向かうほど、体験の質と効率性・量と計画性が高度かつ多量になっていくことを示している。

表 2.5　指導者の視点での体験・体験活動・体験学習の質と量（工藤, 2014）

	体験の質と効率性	体験の量と計画性
体験：体（五感）を通して得られる直接的な経験のことであり、「身体的活動や直接経験によって引き起こされる主観的な感情や意識のこと		
体験活動：直接的な経験を内容とする活動		
体験学習：体験活動を通してあるいは基盤にして行われる学習であり、体験することで得られる感情や意識を基に知を生成していると実感できる学習		

出典：工藤亘「みんなで体験的に学ぶことの意義についての一考察」教育実践学研究第 18 号、2014 年、p.72

〔3〕目標設定と振返りへの指導と支導

　体験学習の効果は、教師が目標設定（SMART ゴール）や振返り（3 What's、KPT、シンク・ペア・シェア）の方法を子どもに事前に指導することで高まるのである。そして、活動中や活動後の振返りの内容は支導によって思考や意欲を促進し、子どもの気づきや思考、目標に対する評価、次にどう活かしていくかを引き出していくことが重要である。目標の立て方や振返りの仕方がわからない子どもがいるため、その具体的な方法は教師が指導する必要がある。目標設定と振返りの内容は、子どもが体験したことによる気づきや感情であり、自分なりに分析や評価、意味づけをして次の活動や学びにつなげていくのである。そのため教師が教え込むのではなく、子どもが主体として表現できるように支導することが望ましい。この目標設定・（活動）・振返りへの指導と支導を繰り返し、積み重ねながら学校生活や日常生活につなげることで１年間を見通した学習活動が充実するのである。体験学習の成果を高め、振返りを深めるために教師は、良質な目標設定と達成動機、体験の質と量、環境（人的・心理的・物理的）がそれぞれ影響し合っていることを考慮しながら意識的に指導と支導をする必要がある。

　広石（2003）は、「活動することによって、問いが生まれ、問いかけ、学び合い、対話を深め、協働する中で、新しい意味が獲得され、新しい自分が生まれていく、といった学びの基本的な構造を尊重した教育デザイン」[22]の必要性を指摘し、体験学習には参加・対話・協働といった活動を重視している。中村（2015）は仕事の個業化を「ある仕事がある個人に割り当てられ、その仕事を一人ですること」[23]とし、メリットもある一方で、困ったときに相談したり、互いに助け合い協働して問題を解決することが困難になることも指摘する。対話や協働の相互作用には、一人では獲得することができない学びや気づきがあり、一人での振返りだけではなく、ペアやグループでの振返りができる協働的な関係性のある学級が必要である（図**2.13**）。

　Argyris（1977）は、組織における学習のプロセスには「シングルループ学習（既に備えている考え方や行動の枠組みに従って問題解決を図っていくこと）」と「ダブルループ学習（既存の枠組みを捨てて新しい考え方や行動の枠組みを取り込むこと）」[24]の二つがあるとした。Senge ら（2000）は、従来のメンタル・モデルに基づいた行動を繰り返すだけのシングルループの省察に対し、「ダブルループの省察（再考・再結合・再設定・省察）」[25]の重要性を説いている。TAP はシークエンスに則り活動を行うため、シングルループの省察ではなく、ダブルループやトリプルループの省察を取り入れ、活動での学びを発展的にしていくことが望ましいのである。以上を踏まえ、見通しを立て、振返りを行う学習活動の充実と体験学習の効果を高めるためには、目標設定と振返りに対して参加・対話・協働が積極的にできるような指導と支導が必要であり、その結果として協働的な学級になるのである。

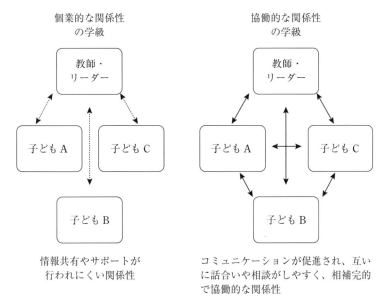

図 **2.13** 個業的な学級と協働的な学級（工藤, 2019)

出典：工藤亘「目標設定と振り返りへの指導と支導に関する研究―TAP や体験学習での活用を視座に―」玉川
大学教師教育リサーチセンター年報第 9 号、2019 年、p.65

2.4 TAP を通したコミュニケーション

〔1〕コミュニケーション

　国際化、情報化、科学技術の発展、環境問題への関心の高まり、高齢化・少子化などの変化
に対応し、諸問題を解決していくためにコミュニケーションは必要不可欠である。しかし、コ
ミュニケーション能力は本を読むだけでは身につくものではなく、体験や人の関わりを通して
身につくものである。ネットテクノロジー全体の高度化に伴い、インターネットや e メールの
普及もあり、コミュニケーションの方法も多様化し、かつ国際的になっている。国際的に情報
があらゆるメディアを通して瞬時に送られる中で、送り手と受け手との解読のズレが少なく、
異文化の人々とも柔軟に交流・交渉できる国際的なコミュニケーション能力も必要となる。
　コミュニケーションとは、相手と同じものをもつ、相手が伝えたいと思っていること（情
報・考えていること・気持ち・感情・欲求・動機）と同じものをもつことであり、分かち合う
ことである。つまり、自己の意思・知識・態度など、意味のあるメッセージを伝え合うことで
あり、送り手と受け手のキャッチボールである。コミュニケーションの語源はラテン語の
「communis」であり、共通の、同じものをもつという意味がある。用いる言葉が違っていて
も、共通の認識をもっているからこそ世界中の人が協力できるのである。国際的な諸問題を解
決するためにも交渉力が必要であり、その手段であるコミュニケーション能力を高めることは

重要である。

　コミュニケーションは、**言語的コミュニケーション**と**非言語的コミュニケーション**に分類される。上手な言語的コミュニケーションとは、自分の意図を誤解なくわかりやすく適切に相手に伝えられることであり、コミュニケーション能力の高い人は解読のズレが少ないのである。

　非言語的コミュニケーションは感情を伝達する場合に有効とされ、また人の第一印象は外見が55％、話し方が38％で決まるともいわれている。非言語情報は外見（体型、格好、容姿、体毛、肌の色、衣服、アクセサリーなど）、動き（姿勢、仕草、立ち居振る舞い、癖など）、表情（顔の向き、目の動き、アイ・コンタクトなど）、声（高さ、大きさ、速度、高揚、間、なまり、沈黙など）、空間（相手との距離、居心地、アウェイとホームなど）、接触（撫でる、なめる、手をつなぐなど）、色と匂い（信号、保護色、体臭、口臭など）が挙げられる。コミュニケーションの方法を非言語情報に限定すると、防衛機制が緩和され、関係性が深まる効果がある。

　TAP は言語的・非言語的コミュニケーションの効果を踏まえた人間関係づくりのプログラムでもある。ただし、国や文化による解釈のズレがあることも忘れてはならない。例えば「頭をなでること」は日本では褒める行為だが、国よっては侮辱的行為になる。「挨拶」は日本ではお辞儀であるが、外国ではハグや頬に口づけるなどがある。TAP は、正解が一つとは限らない課題に対して仲間とコミュニケーションを図りながら協力し、試行錯誤を繰り返しながら展開する。その結果として課題解決能力を高め、信頼関係を構築していくのである。成功体験や達成感を味わいながら挑戦力や実践力・相互援助力を高める TAP の全活動のキーワードはコミュニケーションといっても過言ではない。TAP の活動中や実生活の中で問題が生じた際、その問題点をメンバーとコミュニケーションを図り、共有したうえで解決していくことが大切である。

　この問題点を共有することと問題解決能力には図 **2.14** のような関係性がある。①では、問

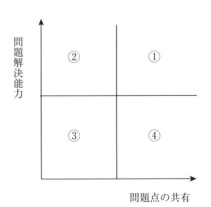

図 **2.14**　問題点の共有と問題解決能力

題点が共有され、問題解決能力もあるため、グループ活動は効率的で生産性が最も高い状態である。②では、問題解決能力は高いが、問題点に気づいていないため、宝のもち腐れ状態である。③では、問題点が共有されていないうえに問題解決能力も低いため、グループ活動は非効率的で、生産性は低い状態である。④では、問題点は共有されているが、問題解決能力が低いため、不満や不安が積もっている状態である。グループ活動を通した TAP では、問題点をメンバー間で共有することの重要性を学ぶことができるのである。ただし、メンバーへの伝え方や自己主張の仕方が重要である。

　TAP が推奨する自己主張は Assertiveness（Alberti ら，1994）である。相手の価値観や人格、立場や状況を考慮したうえで、自分の考えや意見を伝える自己主張の仕方であり、グループ内の円滑な人間関係を促進するのである。自己主張の仕方には個性が表れやすく、自己中心的でわがままな場合もあるため、Assertiveness を心がけたいものである（**表 2.6**）。

　TAP を通じ、人と人との関わりの中で得られるコミュニケーション能力は、発信者の身体から湧き出てくるものが他者に伝わる力である。表現力の豊かな人は、相手との親密さの度合いによって話題を選び、相手の様子に応じて語調を工夫するなど、自由闊達に会話し言語を駆使できる人である。自己表現したり他者の表現を引き出すためには、安心できる許容的な雰囲気を醸成する能力が必要であり、TAP はその能力開発にも貢献できるのである。また情報が溢れる中で、TAP は他者との関わりの中で得た情報を正しく判断する力の向上も目指している。

　コミュニケーションを促進するためには、相手が自己表現や自己開示ができ、話しやすくすることも必要であり、そのためにはよき聴き手になることも重要である。Jourard（1971）は、自己開示を「自分自身をあらわにする行為であり、他人たちが知覚しうるように自身を示す行為」[26] と定義し、本当の自分を相手に理解してもらうために偽らずに表現することである。自己開示を行う人は、他者から好かれるため他者からの援助や支援を得やすいのである。自己開示を行わない人は、秘密を心の中に閉じ込めておくためのエネルギーを使い、精神的に疲労し

表 2.6　自己中心的でわがままな自己主張と Assertiveness

個性	自己中心	わがまま
個人または個体・個物に備わった、そのもの特有の性質。 集団の中で活きるから個性。 社会に役に立つから個性。	物事を自分を中心にして捉え、他人を考慮しないこと。	自分の思いどおりに振る舞うこと。また、そのさま。気まま。ほしいまま。自分勝手。

自己主張	Assertiveness	協調性
自分の意見や考え、欲求などを言い張ること。	相手の価値観や人格、立場や状況を考慮したうえで、自分の考えや意見を伝える自己主張の仕方。	他の人と物事をうまくやっていける傾向や性質。 日本はムラ社会⁉

2〜3歳：おもちゃの取合い・貸し借り⇒協調性を学ぶチャンス！

図2.15　返報性

やすいのである。

　好意や敵意と同様に自己開示には**返報性**（与えられた恩を返したいと思う心理）の法則が当てはまる（図2.15）。自己開示の返報性は、他者から自己開示を受けた場合コミュニケーションの一側面として捉え、その人も相手に自己開示を返すことである。

　「きく」の漢字には、耳に入ることは何でも聞く、相手にたずねる訊く、心を集中して耳を傾けて聴くがある。TAPでは、メンバーの話は積極的傾聴（相手の立場に立ち、ありのままに聴き、受け入れる）で「聴く」ことを推奨する。「聴」という漢字は、「耳＋直＋心」でつくられており、「直」には「まっすぐに（素直）」という意味が含まれている。その「直」を「＋」と「目」に分解し、「耳＋プラス＋目＋心」と解釈を加え、話し手に対して目を向け、耳を向け、心を向け、すべてを合わせて聴くのである。「聴」は、相手を尊重する行為であり、最も重要な態度である（図2.16）。また、「目」で見るときにも、どのように見ているかも重要である（表2.7）。

　Shaw（1964）は、集団のコミュニケーション構造はネットワークによって表現できるとし、

図2.16　耳＋プラス＋目＋心

表2.7　みる

見る	視覚でものを捉える 目で事物の存在などを捉える
視る	じっとみる よく注意して調べる
観る	周囲を見渡す 遠くから眺める
覧る	一通り目を通す
診る	病状や健康状態をみる
看る	世話をする

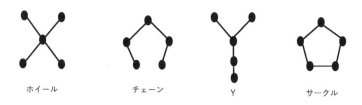

ホイール　　　　　チェーン　　　　　　Y　　　　　サークル

図 **2.17**　五人のネットワーク（山口，1994）
出典：藤原武弘・高橋超編「チャートで知る社会心理学」福村出版、1994 年、p.115

山口（1994）はコミュニケーション・ネットワークのパターンを示した。図 **2.17** は、五人の
ネットワーク（12 パターン）の中から抜粋したものでる。Leavitt（1951）は、五人集団での
コミュニケーション構造の効果として、課題解決の効率はホイール型が最も高く、サークル型
が低いとし、リーダーの出現もホイール型では早く決まり、サークル型では決まらないと示し
ている。しかし、メンバーの満足度はサークル型で高く、ホイール型では低いことが示され、
チェーン型や Y 型はいずれも中間的であった。TAP では、部分的に三人から五人の小グルー
プで活動することもあり、コミュニケーション構造やその効果を理解しておく必要がある。

〔**2**〕パーソナル・スペースとスキンシップ

　人間は「パーソナル・スペース（PS）」（Hall, 1966）である四つの距離「（密接距離：〜
45 cm、個体距離：45 〜 120 cm、社会距離：120 〜 360 cm、公衆距離：360 cm 〜）[27]」を対人
関係の中で使い分けている。PS は、他者の存在によりなんらかの情緒的反応を引き起こすよ
うな身体を取り巻く領域であり、個人がもっている縄張り意識のようなものである。TAP の
活動は、初対面同士や異年齢、異性、思春期の児童・生徒等が対象者になるため、いきなり
PS を縮小するのではなく、諸活動を通しながら物理的・心理的距離を縮めていくのである。
また、集合した際に PS が表れるため、その状況を把握しながらプログラムを展開する必要が
ある。TAP では、対等で平等な対人関係を前提とする空間として円になって話し合ったり、
振返りなどを行うことが多い。円には上座がないため、メンバーが対等な立場から自由に発言
することができ、全員から各自の意見を聴く際には都合がよいのである。また円になった場
合、ファシリテーターはメンバー間の PS や人間関係を掌握しやすいといったメリットもある。

　スキンシップは、最も直接的に自分の存在を相手に伝える原初的な伝達形態であり、情緒を
安定させコミュニケーションを促進するのである。渋谷（1994）は「身体接触があると、あた
たかさ、親しさ、信頼感といった、よい印象が伝わる」[28] と指摘し、直接の接触が互いの信頼
を強め生産性を上げることにつながり、相手への嫌悪感を減らす特性がある。また信頼や協力
の感情を呼び覚まし、チーム内の共感や結合感が強化され、チームと個人両方の生産性を向上
させる、ストレスマネジメントによい影響があるが文化やジェンダーによって異なる点などが
ある。NBA チームの選手同士が「互いを触った回数が、チームのパフォーマンス向上と強い

関連性があった」[29] ことがわかっており、この効果は肌に接触することで分泌されるオキシトシンが関係している。ただし、初対面や異性とのスキンシップ（特に思春期）では、対手との親密さによって快―不快感に差があるため、プログラムのシークエンスやグループの状況をよく観ておく必要がある。TAP はスキンシップの効果を踏まえ、PS と同様に文化や対象者を考慮しながら徐々にスキンシップを取り入れている。例えば、指先⇒ハイタッチ⇒握手⇒肩を組むなどであり、ユーモアやゲーム性を交え、心理的な負担にならないようにスモールステップで導入するのである。ユーモアには、学習を動機づけられる、情報を記憶しやすい他に、「緊張、ストレスや不安、退屈の軽減、生徒―教師関係の向上、学習を楽しくさせ、学習に対するポジティブ感情をつくり出す、教育的メッセージに関心をもち、注意を向けることの喚起、理解や記憶力、成績の上昇、創造性と拡散的思考の促進」（Berk & Nanda, 1998 ; Davies & Apter, 1980 ; Ziegler et al., 1985）[30] の効果がある。ただし、ユーモラスなメッセージは、特定の話題や相手に対しては説得力が得られるものの、他の場合には説得力を減少させる可能性があるため注意が必要である。

2.5 学び舎とグループ・チーム

〔1〕教室から学び舎へ

これまでの教育方法は、一斉授業を代表とする教師からの指導による教え方であった。しかし、生きる力を育むためには教師主体の教室から子どもが主体となって自己形成し、クラスメイトや教師との関係性を編み込み、深く学び合い、教え合える場への転換が求められている。

日本の学級は同一年齢による所属集団（客観的集団）であるが、子どもにとって心から自分自身をその集団の部分として関係させたいと望む準拠集団（心理的集団）に変える必要がある。準拠集団は、自分のものの見方や考え方の「よりどころ」となる枠組みを示してくれる集団でもある。学級を準拠集団にするためには、子どもに集団での生活や学習の楽しさ・満足感を与えることが必要であり、支持的風土や C-zone が根づくことで子どもに集団への帰属意識が高まるのである。学級を集団として育成するためには、基本的なルールを守ることを定着させ、学級に秩序があり、誰もが安心して話ができる状況をつくる必要がある。また互いが互いを認め合い、肯定的で温かい人間関係を構築していく必要がある。学級の最も基本的なルールは他者を傷つける言葉を言わないことであり、心の安全を確保することである（Play Safe）。そしてクラスメイトの誰かが語った言葉は最後まで聴くことである（Respect・積極的傾聴）。

これらによって学級が温かい人間関係のある準拠集団、つまりそれぞれが成長のできる心の居場所となり、結果としてクラスメイトとの絆が深まっていくのである。教師が子どものためを思い、情報過多や選択肢過多で発信してしまうと、子どもは勘違いや混乱を起こすため聴けないこともあるので、短期記憶で覚えられるマジカルナンバー「4±1」[31] などを参考にしたい。また Buddy システムは、学級や TAP でも心の居場所づくりにも有効なシステムである。

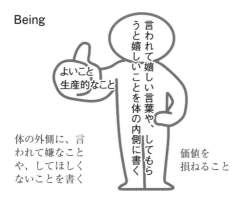

Being

言われて嬉しい言葉や、してもらうと嬉しいことを体の内側に書く

よいこと
生産的なこと

体の外側に、言われて嫌なことや、してほしくないことを書く

価値を
損ねること

図 **2.18**　Being

Buddy とは、一人で潜ることは安全上厳禁とされるダイビングでコンビを組んで潜る相手・相棒・仲間のことであり、連帯責任で安全を確認し合う関係を指すが、学級の中に自分のことをいつも気にかけてくれる Buddy がいることは非常に大切なことである。

　TAP は「Being」という活動を用いて心身の安全を確保し、ルールとリレーションづくりを実施している（図 **2.18**）。例えば模造紙に人型を書き、体の内側に言われて嬉しいこと・してもらって嬉しいことを記入し、外側には言われて嫌なこと・してほしくないことを記入し、視覚的にルールを表現し、行動規範とするのである。この Being を基に、TAP の活動時に振返りを行ったり、普段の学級生活とも連動させることで学級が準拠集団になるのである。

　河村ら（2004）は「集団として成熟し、学級内に建設的な雰囲気があり、子ども同士に親和的・協調的な関係が生まれている学級が子どもたちにとって居場所となり、情緒も安定する。またその中で友人関係を形成しようとする意欲、学習意欲、学級活動に参加しようとする意欲も高まっていく」[32] と指摘する。田中（2013）は「学級力（学び合う仲間としての学級をよりよくするために、子どもたちが常に支え合って目標にチャレンジし、友だちとの豊かな対話を創造して、規律を守り安心できる環境のもとで協調的な関係を創り出そうとする力）」[33] や「学級マネジメント力（子どもたちの学級力を高め、よりよい学級を創り出す学級担任の専門的力量）」[34] を示し、Teachers as professionals に示唆を与えている。

　新富（1990）は、個を活かす学級づくりの比喩として、原材料が同じ大豆である豆腐と納豆を対置させ、豆腐づくりではなく納豆づくりの教育の必要性を提言している。豆腐は、大豆を磨り潰し、型に入れて成形（統一・閉じられた人間関係）することで真っ白で見た目が美しくなるが、大豆の一粒一粒（個性）は見えなくなり、形が一度崩れると元に戻ったり連結することはないのである。一方の納豆は、発酵した大豆が凸凹にくっつき合い、茶色くにおいもあるために美しいとは言い難いが、豆の一粒一粒が活きていて（真の個性化）、自由自在に形を変えること（開かれた人間関係）ができる。また互いにつながり合って（連帯化）いるうえで、

表 2.8　豆腐と納豆の特徴

豆　腐	納　豆
・見た目が整っていて美しい	・凸凹している
・癖（特性）はない	・におい（特性）がある
・型が決まっている（閉じられた人間性）	・自在に変形できる（開かれた人間関係）
・食物繊維が少ない（詰まりやすく閉塞的）	・血栓を溶かす（開放的）
・タンパク質を吸収しやすい（知識等を注入しやすい）	・アンチエイジング効果（活性化）
・集団としては統一されている	・互いにつながり合っている（連帯化）
・自ら連結する事はない	・混ぜれば混ぜるほど、密接になる
・淡白	・粘る（伸び伸び）
・豆（個性）の一粒一粒は潰されて見えない	・豆の一粒一粒が活きている（真の個性化）

混ぜれば混ぜるほど、密接になり、活性化の効果もある（**表 2.8**）。

　学級づくりにおいて、豆腐づくりのように教師主導で型にはめ込み、一見スマートに見える学級を目指すのか、それとも納豆づくりのように、子どもの個性を伸び伸びと発揮させながら時にぶつかり合い、主張と協調、成功と失敗、イザコザと仲直りなどを繰り返しながら粘り強く、子どもの生活権・発達権・人権を保証する学級を目指すのか、その答えはいうまでもない。

　他者に影響を与える要因には類似性や親和性等があり、対人魅力のある人から影響を受けやすいとされ、教師は子どもに影響を与える存在である。仮に 35 人クラスの担任を初任から定年までの 38 年間を務めたとすると、少なくても 1,330 人の子どもたちに影響を与えることになる。その子どもたちに好影響を与え、伸び伸びと学び合えるような学び舎にしていく必要がある。

〔2〕 グループとチーム

　グループとは「なんらかの理由・目的があって集まった二人またはそれ以上の人々がコミュニケーションをとり、相互作用しながらつくり上げる社会システム」[35] である。チームとは「価値ある共通の目標や目的の達成あるいは職務の遂行のために、力動的で相互依存的、そして適応的な相互作用を行う二人以上の人々からなる境界の明瞭な集合体である。なお、各メンバーは課題遂行のための役割や職能を割り振られており、メンバーである期間は一定の期限がある」[36] である。チームには「①達成すべき明確な目標の共有、②メンバー間の協力と相互依存関係、③各メンバーに果たすべき役割の割り振り、④チームの構成員とそれ以外との境界が明瞭」[37] が必要である。チームワークとは「チーム内の情報共有や活動の相互調整のためにメンバーが行う対人行動全般」[38] である。チームビルディングとは「メンバー間で円滑な相互作用が行われるように刺激したり、効果的なリーダーシップが発揮されるように教育を行うなど、チームが目標とする姿に完成するまで、さまざまな働きかけを行う取組み」[39] である。

　一方で、Lencioni（2002）は「チームの機能不全」[40] を段階的にモデル化した。機能不全は、

チームのメンバー間の信頼欠如であり、チーム内で自分の弱みを見せないようにすることから生じる。次に衝突への恐怖により腹を割って激しく意見を戦わせなくなり、責任感の不足によって表面的に同意するため、決定を支持し責任をもつことができないのである。そして、説明責任の回避によってチームのためにならない行動や態度をとる仲間の責任を問うことをためらう。最終的には結果への無関心によって、チーム全体の目標より個人のニーズや自分の部門のニーズを優先させるのである。

　TAP はグループアプローチの手法をとり「体験の機会、行動・態度・感情の修正、意欲の喚起、意義と方法の獲得、個人の変容の促進」[41]が期待されている。グループアプローチには構成的グループエンカウンター（SGE）やソーシャルスキルトレーニング（SST）などがあり、TAP と近接領域であるがそれぞれの概念や理論的背景、目的や特徴を整理し、理解したうえで実践することが有効である（**表2.9**）。TAP・SGE・SST の関係性を体験・学習的という視点と開発的（人間的な成長を促す）という視点で捉えると、**図2.19** のような関係になる。

　SGE は開発的カウンセリングの一形態であり、発達・成長志向が強く、開発的な要素が多い。SST は、強化法やモデリング法によりスキルを教えるトレーニングプログラムであり、体験も伴うが、学習的な要素が多い。TAP は、体験学習を通して人間的な成長を促進することを目指す活動であり、SGE と SST の中間的な位置づけになる。

　TAP では 12 人前後で活動することが多く「シンパシー・グループ（ほぼいかなる状況下でも心から信頼できる人の数)」[42]や「15±3 チーム」[43]が参考になる。また、ペアやトリオ、4 ～ 6 名の集団「スイートスポット」[44]、「7±2 チーム」での活動も組み込まれているため、人数による効果を踏まえておく必要がある。

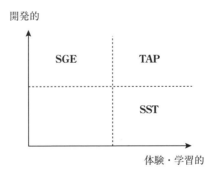

図2.19　TAP・SGE・SST の関係性（工藤, 2017）
出典：工藤亘「TAP を実践している教師が考える TAP の意義と課題についての研究―TAP を実践している教師へのヒアリング調査をもとに―」教育実践学研究第 20 号、2017 年、p.26

表 2.9 TAP・SGE・SST の目的と特徴（工藤, 2017）

	構成的グループエンカウンター（SGE）	ソーシャル・スキルトレーニング（SST）	玉川アドベンチャープログラム・Teachers as professionals/tap（TAP）
概念	人間としての自分の生き方を検討する（思考・感情・行動を意識化する）サイコエデュケーションの一方法。任せたいようなやり方を模索する能率的な教育方法として、エクササイズという誘発剤とグループの教育機能を活用したサイコエデュケーションである。	社会的スキルとは「他者との関係や相互作用のために使われる技能」および「相互作用のある社会的行動」であるとか効果のある社会的行動」である。これらはトレーニングによって学習可能である。	TAP とは「Tamagawa Adventure Program・tap」の略である。TAP でのアドベンチャーの定義は「成功するかどうかが不確かなことにあえて挑戦すること、自ら踏み出すこと、新たなる自分を創出していくこと、C-zone から一歩踏み出すことであり、全人教育の理念を基調に体験を通して、心の豊かさや人間関係、リーダーシップおよび教師としての専門性を育成するものである。
理論的背景	心理学（カウンセリングの理論・論理療法・ゲシュタルト療法・短期療法・交流分析・芸術療法・グループ・アプローチ）、実在主義	心理学（主張訓練法・行動療法・強化法・モデリング法・コーチング・仲間媒介法）、行動主義	教育学（全人教育・アドベンチャー教育・教師教育）、心理学（行動心理学・認知心理学・社会心理学・教育心理学）
特徴	感情の教育（教え込まない）、感情への気づきを促進、エクササイズを通しての人間関係交流、エクササイズを通してのグループ体験における心と心のふれあいに焦点、開発的・治療的	行動の教育（教え込む）、立ち居振る舞いの獲得、体験を通して人間関係をより円滑にするための技術を習得することに焦点にする、治療的・体験的・学習的	全人教育を基底にしたアドベンチャー教育、調和のとれた人格形成の促進と支援、自己決定権が相互に尊重され、教師やファシリテーターを市民としての育成が重点的、開発する全人教育の・体験的・学習的
目的	自己との出会い：自己開示、自己表現、自己覚知、自己受容、他者との出会い：傾聴、他者理解、他者受容、相互信頼、集団との出会い：役割遂行、集団発達の促進、本音が交流し合う人間関係（グループ）の中で、人は他者と本音で交流し、真の自己と出会い、本音の自己と出会う、他者と出会う	対人的な問題行動や心理社会的な問題を抱えている人達を対象に、適切で効果的な社会的スキルを体系的に教えようとする、社会的スキルが欠けている者に対して治療的に行う、身につけさせたいスキルをあらかじめ意図的に・計画的に教え込むことを通して、人間関係をより円滑にするための技術を身につけるために行う	体験学習を通して心の豊かさや人間関係づくりの醍醐味を学び、より望ましいコミュニティーにすること、教育に関わる専門家として子どもたちの優秀性はもちろん、心豊かな市民として育成を担うこと、コツコツやたこと（信号）を送ること、など）、自己開示や自己発見を実践すること、利用活動のプロセスを通して自己概念の向上のため、グループ活動やそのプロセスを通して自己概念の向上のた、自ら挑戦することや他者が挑戦しやすくする環境づくりの必要性や技術について体験的に学ぶ
主な流れ	①ウォーミングアップ（導入）②エクササイズ（心理的課題）③シェアリング（分かち合い）	①導入 ②インストラクション（言語的教示）③モデリング（示範）④リハーサル（実行）⑤フィードバック（評価）⑥般化	①ブリーフィング（グループへの指示をグループ全員で分かち合う）②目標設定 ③実体験（アクティビティ）④ディブリーフィング（振り返りと観察）⑤概念化・一般化 ⑥実生活への応用・転用 ⑦活きた知識の学習
主導者	リーダー・ファシリテーター・教員など	トレーナー・インストラクター・教員など	ファシリテーター・教員など
活動場所	屋内中心	屋内中心	屋内外の両方

出典：工藤亘「TAP を実践している教師が考える教師像についての研究―TAP を実践している教師へのヒアリング調査をもとに―」教育実践学研究 第20号、2017年、p.30

2.6　プログラムデザインとリスクマネジメント

〔1〕プログラムデザインとシークエンス

　TAP は、単なる活動の羅列ではなく、目的をより効果的に達成するために心理状態や発達課題・身体の生理等を考慮し、対象者の状況に合わせたプログラミングをする必要がある。そのためには、依頼者の思いや対象者理解、ニーズアセスメントが重要である。そして社会的動向や人々のニーズと TAP を実施する場所や人的資源等を考え、プログラムの目的やコンセプトを決定し、具体的なプログラムを作成するのである（図 **2.20**）。

　TAP のプログラムを作成する際のチェック項目は以下のとおりである。

・**目的**：対象者のニーズアセスメントを行い、何を目的として行うのかを明確にする。状況によってはプログラム内容を変更することもあるが、目的に向かっての変更が大前提である。

・**日時**：期間はいつからいつまでなのかを確認する。単発か継続的に実施されるのか、何時から何時までなのかによっても時間配分やプログラム内容が変わる。対象者の集中度・疲労度、心理状態を含めて考慮し、限られた時間の中で気づきや学びを効果的に促進する。

・**場所**：教室、体育館、グラウンド、移動先など、環境や周囲への影響を考慮（人・音や声・気象条件・水道・トイレなど）する。フィールドポテンシャルの分析（自然・文化環境、施設）や LOP（そのサイト独自のルール）の確認をし、リスクマネジメント（事前・実施中・緊急時の対応など）を心がける。雨天時への対応も考慮し、場所やプログラム内

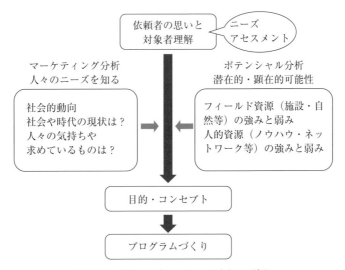

図 **2.20**　TAP のプログラムデザインの流れ

容などの確認も必須である。

- **対象者**：年齢、人数、男女比、グループ数、初対面か、既成グループならその状況、ケガや病気等の特別な配慮の有無の確認をする。
- **スタッフ**：人数、役割、スキル（ソフト・ハード）、ファシリテーション経験の確認をする。
- **準備物**：どんな物が何個必要か、予備や緊急対応に必要な物も確認をする。

TAPでのプログラミングはシークエンスを考慮し、易しいものから難しいものへステップアップし、試行錯誤を繰り返し、成功体験や達成感を味わわせながら進むことが望ましい。ただし、対象者の目的や状況に応じてあえて失敗体験を味わわせることもある。失敗体験は対象者の意識にいろいろな影響を与えるため、その後のファシリテーターの関わり方やプログラム内容が重要になる。ファシリテーターは成功体験と失敗体験による感情の動きを読み取り、ファシリテーションを行う必要がある（図**2.21**）。また、集中度合いや心理状態、疲労度を含めた体の状態、周りの環境や影響を考慮し、対象者の状況に応じて臨機応変にプログラムを変更することもある。ファシリテーターとしてそれらを見極め、動的な活動と静的な活動を組み合わせることができる判断力と力量が必要である（図**2.22**）。

TAPの主な活動は、**アイスブレイク（IB）、ディ・インヒビタイザー（DI）、協力ゲーム（Co）、イニシアティブ（IN）、トラストアクティビティ（TR）、ローチャレンジコースを利用した活動（LOW）、ハイチャレンジコースを利用した活動（HI・TCC）**があり、IB⇒DI⇒Co⇒IN⇒TR⇒LOW⇒HI・TCCが基本的なシークエンスである。

IBとは、心と身体の緊張感を解きほぐす活動であり、ニックネームで呼び合ったり、楽しくコミュニケーションを促進する。DIとは、大声で笑い合い、スキンシップを図りながら身体的・心理的にも近づくような活動でオープンな環境をつくる。「共同の笑い」には見ず知らずの相手であったとしても、一緒に笑い合うことで相手に対して親切になるという現象がある。Coとは、互いにアイデアを出し合い、協力することで解決ができるような活動である。IBやDIなども含め、互いの共通点や類似性を発見したり無理のない自己開示が促進していると親和性や対人魅力も増し、Coも円滑になっていく。INとは、Coよりも難易度が上がり、

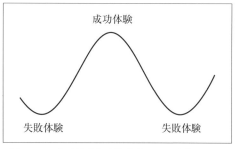

図**2.21**　成功体験と失敗体験による感情の動き

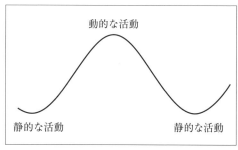

図**2.22**　動的な活動と静的な活動の組合せ

質の高いコミュニケーションや役割分担、発想の転換などが必要な課題解決型の活動である。
IN 後にその過程を振り返り、気づいたことや感じたことを共有し次の活動へ応用・転用する。
TR とは、目隠しをして歩いたり、人の体を支えたりして互いの状況を確認し合いながら信頼
関係を構築するための活動である。LOW とは、難易度の高い課題解決をするために特別な
コースを利用する活動であり、チームの発達段階や総合力が表れる。HI とは、自己への挑戦・
葛藤とともに、他者との信頼関係が重要な活動である。チャレンジャーが挑戦しやすい環境を
整えるためにも、各自が責任をもって役割を果たすことが必要となる。HI では、命綱を通し
て互いが信頼関係で結ばれていることが重要である。高さ 8m 以上でのチャレンジャーと命綱
を預かっている仲間との間をつなぐものはコミュニケーションを土台とした信頼関係である。
また、最大 8 名までが同時に挑戦できるチームチャレンジコース（TCC）も 2018 年に新設し、
高所での課題解決やチームワークが求められる。活動内容および場所に関しては、学校の教室
や体育館レベルで実践でき、特別な施設や技術を必要としないものと使用法やロープワークな
どの安全確保のための技術が必要なチャレンジコース（LOW・HI・TCC）がある。特に、チャ
レンジコースは難易度と場所の特別性が高いため、シークエンスに則り、グループ状況をみな
がら有効に利用すべきである（図 **2.23**）。なお、Sp はスポッティング（安全確保）、Bel はビ
レイトレーニング（命綱を使用）の意味である。

　参考までに、小学 5 年生で実施したプログラム例（90 分 ×5 回）を以下に示す（表 **2.10**）。

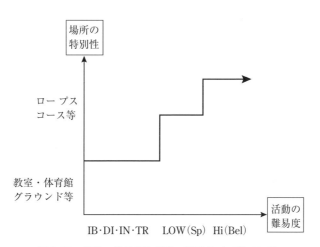

図 **2.23**　活動の難易度と場所の特別性（工藤, 2016）

出典：工藤亘「TAP の足跡とこれからの可能性― teachers as professionals モデル開発を目指して―」教育実践
　　　学研究第 19 号、2016 年、p.69

表 **2.10** 小学 5 年生で実施したプログラム例

回	ねらい	時間	構成	アクティビティ	グループ数	スタッフ数
①	アイスブレイク TAP-C の確認	0分		挨拶		教員2名
		15分		アンケート		
		25分	IB	鬼ごっこ	1	
				TAP-C の話		
		40分	IB	鬼ごっこ（範囲制限）	1	
				振返り		
		55分	IB	鬼ごっこ（速度制限）	1	
				振返り		
		70分	CO	ドーナツ回し	1	
				振返り		
②	コミュニケーション TAP-C の焼付け アドベンチャーのしやすい 環境づくり	0分		挨拶	1	教員2名
		5分	IB	サークルクラップ	1	
		10分	DI	ハブユーエバー	1	
				TAP-C の確認		
		20分	IB	セイフティーサークル	1	
		30分	IB	ペアタグ	1	
		35分	CO	ビート	1	
				振返り		
		50分	TR	人の字バランス（二人組）	1	
		70分	IN	オールアボード	2	各1名
				振返り	1	
③	小グループでの課題解決 協調・協力、冒険心の促進 コミュニケーション ＊LOW は3回で1つずつ ローテーション	0分		挨拶	1	教員2名
				TAP-C の確認		
		10分	TR	人の字バランス（二人組）	2	各1名
		20分		グループ分け（3G）	3	
		25分	LOW	TP シャッフル	1	各1名 ＊教員追加
		25分	LOW	ニトロ・クロッシング	1	各1名
		25分	LOW	ホエールウォッチング	1	各1名
				それぞれ振返り		
④	チームワークの向上 役割学習	0分		挨拶	1	教員2名
				TAP-C の確認		
		5分	IN	シットアップ	1	教員2名
				振返り		
		25分	LOW	TP シャッフル	1	各1名 ＊教員追加
		25分	LOW	ニトロ・クロッシング	1	各1名
		25分	LOW	ホエールウォッチング	1	各1名
				それぞれ振返り		
⑤	信頼関係構築 集大成	0分		挨拶	1	教員2名
				TAP-C の確認		
		5分	TR	よっぱらい	1	教員2名
		25分	LOW	TP シャッフル	1	各1名 ＊教員追加
		25分	LOW	ニトロ・クロッシング	1	各1名
		25分	LOW	ホエールウォッチング	1	各1名
				それぞれ振返り		
				アンケート		

IB：アイスブレイク　　CO：協力ゲーム　　TR：トラスト　　DI：ディ・インヒビタイザー
IN：イニシアティブ　　LOW：ローチャレンジコース

〔2〕リスクマネジメント

「そんな危ないことはしてはいけません！」「木登りなんてとんでもない。」「怪我したらどう するの。」読者の皆さんは小さい頃、どのように大人から言われて過ごしただろうか。昨今、青少年の体験が不足しているといわれている。さまざまな要因がある中で危険と思われること（何をもって危険か）が社会から遠ざけられているのが現状である。

"*Life is either a great adventure or nothing*"　　Helen Keller

人生とは果敢なるアドベンチャーかそれともつまらないものかどちらかである。

ヘレン／ケラー[45]

さて、アドベンチャー教育はあえてリスクがあるものに挑戦し、一歩踏み出してみることで学びや成長が期待できる。活動を「安全に行う」と相反する捉え方であるかもしれない。しかし、アドベンチャー＝危険なことを犯すとなると、そもそもアドベンチャー教育が成り立たないのである。アドベンチャープログラムではリスクは負っているものの、「安全」が確保されていることが前提となり、活動を提供していくことが必要条件となる。

リスクマネジメントという言葉はよく聞く言葉であろう。この社会には危険ととれるリスクが至る所に潜んでおり、どのように防ぐか、そして軽減させられるかが安全に暮らしていくための重要なキーワードとなる。リスクマネジメントはその環境や状況により、例えば医療現場や企業、また、教育という環境ではこの言葉の意味が異なってくる。リスクにおいて、医療の分野では医療作業ミス、企業では会計ミスや情報漏洩などがある。また、学校においてはいじめ問題や教員の不祥事、児童・生徒の怪我や事故などが挙げられる。このようにさまざまな状況において各々のリスクマネジメントという概念が存在し、捉え方も異なる。TAP においてもアクティビティやチャレンジコースを活用しながらプログラムを実施している以上、リスクはつきものと言わざるをえない。他の分野と同様に、リスクマネジメントとして怪我や事故といった負のリスクを軽減していくことに努めなければならない。ここではリスクについて理解しながら、TAP やアドベンチャー教育が捉えるリスクマネジメントについて述べていく。

英語の Risk、危害・損害などの危険（性）という意味である単語がリスクというカタカナ英語として使われている[46]。リスクの定義の一つに亀井（2014）は「損失が発生するか、損失の発生を防止した結果として、利益の発生へとつながる可能性（loss or gain risk）」と述べている[47]。例えば TAP でいえばアクティビティやチャレンジコースといった活動で起こる怪我・事故といった損害がそのリスクといえる。それに対し、結果として、この事故がどれだけの確率で発生し、もし事故が発生した場合にはどのような損害が発生してしまうのかを考えることである。また、これらをコントロールしながら管理することができるかが重要となる。企業でいえば責任や義務といったことも含まれ、学校でいえば学校規則や規範といった中でリスクをどのようにマネジメントしていくかと捉えることができる。

　TAP ではさまざまな対象（K-12、大学生、企業、スポーツチームなど）の目標に対してアドベンチャープログラムを展開している。よって、リスクマネジメントを考えていくうえでは多様な対象といった状況を踏まえながら安心・安全な活動に向けての共通項を見出し、アドベンチャーという特質も含めた柔軟性に富んだマネジメントを展開していかなければならない。

　社会のさまざまなイベントにおいて、怪我や事故へと発展してしまう背景には多様な要因が関わっている。例えば、車を運転している人ならば安全に運転したと思っていても、急ブレーキを踏んでしまったり、また、思いもよらないところから人影が現れ、驚いてしまったなど記憶にあることだろう。「あの時にこうしておけばよかった」と危機に瀕した際には行動を振り返ることもあるかもしれない。これらの出来事には法則があると提唱したのが Herbert William Heinrich である。彼は数多くの事故を検証した結果、事故発生の法則を統計的に見出した。この法則は 330 件の事故があったとしたら、そのうち 1 件は大事故で、残りのうち 29 件は軽い怪我など軽微な事後であり、残りの 300 件は身体の障害に至らなかった異常・事故（「ヒヤリ・ハット」したような少しでも危なかった異常・事故など）というものである。この法則を基に「結果として重大事故に至らず未然に気づいて回避した場面の体験、あるいは事故の程度が軽度にとどまったが重大事故の可能性もあった場面の体験」（田中、佐藤, 2013）としてヒヤリ・ハット体験と定義づけながら、事故や損害というリスクを減らししていく目的で、医療、保育、企業、学校などで多く取り組まれている[48]。

　このように、リスクマネジメント考えるうえで、リスクにまつわるさまざまな背景や関連する事柄について理解を深めていくことは重要である。そのことが、怪我や事故といった損害、損失を未然に防ぐことや軽減させることにつながるのである。

　上述してきた一般的なリスクマネジメントは、リスクを損失、事故といった概念として捉え、それをいかに最小限にしていくかについて述べられている。しかし、アドベンチャー教育におけるリスクを語る際には、リスクという概念を一般的な損失や事故と捉えるものと棲み分けをして考えることが適切である（図 **2.24**）。TAP ではリスクを価値あるものとし、逆に効果的に活用し、個人と集団の学びと成長に役立てようとしていることが特徴であるといえる。とはいえ、無計画や準備を怠りながら登山に出かけてしまうようなことから起こる怪我、事故といった身体的、精神的損失を出してしまったら元も子もなくなってしまう（これはリスクを負ったことにはならない）。TAP ではアクティビティやチャレンジコースから得られる学びと成長のポジティブな意味でのリスクを活用しながらアドベンチャープログラムを展開する。ファシリテーターはプログラムデザイン（計画や変更による実施）を行うことで、リスクを巧みに有効活用し、個人と集団のための学びと成長を支援することができる。

　このように怪我・事故や損害といったリスクを取り巻く出来事を理解したうえで、そのリスクをどのようにマネジメントしていくかを考えていく必要がある。前記したように企業、医療、教育といった分野が異なるごとにリスクマネジメントの捉え方が存在する。ここでは、野外教育における「リスクの存在、大きさなどを事前に把握し、合理的な方法とコストで適切な

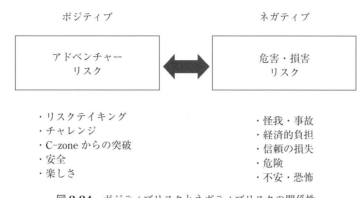

図 **2.24**　ポジティブリスクとネガティブリスクの関係性

対処策を講じておくことにより、リスクによるダメージを小さくすること」（星野ら，2004）
をリスクマネジメントの定義として活用することにする[49]。リスクによる損害を最小限にするた
めに的確な情報や知識を取り入れ、個人や組織力を駆使しながら取り組んでいく方法を編み出
さなければならない。また、その合理的な方法と適切な対処策を講じていくためには、リスク
マネジメントにおける手段となるものが必要となり、①リスクの発見・把握、②リスクの評
価・分析、③リスクの対処・処理、④確認・フォローという順序となる（星野ら，2004）[50]。
ここでは TAP の例を挙げて、この手順について解説していく。

（**1**）リスクの発見・把握

　リスクの発見・把握において、プログラム中では、アクティビティの経験不足などから派生
するアクティビティの選択ミスや参加者の観察が不十分といったことからリスクの発見・把握
について支障をきたすことが予想される。Prouty ら（2007）はアドベンチャー教育のプログ
ラム中においてのリスクには「内在するリスク（Inherent Risks）」と身体的と感情的なリスク
（Physical and Emotional Risks）とがあるとされている[51]。例えば TAP のハイチャレンジコー
ス（ダイナミックコース）では、クライミングロープを張り、参加者は高さ約 8 m の丸太や
ワイヤーの上を歩くという活動がある。安全確保のためのクライミングロープであるが、参加
者はリスクを追いながら挑戦していく中で、バランスを崩すと自然と手で何かをつかみたく
なってしまう。その時にクライミングロープを握ってしまい、そのまま滑落して摩擦で手を火
傷してしまうというリスクが考えられる。これはハイチャレンジコースを行ううえでの内在的
なリスクであり、恐怖を感じるという感情から無意識にロープを握ってしまうことで手の摩擦
を起こしてしまうリスク（身体的）の関連性について、ファシリテーターはさまざまな能力、
五感といったセンサーを張り巡らせ、技術を駆使してその場の情報を収集し、理解しておくこ
とが重要であるといえる。

（2）リスクの評価・分析

　先ほどの発見・把握するリスクにおいて、さまざまな要因を含めながら評価し、分析していかなければならない。TAP などのアドベンチャープログラムにおいて、リスクは大きく人的要因と環境的要因との二つに分け、事故が起こりうると捉えている [52]（Priest, Gass, 1997）。人的要因として活動の日の参加者の身体的特徴、年齢、性別、その日の体調や感情の変化、運動経験などとともにファシリテーターのアクテビティにおける選択ミス、コミュニケーション不足や経験の不足などといったさまざまな要因が挙げられる。また、チャレンジコースでいえば天候、時間、周りに生息する植物・生物といった環境的要因が内在している可能性がある。ファシリテーターはこれらの要因をしっかりと認識し、あらゆるリスクの可能性について評価・分析していなければならない。

（3）リスクの対処・処理

　アドベンチャープログラムは、準備を忘れず参加者の安全を考えマネジメントされているはずである。しかし、いくら参加者に十分な情報を与えたとしても、リスクを排除することはできない。ファシリテーターは参加者の目的に応じて適切なプログラムを準備し、万全に注意し実施することができるとしても、アドベンチャープログラムにおけるリスクに挑戦するうえで、怪我や事故を予測しなければならない。実際にさまざまな状況における事故を想定し、軽度な怪我から CPR といった応急処置や緊急搬送および医療従事者に手渡すに至るまでの大事故を想定して準備し、実際に起こってしまったときのための対処・処理に対応できるようにしておくことが必要不可欠である。アクティビティやチャレンジコース（ローチャレンジ、ハイチャレンジ）において起こりうる怪我・事故に対し、スタッフがどのように連携して対応できるのかについてシミュレーション（スタッフトレーニングなど）をしておくことも重要となる。TAP の場合では、プログラム中、小グループに分かれていろいろな場所で活動をすることが多いため、各場所同士での連絡方法、事故が起きたときにイニシアティブは誰がとるのか（リードファシリテーターか、その場のファシリテーターまたは学生スタッフかなど）についても連携が必要となる。

　また、万が一怪我・事故を起こしてしまった後の対処・処理は万全を期することは言うまでもない。いかなる軽度な怪我といえども当事者はグループメンバーからいったん外れ、処置を行わなければならない。当事者個人の身体的・感情的リスクを鑑み、グループプロセスにおいては他のメンバーへの不安や恐怖といったマイナスな影響を踏まえて、対応方法を考えなければならない。怪我などをした当事者をどのようにグループに復帰させるのか、また復帰できない場合、未成年者ならば保護者などへの連絡、病院に通院した場合には保険の適用などさまざまな対応が必要となるため、事前にリスク対処・処理に関するフローを作成し、ファシリテーターやプログラム関係者は熟知し実践できるようにしなければならない。対処・処理方法は各アドベンチャープログラムの機関の制度、体制・文化などによって異なるため、ファシリテー

ターやプログラム関係者は創造性を働かせ、入念に対処・処理できるように準備しておく必要がある。

(4) 確認・フォロー

　将来の怪我や事故を減らすためのニアミスに対する報告を次に活かすことがアドベンチャーアクティビティのリスクを理解していくうえでとても重要である。怪我・事故が起こってしまった場合は速やかに報告し、将来の怪我・事故といったリスク軽減のためにデータとして活用されなければならない。また、怪我・事故に至らなかったとしても前述の「ヒヤリ・ハット」の捉え方を活用し、プログラムを振り返ることで、何か危険を予期することは起きなかったか、改善することはないかなどスタッフ同士での話し合いや記録を残すことは重要である。そして、参加者からのフィードバックはファシリテーションを客観的に評価できるものとして、事後に活かしていくために有効である。どのようにデータを残し、それをいつ改善させるために活用するかは、各々のアドベンチャープログラムを展開する環境によって模索されるべきである。

　怪我・事故に関する報告だけでなく、通常のプログラムを振り返るための報告も必要になってくる。アクティビティ後、その日の後、週末といった報告を通常化していくことは、起こりうるリスクを認識し、よりマネジメントできたプログラムがつくり上げられる。このように報告の内容や頻度は各アドベンチャープログラムの環境によって違いはあるものの、報告のためのメカニズムを構築しておくことは、プログラムをよりよくするだけではなく怪我・事故といったリスクを減らしていくためにはとても重要となる。

　リスクマネジメントのリスクについて、一般的な理解とアドベンチャー教育のリスクを負うことと、怪我・事故といったリスクを理解しながら適切にマネジメントすることが重要であることを述べた。また、アドベンチャープログラムを展開していくうえで、あらゆるリスクを周知し、プログラムを実施するファシリテーターやプログラム関係者がリスク軽減のための方法・手順を理解することが重要である。リスクに対する準備、対処、そして、将来の起こりうる怪我・事故を減らすために知識を踏まえながら手順を追って備えていく必要がある（図**2.25**）。

　最後に、改めてリスクをすべて取り払ってしまうことは、アドベンチャー教育とはいえなくなってしまう。我々が生きる世界にはリスクは常に存在するのである。アドベンチャープログラムでのリスクマネジメントを有効に活用し、リスクを棲み分け、有効活用させることで、さらなる日々の安全かつチャレンジングなプログラムの実施を目指していただきたい。

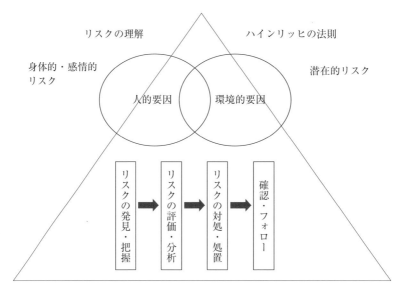

図 **2.25**　TAP が捉えるリスクマネジメント概念

〈文　　献〉

1)　Donald A.Schön. 1983. The Reflective Practitioner:How Professionals Think in Action Basic Books. 佐藤学、秋田喜代美訳「専門家の知恵」ゆるみ出版、2001 年、p.2

2)　佐藤学「教師花伝書」小学館、2009 年、p.50

3)　Dick Prouty, Jim School, Paul Radcliff 著、PAJ 訳「アドベンチャーグループカウンセリングの実践」みくに出版、1997 年、p.90

4)　山口裕幸「チームワークの心理学」サイエンス社、2009 年、p.78

5)　Karl Rohnke & Steve Butler. 1995. Quick Silver. Kendall/Hunt publishing company.p.25

6)　茂木健一郎「脳を活かす勉強法」PHP 文庫、2010 年、p.178

7)　苫米地英人「コンフォートゾーンの作り方」フォレスト出版、2010 年、p.6

8)　諸富祥彦編集「学級づくりと授業に生かすカウンセリング」ぎょうせい、2011 年、p.3

9)　前掲書 8）、p.4

10)　折出健二編「生活指導改訂版」学文社、2014 年、p.18

11)　文部科学省「生徒指導提要」教育図書、2010 年、p.5

12)　坂本昇一「生徒指導と学級活動・体験学習」文教書院、1990 年、p.25

13)　石川一郎「2020 年からの教師問題」ベスト新書、2017 年、p.60

14)　佐伯胖「『学ぶ』ということの意味」岩波書店、1995 年、p.3

15)　佐藤学「学びへの対話的実践へ」佐伯胖、藤田英典、佐藤学編著「学びへの誘い」東京大学出版会、1995 年、pp.73-74

16)　河野順子「学びを紡ぐ共同体としての国語教室づくり」明治図書、2001 年、p.4

17)　樋口修資「現代日本教育の課題と展望」佐々井利夫・樋口修資・廣嶋龍太郎「教育原理」明星大学出版部、2012 年、p.108

18)　髙橋勝「学校空間をひらく」教育デザイン研究第 3 号、2012 年、p.10

19)　森山賢一「体験学習に関する研究——その歴史的考察と現代的展開——」教育実践学研究第 3 号、1999 年、p.29

20)　前掲書 19）、p.29

21)　山口満「子どもの生活力がつく『体験学習』のすすめ方」学事出版、1999 年、p.13

22)　市村尚久・早川操・松浦良充・広石英記編「経験の意味世界をひらく——教育にとって経験とは何か——」

東信堂、2013 年、p.64

23）中村和彦「入門　組織開発——活き活きと働ける職場をつくる——」光文社、2015 年、p.44

24）Argyris,C. 1977. Double loop Learning in Organizations.Harvard Business School Pubrishing Corporation. 有賀裕子訳「『ダブルループ学習』とは何か」ダイヤモンド・ハーバード・ビジネス・ライブラリー、ダイヤモンド社、2007 年、pp.102-103

25）Senge,P.et al. 2000. Schools That Learn: AFifth Discipline Fieldbook for Educators, Parents,and Everyone Who Cares About Education, New York: Doubleday, p.96

26）Jourard, S. M. 1971. The transparent self. Rev. ed. new York: van Nostrad Reinhold. 岡堂哲雄訳「透明なる自己」誠信書房、1974 年、p.24

27）Hall, E. T. 1966. The Hidden Dimension. Doubleday. 日高敏隆・佐藤信行訳「かくれた次元」みすず書房、1970 年、p.162

28）渋谷昌三「人と人の快適距離」NHK ブックス、1994 年、p.154

29）M. W. Krraus, C. Haung & D. Keltner. 2010. Tactile communication, cooperation and performance; an ethological study of the NBA, *Emotion*, 10: 74549.

30）R. A. Martin 著、野村亮太・雨宮俊彦・丸野俊一監訳「ユーモア心理学ハンドブック」北大路書房、2011 年、p.422

31）Nelson Cowan. 2001. The magical number 4 in short-term memory: A reconsideration of mental storage capacity, 87-185

32）河村茂雄・藤村一夫・粕谷貴志・武藤由佳編「Q-U による学級経営スーパーバイズ・ガイド」図書文化、2004 年、p.56

33）田中博之「学級力向上プロジェクト」金子書房、2013 年、pp.4-5

34）田中博之編著「若手教員の学級マネジメント力が伸びる！」金子書房、2018 年、p.4

35）前掲書 4）、p.11

36）Salas, E., Dickinson, T. L., Converse, S. A., & Tannenbaum, S. I. 1992. Toward an understanding of team performance and training in R. W. Swezey, & E. Salas（Eds.）Team: Their traing and performance. Norwood, NJ: Ablex Publishig Corporation. pp.3-39

37）前掲書 4）、p.12

38）Dickinson, TL. & McIntyre, R. M. 1997. A conceptual framework for teamwork measurement in M. T. Brannick, E. Salas & C.Prince（Eds.）. Team performance assessment and measurement: Theory, methods, and applications. Mahwach, NJ: Lawrence Erlbaum Associates. pp.19-43.

39）前掲書 4）、p.144

40）Patrick Lencioni 著、伊豆原弓訳「あなたのチームは、機能してますか？」翔泳社、2003 年、p.207

41）広岡義之編著「はじめて学ぶ生徒指導・進路指導」ミネルヴァ書房、2016 年、p.53

42）Robin Dunbar 著、藤井留美訳「友達の数は何人？」インターシフト、2011 年、p29

43）Rich Karlgaard & Michael S.Malone 著、濱野大道訳「超チーム力——会社が変わるシリコンバレー式組織の科学——」ハーパーコリンズ・ジャパン、2016 年、p.290

44）Belbin M.2011. Saze matters:How many make the ideal team. Belbin.es,www.beibin.es/ete.asp?id=153&preside-31&task=View.

45）名言倶楽部、http://meigen.club/helen-keller/、（参照 2020-9-3）

46）『ジーニアス英和辞典第 5 版』大修館書店、2014 年、p.1803-1804

47）亀井克之『現代リスクマネジメントの基礎理論と事例』株式会社法律文化社、2014 年、p.14

48）田中 正博、佐藤 晴雄「教育のリスクマネジメント——子ども・学校を危機から守るために」時事通信社、2013 年、p.38-39

49）金子和正、星野敏男「野外教育入門シリーズ 第 5 巻 冒険教育の理論と実践」杏林書院、2014 年、p.110

50）同上書、p.110-111

51）Dick Prouty, Jane Panicucci, Rufus Collinson. 2007. Adventure Education: Theory and Applications, Human Kinetics, p.52-53

52）Simon Priest, Michael A. Gass. 1997. Effective Leadership in Adventure Programming, Human Kinetics, p.88-89

3章　学級経営・特別活動における TAP の活用

3.1　特別活動とは何か──教育課程における特別活動の役割と TAP 共通点

　学校教育において TAP は、その場面や状況によって使用方法は形を変えていくものの、あらゆる場面で活用していくことができる。特に、多様な集団活動を通じて人格形成を図るとともに、「生活づくり」の役割を担う特別活動においては、TAP の活用場面は非常に多い。本章では、そうした特別活動における TAP の活用方法に関して述べていく。

〔1〕教育課程における特別活動

■問：小学校の頃の楽しかった思い出や、印象に残っていることを考えてみましょう！（三〜四つ）

SOZAI GOOD より

　皆さんはどのようなことを思い出しただろうか。おそらく、次のような思い出が多かったのではないだろうか。

◆答え：遠足、修学旅行・林間学校、運動会、お楽しみ会、クラブ活動、委員会活動、係活動、卒業式など

　ご存じの方も多いとは思うが、これらはすべて特別活動の内容である。

（1）特別活動の活動例

【学級活動】
　・話合い活動（学級会）
　・生き物係　・思い出係　・レクリエーション係（係活動）
　・「お楽しみ会」「1学期おつかれ様でした会」などの「○○集会」（集会活動）

【児童会活動】
　・代表委員会
　・放送委員会　・運動委員会など（委員会活動）

【クラブ活動】
　・運動クラブ　・演劇クラブ　・野外活動クラブ　・科学クラブなど

（ただし、中学校、高等学校の「部活動」は特別活動に分類されない（教育課程外＝課外活動）。）

【学校行事】

　・入学式　・卒業式　・避難訓練　・運動会　・遠足　・合唱祭　・宿泊体験学習
　・地域清掃など

　学校生活の中で「楽しい思い出」として残っているのは、そのほとんどが特別活動なのではないだろうか。多様な集団活動を通じて、誰かの役に立てたり自分が活躍できる場があったりする中で、仲間との絆を深めていくことは、やはり学校ならではの「楽しさ」である。こうした教科等の学習のみならず、多様な集団活動を通じて人格形成を育むことを目的とした特別活動は、日本の教育システムの大きな特徴であり、今では海外にも「Tokkatsu」という名称で学校へ導入され始めているほどである[*1]。実際に海外では、「生活づくり」や「人格形成」を通じて民主主義の国民としての資質を育むといった役割を担う教育課程上の領域はあまり存在していない。そして、この「みんなで力を合わせて学級・学校生活をつくり上げていく」という過程は、子どもたちにとっては何より楽しい時間なのである。事実、学校で児童・生徒に「学校で何が楽しいか」ということを質問すると、皆さんと同様に、そのほとんどが特別活動に関することである。それにも関わらず、教科の煩雑化や教師の多忙化が進む今日では、学校から「特別活動は無くなってもよい」という人もいるのだが、それはまさに「学校から楽しさ」を奪うことになってしまうであろう。それでは、ここで改めて日本の教育課程について、簡単に触れていきたい。

（2）教育課程の構成（各領域）

【小学校】

　各教科、特別の教科道徳[*2]、総合的な学習の時間、外国語活動、特別活動（図 **3.1** 参照）

【中学校】

　各教科、特別の教科道徳、総合的な学習の時間、特別活動

【高等学校】

　各教科、総合的な学習の時間、特別活動

＊1　エジプトでは 2018 年度から、特別活動（学級活動や学校行事を中心として）や掃除・給食等の日本式の教育システムを導入した、「エジプト日本学校（EJS）」と呼ばれる公立校を開設し、2020 年には約 40 校に広がってきている。今後は、EJS の取組みをモデルとして、全国に広めていく予定である（2020 年 2 月現在）。

＊2　「特別の教科道徳」はその名のとおり「教科」でもあるが、「道徳教育」としての側面をもつため、ここでは「領域」として捉える。

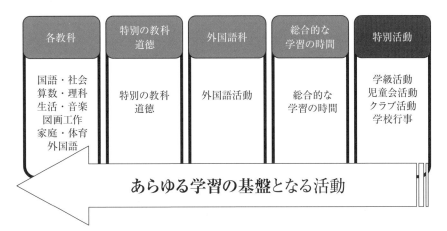

図 3.1　教育課程（小学校）の構成と特別活動

（3）特別活動の内容[*3]

【小学校】

　学級活動・児童会活動・クラブ活動・学校行事

【中学校】

　学級活動・生徒会活動・学校行事

【高等学校】

　ホームルーム活動・生徒会活動・学校行事

　特別活動は、多様な集団活動を通して人格形成を図る教育的営みである。また、特別活動は「児童・生徒による児童・生徒のための活動」であり、学校・学級での生活を自分たちでつくり上げていくという「自治的活動」が基本となる。そして、この「自治的活動」を通じて、民主主義国家を生きる人民として、また予測困難な現代の社会を生きていくための資質・能力を育くむことを目的としている。

[*3]　特別活動の「年間 35 時間（1 年次は 34 時間）」とは、このうち学級活動およびホームルーム活動の時間であり、児童会、生徒会、クラブ活動、学校行事に関しては学校ごとにその時間を設定できる（学校裁量）。また、中学校、高等学校における部活動は、全員参加ではないため、特別活動に含まれない（教育課程外）。

〔2〕特別活動の目標と目指すところ

　集団や社会の形成者としての見方・考え方を働かせ、さまざまな集団活動に自主的、実践的に取り組み、互いのよさや可能性を発揮しながら集団や自己の生活上の課題を解決することを通して、次のとおり資質・能力を育成することを目指す。

　①多様な他者と協働するさまざまな集団活動の意義や活動を行ううえで必要となることについて理解し、行動の仕方を身につけるようにする。
　②集団や自己の生活、人間関係の課題を見出し、解決するために話し合い、合意形成を図ったり、意思決定したりすることができるようにする。
　③自主的、実践的な集団活動を通して身につけたことを活かして、集団や社会における生活および人間関係をよりよく形成するとともに、自己の生き方についての考えを深め、自己実現を図ろうとする態度を養う。

（1）集団や社会の形成者としての見方・考え方

　平成29年、30年改訂の学習指導要領では、深い学びの実現の鍵として、各教科・領域ごとの特質に応じた「見方・考え方」を働かせながら、教育活動の充実を図ることを、各教科等の目標の中で示している。特別活動においてもこうした考え方に基づいて、**「集団や社会の形成者としての見方・考え方」**を働かせることとした。具体的には、次のようなことが考えられる[1]。

　・年齢や性別といった属性、考え方や関心、意見の違いなどを理解したうえで認め合おうとする見方・考え方。
　・互いのよさを活かすような見方・考え方
　・よりよい学級・学校生活づくりなど、集団や社会に参画し、さまざまな問題を主体的に解決しようとする見方・考え方
　・集団での関わりを通して、自己の理解を深め、自己のよさや可能性を活かす力を養うとともに、自己の在り方、生き方を考え設計しようとする見方・考え方など

【みんなで、よりよい学級・学校生活をつくる　特別活動 p.29 より】

（2）特別活動において育成すべき三つの資質・能力の視点

（a）人間関係形成の視点

　特別活動は多様な集団活動を通じて、個の人格を形成していくことを目的としている。そのため、多様な集団内におけるよりよい人間関係を、自主的・実践的に形成していくことが求められる。また、それとともに他者との協働によって、集団を成長させていくための資質・能力の育成が非常に重要となる。そのためにも、課題発見・解決、話合い、集団決定・合意形成、

話合いで決定したことの実践、振返りなどのスキルを、多様な集団活動を通じて（体験を通じて）身につけていく必要がある。

（b）社会参画の視点

　特別活動はもともと、戦後の民主主義教育を推進する一環として教育課程に組み込まれてきた経緯がある。そのため、現在でも「自治的な活動」（教育的な制限があるために「的」を用いる）は、教育課程上における特別活動固有の指導原理となっている。つまり、やがては国家を形成していく一国民として、または所属する地域・コミュニティづくりにおいて主体的な参画者となるための資質・能力を育むことが、特別活動には求められているのである。また、学級や学校で起こる出来事を「自分事」として捉え、よりよい学級・学校生活を送るために自ら貢献できるようにしていくことは、やがては「つくりたい社会の実現」にもつながってくる。

　なお、<u>自治的な活動の範囲外</u>となる例を以下に示しておく[2]。
　・個人情報やプライバシーの問題
　・相手を傷つけるような結果が予想される問題
　・教育課程の変更に関わる問題
　・校内のきまりに関わる問題
　・施設・設備の利用の変更などに関わる問題
　・金銭の徴収に関わる問題、健康・安全に関わる問題

（c）自己実現の視点

　「なりたい自分」「夢」「目標」は自然発生的に生じてくるものではない。多様な集団における他者との関わりの中において、仲間と達成感を共有したり、他者からの感謝やフィードバックを通じて自己有用感や自己肯定感を感じたり、時には悔しくて涙を流したりする中で、初めて「なりたい自分」「夢」「目標」は生じてくるのである。また、そうした体験を通じて、自己理解を深め、自分のよさや可能性を活かす力等も育まれていく。「なりたい自分像」を自分で見つけていくこともまた、特別活動における多様な集団活動には求められているのである。

【みんなで、よりよい学級・学校生活をつくる　特別活動】

（3）特別活動における「主体的・対話的で深い学び」の実現[3]
（a）特別活動における主体的な学び

　学級や学校における多様な集団活動を通して、生活上の諸課題を自分たちで見出したり、解決できるようにしたりすること。

（b）特別活動における対話的な学び

　特別活動がすべての内容で重視している「話合い活動」を通して、自己の考え方を協働的に

広げ深めていくこと。また、自然体験活動を通して自然と向き合い、学校生活では得られない体験から新たな気づきを得ること。

(c) 特別活動における深い学び

　特別活動が重視している「実践」を単に行動の場面と狭く捉えるのではなく、課題の設定から振返りまでの一連の活動とし、そのプロセスで教科等の学習で身につけた知識や技能を働かせ、「人間関係形成」「社会参画」「自己実現」に関わる議題や題材に取り組むよう意図的・計画的に指導していくようにする。

　特別活動における「主体的・対話的で深い学び」を実現するには、振返りの活動も重要な学びの機会となる。特別活動における振返りでは、話合いやさまざまな実践をよりよくしていくという視点だけではなく、そこで得た「気づき」を日常生活に活かしていく「学び」に変えていくことが大切である。

　そこで教師は、話合いや活動中に起きたこと、具体的な行動（タスク的な要素）、および考えたこと、思っていたこと（プロセス的な要素）のそれぞれに留意し、児童に具体的な「気づき」が生じるよう、振返りの指導や支援の方法を工夫する必要がある。そのように振返りの充実によって、「人間関係形成」「社会参画」「自己実現」を育てる特別活動は効果を一層発揮する。

　具体的には、実践について話合いなどを通して振り返り、よい点や改善点を見出し、新たな課題の発見や目標の設定を行ったり、自分のよさやがんばりに気づき、自己肯定感を高めたりする活動が、特別活動における「主体的・対話的で深い学び」の一つといえよう。

【みんなで、よりよい学級・学校生活をつくる　特別活動 p.31 より】

（4）特別活動の特質と意義

(a) 特別活動の特質 [4]

・集団活動であること：よりよい生活や人間関係を築くために、目標やその達成の方法や手段などを決め、みんなで役割を分担してその実現を目指す協働的な集団活動。

・自主的な活動であること：自ら楽しく豊かな学級や学校の生活をつくりたいという課題意識をもって、指示待ちではなく、自分たちで問題を見つけたり話し合ったりして解決するなど、**「子どもたちによる、子どもたちのための活動」**（自治的な活動）。

・実践的な活動であること：楽しく豊かな学級や学校の生活づくりのための諸問題を話し合ったり、話合いで決めたことに友達と協力して取り組み、反省を次に活かしたりするなど具体的に実践する活動。

(b) 特別活動が充実すると（特別活動の意義）⁴⁾ [4]

・自分たちで生活の諸問題を解決しようとするたくましい子どもが育つ。
・友達と協力して、チームで活動しようとする子どもが育ち、いじめ問題等の未然防止に役立つ。
・切磋琢磨できるよりよい人間関係が育ち、効果的に学力を向上するための土壌づくりになる。
・共生社会の担い手としての豊かな人間性や社会性を身につけることができる。
・子ども相互、子どもと教師との人間的な触合いが深まる。

　特別活動における教師の指導とは、主として「訓育」が機能し、「教授」は副次的にしか機能しない。教授が主として機能するのは、各教科の領域である。そのため、特別活動における教師の主な役割は、子どもたちを「ファシリテート」「サポート」することである（この点においても TAP との関連が深い）。それによって特別活動の目的は達成されていく。

(5) 特別活動と TAP の共通点と違い

　さて、ここまで教育課程上における特別活動の役割や、特別活動とは何かということについて述べてきたが、既に TAP との関連性や類似点について気づかれている方も多いのではないだろうか。事実、目指しているところや考え方、根底にある理論等に関しては非常に関連が深い。特に、児童・生徒または参加者主体に活動が展開されること、集団での共通体験を基盤として個を育成していくこと、自分たちの課題・問題を発見し、話合いを通じて解決していくことなど、挙げていけばきりがない。

　しかし、「TAP の活動をすれば特別活動になる」ということではないことはしっかりと念頭に置いておきたい。なぜならば、特別活動は学校・学級生活の「日常的な活動」、つまりリアルを取り扱っているのに対し、TAP はあくまでも「非日常的な活動」を基盤とした活動なのである。そのため、特別活動における「日常的な活動」にいかにして活用していくのかは、この後の内容を通じてしっかりと理解をしていただきたい。

3.2　特別活動および TAP の学級経営との関連

〔1〕集団・組織とは何か

　先に述べてきたとおり、特別活動の目的は多様な集団活動によって達成される。つまり、「集団活動」を前提としているわけである。しかし、学級・学校、そして TAP においても、初めから「集団・組織」が成立しているわけではない。それでは、集団や組織はどのようにして成立していくのだろうか。次からは、そうした集団や組織が成立するまでのプロセスに関して述べていくこととする。

　クラス替えや入学したばかりのクラスは、そもそも集団や組織として成立しておらず、いわば「ただの集まり」にすぎない。そのため、クラスを集団として成立させることが、教師の当面の重要な役割の一つになるのである。また一方で、TAP での「グループワーク」における大きな目的の一つとなるのが、「集団づくり」や「組織づくり」である。しかし、TAP の参加者には、もともと同じ集団・組織で活動や仕事をしている場合もあれば、初めて会った人たち同士、もしくはあまり知らない人同士が参加している「ただの集まり」である場合もある。いずれにせよ、TAP（もしくは TAP のファシリテーター）では、参加者同士が出会う場面からスタートし（既に知り合いの場合には「出会い直し」が重要）、「ただの集まり」を集団として成立させ、そこから多様な活動を通じて、集団の発達段階を向上させていくのである。なぜなら、当然のことではあるが、グループワークもまた、そもそも集団（グループ）であることを前提としているからだ。そのため、「ただの集まり」では、そもそも「集団活動＝グループワーク」は成立しないということだ。それでは、そもそも「ただの集まり」が「集団」や「組織」となるにはどのような条件が求められるのだろうか。

（1）集団の条件（一般論として）
　・直接、または間接的に互いに影響を与え合う、または与え合う可能性がある。
　・互いの関係が安定しており、ある期間継続される。
　・互いがいくつかの目標を共有している。
　・それぞれの役割がはっきりしている。
　・自分自身がその集団に所属していると自覚している。

　集団の条件に関しては諸説あるものの、およその内容をまとめると上のような条件が必要だとされている。同様に、組織の条件や定義もまた、その時代や状況によって多種多様のものが存在している。ここでは、教室や TAP において使われることが多い C. I. Barnard（1938）の定義を紹介したい。

（2）C. I. Barnard（1938）の「組織の3要素」[5]
　①共通の目的
　②協働への意欲（貢献意欲、役割分担）
　③コミュニケーション（目的を達成するための）

　組織にたとえ共通の目的があったとしても、それをメンバーに伝達しなければ協働意欲を確保できない。そして、組織のメンバーに意思および情報を伝達する役割をもち、目的や目標を達成するための手段を考えていくうえで必要となるのがコミュニケーションである。また、組織において明確な役割分担がなされ、メンバー個々がそれを認識していること、つまりメンバー個々が「組織に対する自分なりの貢献の仕方」を理解することによって、初めて貢献意欲や協働への意欲が生まれてくる。そうした三つの要素を前提としたうえで、C. I. Barnard は

「<u>二人またはそれ以上の人間の意識的に調整された行動または諸力の体系</u>」⁵⁾と組織を定義しており、「ただの集まり」は組織とはいえず、上記した三つの要素があって初めて組織となるとしている。

（3）学校教育における「集団」の条件

　それでは、学校教育現場における「集団の条件」とは、どのように定義されているのだろうか。残念ながら、現行の学習指導要領や学習指導要領解説の中には、その説明や記述はない。しかし、改訂前の特別活動の目標には「望ましい集団活動」という表記があり、『小学校学習指導要領解説特別活動編』（2008 年度版）には、「望ましい集団活動の条件」というものが示されていたのである。

> <u>特別活動の目標</u>⁶⁾（現行の学習指導要領の目標とは異なる）
>
> 　「<u>望ましい集団活動を通して</u>、心身の調和のとれた発達と個性の伸長を図り、集団の一員としてよりよい生活や人間関係を築こうとする自主的、実践的な態度を育てるとともに、自己の生き方についての考えを深め、自己を生かす能力を養う。」

　「望ましい集団活動の条件」とは、この特別活動の目標（当時）にある「望ましい集団活動」を成立させるための条件を示したものであったが、実は先に述べた集団の条件や Barnard の組織の 3 要素とほぼ同等の内容を示している。

（4）望ましい集団活動の条件⁷⁾

- ・活動の<u>目標を全員でつくり、その目標について全員が共通の理解をもっている</u>こと。
- ・活動の<u>目標を達成するための方法や手段などを全員で考え、話し合い、それを協力して実践できる</u>こと。
- ・一人ひとりが<u>役割を分担</u>し、その<u>役割を全員が共通に理解し、自分の役割や責任を果たす</u>とともに、<u>活動の目標について振り返り、活かすことができる</u>こと。
- ・一人ひとりの<u>自発的な思いや願いが尊重</u>され、互いの<u>心理的な結びつきが強い</u>こと。
- ・成員相互の間に<u>所属感や所属意識、連帯感や連帯意識がある</u>こと。
- ・集団の中で、<u>互いのよさを認め合う</u>ことができ、<u>自由な意見交換や相互の関係が助長される</u>ようになっていること。

【小学校学習指導要領解説特別活動編（2008）より】

■問：「望ましい集団活動の条件」を見て、「今までに所属したことのある集団・組織」の中で、最も「望ましい集団」だったのはいつのどのような集団・組織だったか、またそれはなぜ望ましい集団ということができたのでしょう。

　ただし、学級にせよ、部活にせよ最初からこの条件がすべて整っている集団は、おそらくないであろう。つまり、この「望ましい集団活動」の条件を、年間を通じて整備していくことこそが、教師の役割であり、ファシリテーターの役割なのである（「望ましい集団の条件整備」と言い換えられる）。

（5）集団の条件・組織の3要素・望ましい集団活動の条件の共通点

　集団の条件・組織の3要素・望ましい集団活動の条件を比較してみると、これら三つにはいくつかの共通点があることがわかる。

①目的・目標を自分たちでつくり、それを共通認識していること。

②目的・目標を達成するための方法や手段を決定するためのコミュニケーション（話合い）が存在していること（ただし、コミュニケーションの一環として振返りの方法が確立されていることが理想）。

③メンバーがそれぞれの役割を自覚し、役割に対する責任を果たすこと。また、その役割をメンバー内で共通認識していること。

　望ましい集団活動の条件の6項目のうち、上の三つの項目に関しては、ほぼ Barnard の理論と合致している。Barnard の理論が 1938 年で、「望ましい集団活動の条件」が成立したよりもかなり前のものになるため、もしかしたら「望ましい集団活動の条件」は Barnard の影響を受けているのかもしれないが、それは定かではない。ただし、学級経営や特別活動、さらには TAP の活動においても「ただの集まり」を集団化・組織化していくうえで、この三つの要素は絶対条件だということである[4]。つまり、

学級経営・特別活動・TAP における集団（グループ）活動は、
集団・組織の条件を整えることから始まる！

ということ。

　ところで、先に述べた「条件整備」という言葉、これは「学級経営」という言葉と深く関連している。なぜなら、学級経営は別名「学級の条件整備論」とも呼ばれており、学級に必要とされる諸条件を、年間を通じて整備していくことが、学級経営であるとされているのである。次からはそうした「学級に必要な条件を整備することとは何なのか」について述べていく。

---

[4] 「望ましい集団活動の条件」にある「下三つの項目」に関しては、TAP での「Adventure の環境づくり」や Full Value の概念と同様のものになるが、これは 2.3 節を参照のこと。

〔**2**〕学級経営と条件整備

（**1**）学級経営とは何か

　学級経営の定義も諸説あるが、ここでは吉本二郎の定義を引用してみたい[8]。

　学級経営とは、

「児童・生徒の教育上の基礎集団である学級の教育条件を整え、
学校教育の目的を効率的に達成させること」[8]

である。

　吉本はこのような定義を述べたうえで、学級経営は学級の秩序維持に重点を置く学級管理とは異なり、「学級教育の組織化に重きを置いて考える」[8] としている。学級経営には、そのような「学級教育の組織化」を果たしていく役割を有しているが、その機能を果たす学級経営の領域を、まずは時代ごとに四人のカテゴリーから示してみる[12]。

①宮田丈夫（1954年）[9]：

　　a. 環境経営、b. 教科経営、c. 教科外経営、d. 学級教師の諸関係

　　（ただし、d. の「学級教師の諸関係」には、家庭および地域社会との関係、学級教師の
　　パーソナリティー等も含まれている。）

②吉本二郎（1979年）[8]：

　　a. 学級教育の組織化、b. 教科指導の経営、c. 生活指導の経営、d. 環境の経営、

　　e. 学校事務の経営

③片岡徳雄（1990年）[10]：

　　a. 教育課程の経営、b. 教室（環境の）経営、c. 集団経営、d. その他の経営

　　（ただし、d. の「その他の経営」には、保護者、PTA、地域との連携、学年・学校との連
　　絡調整、学校事務等が含まれている。）

④有村久春（2009年）[11]：

　　a. 基盤経営、b. 授業経営、c.集団経営、d.環境経営

（川本　2010）

　このようにしてみると、時代背景ごとにその表記の仕方こそ違うものの、あまり大きな違いはないように見える。しかし、最も認識が異なっていたのは、学級経営に「教育課程内の授業そのもの」を経営に含むか含まないか、という点であった。しかし、今日においては、片岡や有村をはじめとする「授業そのもの（教育課程内）を学級経営に含む」という概念が、一般的な学級経営領域となっている。そこで、ここでは有村の 4 領域を主に取り扱っていくこととする。

(2) 学級経営の4領域 [13]

①基盤経営：学級に必要な事務作業や、保護者対応、成績づけなど

②授業経営：教育課程（カリキュラム）における授業全般など

③集団経営：学級の集団づくり、集団の発達段階を上げていくなど

④環境経営：教室の壁面づくり、必要な文具や教材の準備、教室の清掃など

　この学級経営における「集団経営」が特別活動、さらには TAP と深い関連があることはいうまでもない。特に先の「望ましい集団活動の条件」とは、言い換えれば「集団経営の条件整備」ともいうことができよう。また、学級経営と TAP に関しても、この中で関連性をもたせることができるのは授業経営と集団経営であるが、やはり最も活用できるのは集団経営ということになるであろう。

(3) 物的条件整備と人的条件整備

　宮田丈夫は、学級を場とする児童の人間形成の過程は非常に複雑であり、そのためには「物的な面での条件整備」（以降物的条件整備と記述）と「人的な面での条件整備」（以降人的条件整備と記述）といった条件整備が必要であるとし、「学級経営とは、このような条件整備の機能を果たすもの」[14] であると述べている。この、「人的条件整備」とは、「仲間づくりや人間関係の調整改造」を行っていく過程を通じて、「社会的資質を身につけていく」[15] ことをその目的としており、「集団経営」と同様のことであるといえよう。

(4) 学級経営における人的条件整備の役割

　教師は教科の指導や特別活動（特に学級活動）において、子どもたちに対して、「何でも話してごらん」「何を話してもいいんだよ」という投げかけをすることが多い（TAP の振返りにおけるファシリテーターも同様のことがいえる）。しかしながら、子どもたちがそれでも話しができない状況は、「うまく話せない」「何を話せばよいかわからない」「恥ずかしい」「自信がない」などといったことが原因として考えられる。

　こうした問題には、「学級の雰囲気」や「人間関係のゆがみ」[16] から生じる2点の問題が挙げられる。「学級の雰囲気の問題」とは、学級における個と個の関係性ができていない学級においては、必然的に良好な雰囲気が形成されず、「うまく話せない」「何を話せばいいかわからない」「恥ずかしい」「自信がない」といった問題を助長させ、さらに発言しづらい環境を形成してしまうということである。また、「人間関係のゆがみ」の問題とは、自分が発言することによって、「かげ口を言われる」「発言するとでしゃばりと言われる」「空気を読んでないと言われる」、といった理由に起因するものである。こうした、「学級の雰囲気」「人間関係のゆがみ」、さらには「性格と能力に起因するもの」などの問題は、そもそも教師やファシリテーターの技術的な問題のみで解決できるものではなく、学級の根底にある問題であり、そのような学級に根ざした阻害要因を取り除いていくのが、学級経営（人的条件整備）の役割なのであ

る。そもそも、学級経営とは「すべての教育活動を通じて行うもの」であるため、特別活動のみならず教科を含むすべての教育活動が、本来であればそうした阻害要因を取り除く「場」（時間割上に存在しているということ）となる。しかしながら、特別活動は他の教科と違い、学級経営と共通した側面を数多く有しているため、こうした諸問題を解決する一番の「場」となりうるのである。またTAPは、こうした「学級に根ざした阻害要因を取り除いていく」という人的条件整備の点において、非常に有効に活用していくことが可能になるのである。この点における具体的な手段や考え方については後述する。

〔3〕目的と目標の違い

　さて、ここで先の集団の条件・組織の3要素・望ましい集団活動の条件の共通点に戻る。そこには、目的と目標という二つの言葉が出てくるが、この二つはどのような違いがあるのだろうか。

■問：「ねらい」「目的」「目標」の違いを説明できますか？　これら三つを概念の大きい順に
　　　並べてみよう！

◆答え：①目的、②目標、③ねらい
　教科で例えるなら……
　①目　的：1年間その教科を通じて身につけたいこと
　②目　標：単元を通じて身につけたいこと
　③ねらい：本時の授業を通じて身につけたいこと
　TAPの1日プログラムで例えるなら……
　①目　的：1日のプログラム後に達成していたいこと
　②目　標：決められた時間内に達成したいこと（例えば、午前中まで）
　③ねらい：次のアクティビティを通じて達成したいこと

（1）目的と目標の違い
目的（抽象的な表現になることが多い）
　・最終的に達成したいもの・最終的な状態
　・「何を手に入れたいか、どうなりたいか」
目標（具体的に設定をする）
　・目的達成のために達成期限や達成水準を明確に設定するもの。
　・「目的を手に入れるために、いつまでに、何を、どのくらいするか」

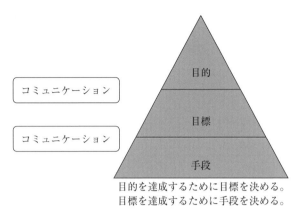

目的を達成するために目標を決める。
目標を達成するために手段を決める。

図 3.2　目的・目標・手段の関係性

「目的」「目標」「手段」の違い【意味編】（図 3.2 参照）

　目的⇒最終的に実現したいこと。

　目標⇒目的を実現するために、段階的に達成していかなければいけないこと。

　手段⇒目標を実現するための具体的な行動のこと。

「目的」「目標」「手段」の違い【理想的・現実的編】

　目的⇒数字で表すことが難しく、抽象的で**理想的**。

　目標⇒数字でも表すことができ、具体的で**現実的**。

　手段⇒数字でも表すことができ、具体的で**現実的**。

「目的」「目標」「手段」の違い【ゴールまでの方法編】

　目的⇒目的はたった「一つ」。

　目標⇒目標は複数ある場合がある。また、段階的に増えていく。

　手段⇒手段は複数ある場合がある。また、手段は目標によって異なってくる。

　このように、組織・集団における目的とは、最終的に到達したいゴールのことである。その目的を達成するまでに、一次目標、二次目標、……といった具合に目標を段階的に設定していき、その目標を達成していくための手段を、その都度考えていく（図 3.3）。そして、その目的・目標・手段に関しては、誰かによって決められるものではなく、構成メンバーによって決められ、それが共有化され、「全員が必要であると感じている」「同意している」というプロセスを経ていない限り、組織・集団として成立させていくことができないのである。つけ加えると、その手段を遂行していく段階には必ず役割分担があり、構成メンバーの一人ひとりが必要とされていることを実感できるような環境を整えていくことによって、「貢献意欲」や「協働

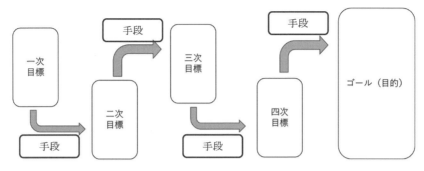

図 **3.3** 目的までの道筋

「への意欲」を生じさせていくことができる。

　ちなみに、目的・目標・手段の関係性は、集団においても、個人においても同様のことがいえる。

(2) 学級における 2 種類の目的と目標

　目的と目標には、次のような「タスクに関する」目的・目標と、「プロセスに関する」目的・目標の 2 種類が存在する。

(a) タスク的な目的・目標（成績や実績または活動終了後にどんなことを達成していたいか）

【目的の場合】

　例：人々に喜びを与えることができる商品開発をしていく（企業）

　　　リーグ戦の 2 部に昇格すること（部活）

　　　全員がチャレンジコースにチャレンジをしてみんなで達成感を共有する（TAP）

　　　長縄大会で優勝しよう！（学級）

【目標の場合】

　例：2 週間以内新商品の売り上げを 20% アップする（企業）

　　　3 週間後までに全員が腕立てを 20 回以上できるようにする（部活）

　　　次の活動が終わるまでに全員の名前を覚えて 2 回以上呼ぶ（TAP）

　　　来週までに長縄連続跳びをミスなく 300 回跳べるようにしよう！（学級）

(b) プロセス的な目的・目標（集団・組織の雰囲気や人間関係に関すること）

【目的の場合】

　例：働きやすい笑顔で入れる職場にしよう！！（企業）

　　　学年に関係なく意見が言いやすい環境づくり（部活）

　　　全員が本音で語り合えるような温かいチームにしよう！（TAP）

　　　行くぞ！未来に向けて Adventure！（学級）

【目標の場合】

　　例：2週間に一度現状の報告だけでなく、困っていることについてシェアしよう！（企業）

　　　　練習後に5分間同じポジション同士（異学年）で振返りを1週間しよう！（部活）

　　　　次の活動で二人に「素敵なところ」のフィードバックをする！（TAP）

　　　　来週の金曜日までに生活班全員の「よさ」を直接本人に伝える！（学級）

　このようにしてみると、学級においては「○○優勝！」とか「○○の記録達成！」といったタスクに関する目的や目標に偏ってしまうことがある。また、TAP においては、「目指せ○○秒以内！」といった具合に目標がタスクに偏る傾向が強い。そのため、教師やファシリテーターは目標を設定する際には、目的や目標に関するタスクとプロセスのバランスには常に意識を向ける必要がある。

　また、TAP におけるタスクの目的・目標は、チャレンジコースに関することや各アクティビティの「ゴールイメージ」「目標タイム」などで用いることがほとんどである。また、タスクとプロセスの目的・目標に関しては、「個人の目標」と「チーム（集団）目標」に分けられる。後の振返りの項目でも触れるように、基本的に「目標は振返りによって決定されていく」ということを覚えておくとよいであろう。そのため、教師やファシリテーターは、振返りの手法をしっかりと理解しておくことがポイントになる。

（3）目標設定と SMART GOAL に関して

　TAP では目標設定をする際に、指針としているのが「SMART GOAL」[17] である。しかし、ここで勘違いが起こりやすいのが「GOAL ＝目的ではないの？」ということである。もちろん、それも間違いではない。ただし、以下の SMART GOAL における GOAL とは、「目標」のことを指している。そのため、ここでは GOAL を目的と捉えていくこととする（目的を具体的に設定しようとしないように留意）。なお、目的や目標の設定に関しては後述する。

【SMART GOAL】[17]

　・Specific（具体的に）：明確で具体的な表現や言葉で書き表す。

　・Measurable（測定可能な）：目標の達成度合いが誰にでも判断できるよう、その内容を定量化して表す。

　・Achievable（達成可能な）：その目標が達成可能な現実的内容かどうかを確認する。

　・Related（目的（目指す学級像）に関連した）：設定した目標が目的に基づいていて、また関連する内容になっているかどうかを確認する（なぜその目標を達成しなければならないのか）。なお、Relevant と標記するときもある。

　・Time-bound（時間制約がある）：いつまでに目標を達成するか、その期限や時間を設定する。

☆　教師やTAPのファシリテーション上のポイント

・まずは「ただの集まり」から「組織・集団」にしよう！
・現状の学級やチームが「組織・集団なのか」を確認しよう！
・「集団の条件」の何が足りていないかを、プログラムや授業の冒頭で認識しよう！
・そもそも何のためのTAP活動なのか、プログラムや活動前に必ず確認しよう！
・できる限り「目的」「目標」を設定する時間を設けよう！（TAPの場合はプログラムの時間にもよる）
・集団・組織（グループ）の目標と個人の目標を分けて設定しよう！
・個人目標の原点は「フィードバック」。まずはファシリテーターがフィードバックしよう！
・グループの集団に応じて個人目標とグループ目標を使い分けよう！

〔4〕学級目標とは何か

さて、これまで目的と目標の違いに関して述べてきたが、ここで「学級目標」について考えていくこととする。そもそも、皆さんが考える学級目標とはなんだろうか。

ほとんどの教室では、黒板の上に図 3.4 のような掲示物があるが、これまでの目的・目標の違いを踏まえて、この掲示物が「目的」なのか、それとも「目標」なのかを考えてみてもらいたい。おそらく、ほとんどの人が、これを「学級目標」と呼んでいるのではないだろうか。そう、実はこれはれっきとした「目的」なのである。目標に必要な具体性がなく、抽象的であることはもちろんのこと、むしろこれが目標だとしたら、達成するたびに新しくつくり替えていかなければならないのである。しかし、そもそも「学級目的」という言葉は聞いたことがないだろうし、一般化されていることはないため、これを「学級目標」と呼ぶことで定着してきたのだろう。では、一体これは何と呼べばいいのだろうか。無論、そのまま「学級目標」と呼んでも決して間違いではないが、ここでは目的と目標を区別するために、次のように区別していく。

目的：「目指す学級像」
目標：「学級目標」

図 3.4　これは目的？　目標？

このように明確に区別することによって、「ごっちゃ」になっていたことや「勘違いしやすかったこと」をわかりやすく考えていくことができる。

例えば、このようなことに悩んだり、誰かに指導されたりしたことはないだろうか?

(1) 学級目標に関する疑問

●**学級目標は4月当初にはつくれない?**

⇒ そのとおりである。しかし、目的（目指す学級像）はつくることができる。目指す学級像を作成した後に、実際の生活経験の積重ねや何かしらの具体的な活動があり、その後の振返りによって「学級目標」がつくられる。

●**学級目標は一つに決めなければいけない?**

⇒ 目指す学級像は一つである。しかし、学級目標は一次目標、二次目標といった具合に、その目標を達成していくたびに増えていく。また、ときとして複数の目標を設定する場合もある。

●**学級目標は教師が設定する?**

⇒ そもそも児童・生徒、もしくは TAP の参加者自身が決定していかなければ、集団・組織としての条件は成立しない。また、学級経営案等に記載された「学級経営目標」と児童・生徒たちが自分たちで決定する目的・目標とは異なる。教師に委ねられる学級経営の目的・目標とは、年間を通じて学級の条件を整備していくための「教師自身の目標」である（保護者の願いや想いを組み入れることも必要）。

●**目指す学級像は変えられない?**

⇒ さまざまな経験・体験を通じて集団が成長してくると、「そもそもこの目的でよいのか」ということが生じてくるため、その際には目的を見直し、再設定することも必要となる（3.4 節参照）。

●**学級目標が形骸化する?**

⇒ 学級目標を「目的」として設定したにも関わらず、実際には「目標」の解釈で使用していると、具体性がまったくないことから、教師自身が意味を見出せなくなり、結果的に形骸化しやすくなる。また、その場合の学級目標（つまり目的として使用）を達成するための手段を考えようとする場合、「目的・目標・手段」の目標（真ん中）が抜けてしまうため、手段そのものも抽象的になることが多くなる。まずは、目指す学級像をつくり、それを達成していくための（具体的な）学級目標を設定し、その達成を繰り返していくたびに、組織・集団にとって「目指す学級像」の重要度や「そこに辿り着こう」とする意識を高めていけるようになる。また、それが教室内に視覚的にわかるような掲示の工夫も重要である（図**3.5** 参照）。

●**学級目標はいらない?**

⇒ 目指す学級像も学級目標も必要。「学級目標がいらない」と言う人は数パターンいる。

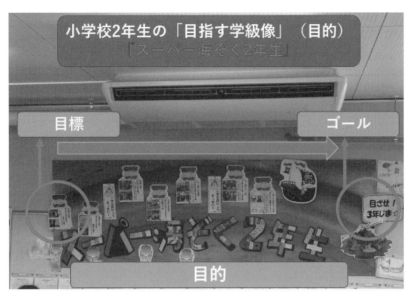

図 3.5　小学校 2 年生の目指す学級像。目標を達成しつつゴール（目的）に進んでいるイメージがもてるような掲示の工夫をしている

　　一つ目のパターンは、「目標⇒手段」を日常的に繰り返しつくっていて、目指す学級像がなくとも必然的に児童・生徒が「およそのゴール」を共有化できている場合。二つ目のパターンは、「およそのゴール」を教師が設定しており、そこに教師自身が先陣になって児童・生徒を引っ張っていく場合。三つ目のパターンは教師自身が日々の多忙さに追われ、結果的に目的・目標も決めることなく、ただ毎日が過ぎていく場合。四つ目のパターンは、行事ごとに目的・目標を設定している場合（高校で多くみられる）。他にも考えられるかもしれないが、もちろんいずれも理想ではないが、少なくとも一つ目のパターン、もしくは四つ目のパターンはできるように心がけたい。

　このように、「学級目標」に関しては、これまでさまざまな考え方が存在してきたが、特別活動は教育課程に明確に位置づけられており、そこには「多様な集団活動を通じて」と表記されているわけである。そのため、集団としての条件を整備し、「ただの集まり」を組織・集団として形成していくことが、教師には求められているのだ。そのため、目指す学級像や学級目標は、「あってもなくてもいいもの」ではなく、組織・集団の条件を整備していくうえでも「なければならないもの」として認識しておかなければならない。

　このようにして考えてみると、特別活動のみならず、学級や TAP においても児童・生徒・参加者にとっての「目的」が非常に不鮮明なままスタートすることが多い。そのため、以下のことを留意しておくとよいだろう。

①「目指す学級像（目的）」を設定する（抽象的な表現でよい）。

　　⇒　学級目標ではないことに注意

②「目指す学級像（目的）」を達成するための「学級目標（目標）」を考える。基本的に学級
　　目標（目標）は「振返り」から決定される。

　　⇒　どうすれば「目的」を達成できるか

③「目標」を達成するための「手段」を考える。この際の「目標」は学級会において「活動
　　のめあて」と呼ばれることが多い。

　　⇒　学級における話合い活動（学級会等）

（2）目指す学級像を決定するまでの流れ

　目指す学級像を設定するタイミングは、「ただの集まり」を「組織・集団」として形成し始
める、まさにスタート段階が適切である。以下のような流れで決定してみるとよいであろう。

①まずは教師のとしての「願い」を伝える。

　　教師も学級の一員であることに間違いはない。そのため、学級開きや初日の自己紹介と合
　　わせて、教師の学級に対する「願い」や「想い」を伝えることも重要。

②（メンバー）全員の学級に対する「願い」を書く。

　　こんな学級になるといいな、こんな学級にしたい、そんな願いや想いを書いてみる。なる
　　べく一言で書くことがポイント。

③書いたものを基に、それをイメージした身近なものに例えてみる。

　　例：夜空の星、お花畑、海賊船、水族館など

　　　　ある教育雑誌で、「ありきたりな学級目標」という実践研究の記事があった。そこに
　　　は、「どのクラスも『仲良し』『笑顔』『あきらめない』『努力』『優しい』といったあり
　　　きたりな言葉ばかりを使い、結果的に印象に残らないものが多い」ということが書かれて
　　　いた。確かにそのとおりである。「ありきたり」な目指す学級像では、なかなか児童・
　　　生徒は思い入れをもちづらい。そのため、クラスにとって「絶対無二」で「唯一」の
　　　「目指す学級像」にしていくためには、②で出し合った「願い」を身近なものやそのク
　　　ラスや学校もしくは地域ならではのものに置き換えてみると、より「その学級ならで
　　　は」のものになる。

　　　　ちなみに、先の小学校2年生のクラスでは、「1年間の中で起こるさまざまなできご
　　　との中で、たくさんの宝物を探していきながら、ともに成長していける仲間になりた
　　　い」という願いから、「海賊みたいだね！」（某有名マンガの影響）となり、「スーパー
　　　海賊2年生」となったそうだ。

④四～六人組の生活班等で、②と③の内容をシェアし、気に入ったものを一つ選んだり、い
　　ろいろな人の意見を合体するなどして、一つにまとめたりする。

⑤四～六つ程度の選択肢から学級全体で一つに選ぶ。この時に、「自分たちで考えたアイデ

ア」に固執しすぎず、「このクラスにとってこれがベストだ」と思える選択肢を選べるような指導が必要となる。この指導が、後の学級会につながっていくこととなる。

⑥その後、必要であれば作成者を中心とした学級全体で言葉をつけ加えて「目指す学級像」が完成する。

　学級活動の時間を利用することも可能だが、どうしても時間が取れない場合には、①、②、③を宿題にし、④、⑤だけ全員で行うと、時間を短縮することができる。また、完成した後にはすぐに教室の目立つ場所（多くは黒板の上か後ろの壁面の上部）に掲示し、教師が意識的に活用したり、さまざまな場面で口にしたりすることが重要になる。

　この後、初めての学級目標（一次目標）を設定するまでにはあまり時間を要さない方がよいが、具体的な生活体験や集団づくりのための体験学習等がない限り、なかなか難しいことである。そこで、有効に活用してみたいのがTAPである。なお、学級目標を決定していく段階でTAPを活用するためのポイントについては、2.3節で述べる。

〔5〕学級における役割分担
（1）集団内における二つの役割（学級の場合）
　まず、そもそも学級集団に対する貢献意欲が生じてくる過程においては、「役割分担」が絶対的に必要となるが、集団にはなぜ役割が必要であり、どのような役割が必要になるのであろうか。まず、学級集団における役割分担には、以下のような2種類の役割がある。
（a）見える役割（決められている役割）
　個人や班に割り当てられたり指名されたりしている集団内の共通見解において、あらかじめ「決められている仕事」
　例：当番、係活動、委員会活動、日直、リーダーなど*5
（b）見えない役割（決められていない役割）
　集団内で割り当てられたり指名されたりした役割ではなく、自らの意思選択によって行う「決められていない役割」
　例：ムードメーカー、リーダーシップ、励まし役、勇気づける役など

　こうした二つの役割は、いずれも集団を形成するうえでは非常に重要となる。ただし、その双方には必ずメリットとデメリットが存在しているため、相互が補完し合えるような環境とバランスが重要となる。

＊5　当　番：学級内で必ず誰かがやらなくてはならない仕事で、不公平が生じないように基本的には輪番制で行う。
　　　係活動：学級内にあると便利になったり楽しくなったりする活動で、学級内で必要とされれば自由につくることができる。また、名前も自由に設定できたり、発表の場があったりする。

(2) 見える役割（決められた役割）

　集団には先にも述べたとおり、達成したい目的・目標が存在しているが、それを達成していくためには、具体的な手段が必要となる。そして、その手段を実行していくうえで求められるのが、「タスクを分散化させることによって合理化と生産性を目指す」ための「役割分担」（見える役割／決められた役割）である。その役割分担の必要性とデメリットに関しては、以下のようにまとめられる。

(a) 役割分担が必要な理由

　①仕事や作業を分担することによって効率性が上がる。

　②自分の役割（何をすればよいか）が明確になる。

　③責任の所在が明らかになる。

　④互いの得意・不得意がわかっている場合には、仲間同士で助け合える。

　⑤集団に対する貢献意欲がアップする（うまくいっている場合）。

(b) 役割分担のデメリット

　①自分の仕事だけで終わってしまう。

　　「自分の役割・担当の仕事が終わればいい」という考えで、人の役割に興味がなくなる。

　②人任せになりやすく、「できる人に」仕事が偏る。

　③失敗したときの責任を負わされる。

　　「失敗したらどうしよう」「失敗したら責められる」という恐怖感。

　　⇒　プレッシャーから、その役割が嫌になる。

　④楽な仕事、大変な仕事、楽な役割、損な役割等が生じやすい。

　　⇒　集団の中の平等性が損なわれる（当番が輪番制で行われる理由の一つ）。

　このように、どの集団・組織においても、常に課題となるのが「役割の偏り」である。個人の能力差によって「できる」「できない」が顕在化されてくることによって、集団内における能力格差が生じてしまうこともある。また、集団内におけるタスクに対する合理性・生産性に偏った結果、「できる人に任せればよい」という風潮が根ざしてしまい、タスク量もまた偏ってしまう。そうなると、いわゆる「業務過多」な人と「業務が楽」「業務なし」の人に2極化してしまい、それによって学級内の軋轢や不満が生じる場面も多々生じてくる。

　こうした能力格差等による学級に根ざした阻害要因を取り除いていくことが、学級経営の役割である。

　こうした、見える役割（決められた役割）から生じるデメリットを回避するためには、以下のような見えない役割（決められていない役割）の存在が非常に重要になってくる。

(3) 見えない役割（決められていない役割）

　集団における役割分担を語る際、大体の書籍等は見える役割（決まっている役割）について

述べている。しかし、先にも述べたとおり、見える役割には効率性をアップさせる一方で、合理性や生産性を重視するあまり、組織内における軋轢や不満を生じさせやすい面も有している（PM 理論における P への偏り）。そのため、組織内においては「人によって集団への貢献の在り方はさまざまである」ということを認識させるプロセスは非常に重要であり、その際に最も必要となるのが「見えない役割（決められていない役割）」の存在なのである。見えない役割の種類に関しては先にも述べたとおりだが、一般的に「ムードメーカー」や「励まし役」「ボケ役」などは、集団内においてその役割を割り振られたり、事前決定されたりすることはない。つまり、見えない役割は「自らの意思において、自ら行動選択している」ことになり、それは言い換えると「自らの意思で集団に貢献している」とも捉えることができる。

しかし、そこで重要になるのが、その「集団に対して貢献している」という認識を、集団内におけるメンバーと自己が正しく自覚しているかどうか、ということである。例えば、見えない役割を自らの意思で行動選択していたとしても、それは必ずしも「集団に貢献している自覚を持てている」わけではない、ということである。だからこそ、集団内における見えない役割について取り扱う際には、以下の三つの項目が必要となる。

①集団内における仲間との相互フィードバック（集団に対する貢献の仕方に関して）を定着化させること（フィードバックの方法に関しては 2.4 節を参照）。

②フィードバックされた自己の役割を正しく自覚すること。

③振返りによって自身の目標（なりたい自分）を明確にしていき、その達成に向けて努力していくことができることを定着化させていくこと。

このようにして、見えない役割[*6]が集団内において定着化していくことによって、見える役割のデメリットを回避していくための手立てとすることができる。そして、こうした 2 種類の役割（見える役割と見えない役割）の均衡が保たれることによって、集団内における個々の参画意識が高まり、結果的に集団に対する貢献意欲や協働への意欲をもてる可能性が大きく向上していくと考えられる。

〔6〕学級における多様なコミュニケーション

（1）フォーマルコミュニケーションとインフォーマルコミュニケーション

学級集団におけるコミュニケーションは大きく 2 分すると、学級会や「決められた役割」に関連するような直接的にタスクと関連のある内容のフォーマルコミュニケーションと、休み時間や給食時における雑談等のインフォーマルコミュニケーションとに分類される。フォーマル

---

*6 集団内における「見えない役割」に関しては、時として自己の意思で行動選択しているとは言い切れない場合もある。例えば、他者からの「決めつけ」がその一例である。そのような状況においては、個人の心理的には非常に負荷がかかってしまうことがあるため注意が必要である。そのような場合には、上記のような相互のフィードバックを踏まえ、「自身の目標（なりたい自分）」を導き出し、自身の意思と行動選択ができる環境を整えていくことが、教師やファシリテーターの役割となるであろう。

コミュニケーションに分類される学級会の方法や委員会・学校行事に関する打合せの在り方や方法論、または集団決定や合意形成に関する事項は、常に学級や学校における集団・組織の中心的課題の一つである。

　しかし、インフォーマルコミュニケーションに関しては、時としてタスクに対するネガティブな側面としても取り扱われることがあり、その有効性に関してはあこれまであまり着目されてこなかった。しかし、近年ではそうしたインフォーマルコミュニケーションが及ぼす集団・組織としての生産性や業務の効率化に対する影響が着目され始めている。特に、学級や学校生活においては、インフォーマルコミュニケーションは、むしろフォーマルコミュニケーションと同等に重要なコミュニケーションであり、欠かすことができないものとして考えられる。

　　・フォーマルコミュニケーション：会議や打合せ、意見調整や交渉、またはタスクに関わる相談といった、組織や集団内で行われる公式的かつ計画的なコミュニケーション。学級において最もフォーマルコミュニケーションに位置づけられるのは学級会であろう。
　　・インフォーマルコミュニケーション：直接的にタスクとは関係のない雑談や相談、または日常的な会話などの非公式で突発的なコミュニケーション。学級においては、休み時間や給食時におけるコミュニケーションのことである。

(2) フォーマルコミュニケーションとインフォーマルコミュニケーションの役割

　フォーマルコミュニケーションに関しては、集団・組織で担うタスクを遂行していくうえで、中核的な役割を果たすことになる（学級においては、学級会がその役割を果たす）。そのため、いかなる集団・組織においても、フォーマルコミュニケーションの在り方や、その方法論に関しては常に問題となるのだが、一方のインフォーマルコミュニケーションには、これまでなかなか焦点が当たることがなかった。

　しかし、近年では組織内でのインフォーマルコミュニケーションを活性化させることにより、知識の共有・共創を促進しようとする研究が広がりを見せてきていることから、インフォーマルコミュニケーションが果たす役割が注目されてきている。

　また、集団の発達段階における Forming 段階や Storming 段階においては（2.4 節を参照）、インフォーマルコミュニケーションは集団の形成そのものに直接的な影響を与える。特に、Forming 段階においては、社交辞令的に行われるような自己紹介よりも、休み時間や給食の時間等の雑談の方が、互いを知り合うことにとっては有益である。そのようにして考えると、集団・組織としての生産的・効率的なフォーマルコミュニケーションを可能とするためには（学級会等）、その基盤となるインフォーマルコミュニケーションの確立が求められ、学級における集団の条件整備においては、絶対的な条件となるといえるかもしれない（コミュニケーションの一環でもある振返りに関しては 3.5 節を参照）。

このように、先に述べた「集団の条件・組織の3要素・望ましい集団活動の条件の共通点」である、以下の3項目に関しては、学級経営においても特別活動においても避けては通れない道筋なのである。

①目的・目標を自分たちでつくり、それを共通認識していること。

②メンバーがそれぞれの役割を自覚し、役割に対する責任を果たすこと。また、その役割をメンバー内で共通認識していること。

③目的・目標を達成するための方法や手段を決定するためのコミュニケーション（話合い）が存在していること。ただし、コミュニケーションの一環として振返りの方法が確立されていることが理想。

そして、この①〜③に関して、TAP を活用することができると、より学級経営の幅を広げていくことができるのである。そこで、次からは学級づくりにおける TAP の活用に関して述べる。

3.3　学級づくりにおける TAP の活用

ここでは、「目指す学級像」が決定した後に、TAP を活用して「一次目標」を設定していくための方法を紹介する。そのためにも、まずは教室で活用できるための TAP の理論（本書のここまでに紹介してきた理論説明とはまた異なる見地）を説明したい。

〔**1**〕TAP とは何か

①「TAMAGAWA ADVENTURE PROGRAM」の略称

②<u>Adventure 教育を通じて全人教育の達成を目指す</u>とともに、<u>個と集団の資質・能力を高めていく</u>ための教育手法（総称）。

③（TAP の）プログラム（ただし、アクティビティ単体では TAP とは呼ばない。）

「TAP って何？」と聞かれたときに、おそらく TAP を知っている人でも、なかなか明確に答えられる人は少ないのではないだろうか。「TAP」といっても、上記したように三つの意味を含んでおり、「①＋②」が最もわかりやすい答えになるであろう。ただし、この場合Adventure 教育とは何かについて、補足して説明する必要がある。

（1）Adventure 教育とは何か

歴史的にみると、OBS（Outward Bound School）や PA（Project Adventure）に触れなければならないが、その点に関しては1章を参照していただきたい。そのため、ここでは PA の手法を基盤とした TAP における「Adventure 教育」について述べる。

教育目標を達成するために、協力型の活動、信頼構築のための活動、課題解決の活動、チャレンジコースでの活動等を用いた教育手法である（広義には遠征型の活動や多様なアウトドア

活動も含む）。また、そうした活動の意義としては以下の3点が挙げられる。

　①活動を通じて対人関係を構築していくこと。

　②活動を通じて集団・組織づくりをしていくこと。

　③他者との関わりや多様な体験活動を通じて自己成長していくこと。

【①～③の実現に向けて必要なこと】

　④グループでの目的・目標の共有、意思決定や合意形成、対話等のコミュニケーション、役割分担や協働、協力および信頼関係といった関係づくりや組織・集団の環境づくりなど。

　⑤各自およびチームとしての目的・目標、（精神的、社会的、身体的に「一歩踏み出さないと達成できないようなチャレンジ」が必要なもの）を自ら（みんなで）選択していくこと。

　このようにして考えると、①～③に関しては特別活動の目標を達成するために必要な三つの視点と非常に類似性が高く、④に関しては集団・組織条件や要素を、⑤は目標設定に関する事項が含まれている。このことからも、特別活動に TAP を活用しやすいことがわかるであろう。

（2）TAP に必要な条件

　①夢の実現（Adventure）：Advent を達成するための Venture（夢に向かっての一歩）。〔2〕の Adventure の語源を参照。

　②相互尊重（Full Value）：活動中におけるすべての言動を「価値あるもの／意味あるもの」として受け容れること。なお、TAP の活動中においては、ルール、マナー、モラル、規範、規範意識、自己肯定、他者肯定、自己尊重、他者尊重、信頼、感謝、愛などの総称と

図 **3.6**　小原國芳の書いた1画多い夢

して用いられる。

③人生の開拓者（Challenge by Choice）：「自らにとっての Adventure」を自己選択できる人材の育成（〔4〕項（3）参照）。

　TAP を行っていく際には、先に述べた集団の条件整備に加え、これらの条件を（活動を通じて）整備していくことが必要となるが、これを「Adventure の条件整備（Adventure の環境づくり）」と呼ぶ（学級経営上でも非常に役立つ）。

〔2〕Adventure とは何か

Adventure は日本語に直訳すると「冒険」である。冒険とは元来次のような意味がある。

　　　冒険：「危険な状態になることを承知のうえで、あえて行うこと。
　　　　　　成功するかどうか成否が確かでないことを、あえてやってみること。

　TAP における Adventure は、「成功するかどうか成否が確かでないことを、あえてやってみること」という点においては、確かに当てはまるのだが、「危険な状態になることを承知のうえで」という点においては教育現場ではなかなか捉え方が難しいのである。そもそも、TAP における Adventure の定義が冒険そのものだとすれば、TAP においてわざわざ「Adventure 教育」と表記する必要がない。つまり、それなりの理由があるということである。そこで、そうした説明も兼ねて、次に Adventure の語源について触れてみることとする。

Adventure の語源

Advent　＝　到来する

語源　⇒　新しく生まれ変わる、生まれ変わりを待ち望む

Venture　＝　（危険を伴った）冒険

語源　⇒　ラテン語の venire（来る）が語源　「ven」が「vent」や「veni」になることもある。

　例：event　【名】出来事、行事、成り行き、結果

　　⇒　e（外へ）　＋　-vent（来る）　⇒　出て来ること　⇒　起きること

こうした語源を背景として、TAP では Advent と Venture を次のように整理する。

　　　　　　　「Advent」　＝　夢、理想、目標
　　　　　　　「Venture」＝　一歩踏み出す

そのため、TAP では Adventure を次のように捉えることができる。

夢や理想に向けて一歩踏み出すことによって、
新たなる自分（チーム）を創生していくこと

また、TAP における Adventure の目的・意義は以下のとおりである。

固定化された自己概念を、自らの理想に向けて自己変容していくこと

〔**3**〕C-zone の図（Adventure の理解を深める）

　Adventure の説明をするにあたってよく用いられるのが、図 **3.7** に示す C-zone の図である。この C-zone の図も本書の中において既に出てきているが、学級等に用いる場合は以下のような解釈も覚えておくと、より活用の際に幅が出るであろう。

・一番内側から、普段日常の生活の中で特に意識することもなく、安心して過ごせる環境・状況や安心してできる行動が、Comfort zone（C-zone）。
・ちょっとドキドキしてしまったり、緊張したりする環境・状況や、少し緊張してしまう行動が Strange/Stretch zone（S-zone）。
　⇒　最も学びのある領域ということから、「Learning zone」と呼ばれたり、「Optimal performance zone（最適なパフォーマンス領域）」と呼ぶ論者もいる。また、Stretch と

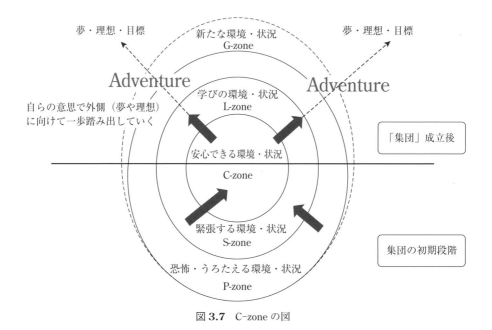

図 **3.7**　C-zone の図

　　は「伸びしろ」という意味も有しており、自身にとっての「伸びしろ」や「可能性を有
　　している」領域でもある。
・考えるだけで恐怖を感じたりうろたえたりしてしまう環境・状況や、恐怖や強いためらい
　　を感じるような行動が Panic zone（P-zone）。

■問：自身について考えてみよう！
　①あなたにとって現在所属している組織・集団にいることは何ゾーンですか？
　②あなたにとって集団でリーダーシップを発揮することは何ゾーンですか？
　③授業や会議で挙手して発言することはあなたにとって何ゾーンですか？
　　（「授業や会議による」という人は、どの授業や会議が何ゾーンですか？）

　クラス替え直後や入学直後の学級を思い描いてみてほしい。その教室には、緊張しすぎて顔
すら上げられないような P-zone の人もいれば、緊張しながらも周囲の人に積極的に話しかけ
るような S-zone の人もいるであろう。また、堂々として微塵の緊張感もない C-zone の人だっ
ているだろう。このような、集団・組織が形成される前や、集団の初期段階においては、まず
一人ひとりの意識や行動は C-zone の形成に向けて作用することになる。これまた想像すると
わかると思うが、誰であっても教室内で一緒にいれる仲間をつくることは、学校で生活してい
くうえで非常に重要になってくるからである。そのため、C-zone の図における矢印は、この
段階では内側（C-zone）に向いており、これは TAP においてはまだ Adventure とは呼ばず、
「Adventure のための環境づくり」の段階となる。また、その際には（特に学級等）、小集団や
仲良しグループがよくでき上がる傾向があるが、これは自然なことであり、決して悪いことで
はない。ただし、それを長いこと放置してしまうとその解体が難しくなるだけでなく、学級内
における「私たち」という意識がそうした小集団にしか向かなくなってしまい、学級という集
団を形成しづらい環境に至ってしまうことになる。そこで、なるべく早い段階で TAP を活用
し、その際には極力学級全員（もしくはなるべく多くの人）と関わることができるような活動
を展開していくことがポイントとなる。それによって、「私たち」という意識を小集団から学
級全体に向けていくことが可能となる。また、C-zone を形成していくまでの段階には、後に
説明する Full Value Contract（FVC）の存在が非常に重要になるが、学級全体で活動する際に
は学級として大切にしていきたいルールに関しても、この段階で確立させておくことが必要で
ある。そうしたことを踏まえたうえで、集団にとっての C-zone を形成していくということは、
「Adventure するための環境づくり（Adventure の条件整備）」だけでなく、学級経営や集団の
条件整備においても非常に重要な要素となる。つまり、Adventure を行ううえで、この集団に
とっての C-zone の形成を目指すとともに、集団・組織としての条件を整えていくことが、教
師やファシリテーターにとっての当面の目標になる（C-zone の図の真ん中にある線より下の
段階）。

　しかし、C-zone が形成後に関しては、集団にとっても個人にとっても C-zone に居続けることは、成長につながらない。なぜなら、叶えたい夢や、達成したい目標や目的は C-zone で待ち続けても、向こうからやって来ることはないからである。そのため、C-zone が形成後は、S-zone に向けて自ら一歩踏み出していくことが必要になる。そして、**この夢や達成したい目標・目的に向けた「S-zone への一歩」**を、TAP では Adventure と呼んでいる。

　何度も S-zone に踏み込んでいくことによって、C-zone は徐々に広がっていき、今まで S-zone であった場所はやがて C-zone へと変化していき、P-zone であった場所も S-zone へと変化していくことになる（初めのうちはドキドキしていたことも、慣れてくるとドキドキしなくなってくる）。その連続によって、今まで見ることのできなかった「新たな環境・状況・行動（Growth Zone/G-zone）」（つまり、新しい P-zone）を発見することができるとともに、届くことのなかった夢や目的・目標がいつか手の届くところに近づいてくる、ということである。また、そのプロセスを通じて「新たなる自分の可能性・価値の発見」にもつながっていくのである。

- ・Adventure との関連：自らの夢や目標・目的に向けて、C-zone から S-zone に自ら一歩踏み出していくこと。
- ・Full Value との関連：C-zone を形成するために必要なのが Full Value Contract（FVC）。また、Adventure をするということは、うまくいかない可能性や失敗する可能性があるため、その後ろにある C-zone である仲間の存在や、自分が達成してきた「できたことの積重ね（安心してできる行動）」が非常に重要になる。
- ・Challenge by Choice との関連：置かれている環境・状況が何 Zone なのかは、その人によって異なる。そのため、どのような状況においても、S-zone への一歩は自らの選択で行われなければならない。その「S-zone への一歩」を自身で選択することを Challenge by Choice と呼んでいる。

〔**4**〕学級における Challenge by Choice
（**1**）Challenge by Choice という考え方
　TAP や PA を既に知っている人でなくとも、Challenge by Choice という言葉をおそらく耳にしたことくらいはあるだろう。それでは、皆さんはこの Challenge by Choice という言葉の意味をどのように捉えているだろうか。

<u>Challenge by Choice の意味はどっち？</u>
①チャレンジするかしないかを選択する
②自分なりのチャレンジ方法を選択する

　この場合、Challenge by Choice の意味を①で考えている人が多いのではないだろうか。しかし、TAP における Challenge by Choice の捉え方は②になる。これまでの学習で、「C-zone から S-zone に向けて一歩踏み出していくことが Adventure である」ということを説明したが、この S-zone への一歩は**自らの選択**で行われなければならない。TAP において大切なのは、チャレンジは強制されるものではなく、「S-zone への一歩」を自分自身で選択することなのである。そして、この「自身で自分なりのチャレンジを選択すること」を、TAP では Challenge by Choice と呼んでおり、全人教育の 12 信条における「人生の開拓者」と関連づけて考えている。

　余談だが、筆者が以前米国の PA（Project Adventure）のファシリテーターに、「日本での Challenge by Choice は、"チャレンジするかしないか"という捉え方になってしまうんですが……」と聞いたときに、「（強制はしないという前提のもとで）Challenge of Choice に近いと思いますよ」と習った。つまり、「選択のチャレンジをする」ということである。自身が置かれている環境の中で、「自身の目標やなりたい姿に向かって、自分なりのチャレンジの選択肢の中から、何を選ぶのか」ということである。

　例えば、新型コロナウイルスの影響で今までどおりの生活ができない、大学や仕事に行くことができないという環境下で、あなたは自身の未来、夢を叶えるために、どのような「チャレンジの選択肢をもっていますか？」、そして「どのような選択をしますか？」ということである。そして、その際には以下の点に留意することが必要になる。

（2）Challenge of Choice を確認する際に必要な注意事項

（a）本当に S-zone への一歩になっているかどうか

　人は、どうしても知らず知らずのうちに「C-zone の行動選択」をしてしまいがちである[*7]。自身にとって、その行動が本当に「チャレンジしないとできないことか」を確認してみること。必要であれば、周囲の友人等に「私ってこの行動はチャレンジになると思う？」と聞いてみるとよいだろう。特に、小学生〜社会人にとって年齢や経験を重ねれば重ねるほど、日々の業務や課題に追われて C-zone の行動ばかりを選択しがちになってしまうため、この確認は非常に重要な役割を果たすのである。

　また、よくありがちなのが、C-zone は広がっているのに対し、S-zone がまったく広がっていないという状況である。C-zone が確立されていない段階では集団内における「自他のよさ」についてフィードバックし合うことによって、「自身の C-zone の行動」を正しく認識できる

[*7]　もちろん、C-zone の行動自体を否定しているわけではなく、「C-zone の行動選択**ばかり**では成長しない、ということ」。また、「伸びしろ」や「可能性」を見つけるということは、決して「ダメ出し」をすることではないし、「できないこと」を突きつけることでもない。あくまでも、自他に対しての C-zone を踏まえたうえでのさらなる可能性をともに模索していくことであるということをしっかりと念頭に置いておくことが必要である。

ようになってくる。しかし、ある程度「自身の C-zone の行動」を認識できるようになってきたら、自他の「伸びしろ」や「可能性」に関してのフィードバックがないと、「伸びしろ」や「可能性」が見つからなくなり、その後の目標設定がしづらくなってくることがあるので、特に学級においては注意したいところである。

(b) 自身の C-zone の行動・環境を適切に把握しているか

　自身にとっての C-zone の行動・環境とは、「特に緊張もせずに、いつもどおりできる行動」や「既にできるようになったこと」「緊張せずにいられる環境」のことを指している。そのため、「私にとって○○をすることは C-zone」とか、「私にとってここにいることは C-zone」といった使い方をすることが多い。そして、S-zone への一歩を踏み出すためには、この自身にとっての C-zone を適切に認識しているかどうかが非常に重要になる。自身にとって何も自信をもてるものがないような状況（C-zone の行動がない）や、集団内に居場所がないような状況（C-zone の環境がない）で S-zone に踏み出すことは非常に困難である。そのため、Challenge of Choice をしていく際には、その前提として「C-zone の確立」が非常に重要になるというわけである。

　C-zone を確立させていくために必要なことはいくつか挙げられるが、以降で述べる FVC（Full Value Contract）や振返り、またフィードバックの技術も大変重要になってくる。

(3) Challenge of Choice と人生の開拓者

　TAP における Challenge by Choice を、全人教育と関連づけて考えるとき、「第二里行者」についての理解は避けて通ることができない。玉川学園・大学において、創立以来大切にしてきている聖書の教えの中にある、マタイ福音書第 5 章 41 節には次のような言葉が示されている。

「人もし汝に一里ゆくことを強いなば共に二里行け」（第二里行者）

　第二里行者とは聖書の言葉から引用されている言葉であり、玉川学園が創設以来掲げている教育信条の第 10 番目に掲げられている言葉である。

　意味としては、「誰かに一里行くように強いられたとしたときに、その後の道程に関しては自分の自発的な意思によって決められる」ということである。つまり、命令されたことをやって終わるだけでなく、自らの意思によってその先の道を行くことで、初めて新しい世界や発見、価値観との出合いがあるということである。そして玉川大学・学園の創立者である小原國芳先生は、その「自発的な意思をもつことが、開拓の精神につながる」としていたそうだ。

　「言われたことだけをするのでは、自主性、自らが生きる自由を失う。だから自分の意思で、誇りをもって物事にあたる」。

　自分の意思で仕事をしているうちに、その仕事について、他の誰よりも得意になり、そのこ

とでますます仕事が面白くなり、好きになる。そして気づくと、最初の頃とは比較にならないほど、仕事を通して自分自身が成長していることを実感できる。

　「第二里行者と人生の開拓者」。目指すのは地の塩、世の光となる独立独行の開拓実践力をもつ人材育成である。

　小原國芳先生は、昔中学生にこの言葉を教えるときは「つらい仕事を頼まれたときは笑顔でやってあげる。それも言われたこと以上の仕事をやってあげる。辛い水汲みも 1 回と言われたら 2 回、2 回と言われたら 3 回も 4 回も気持ちよくやってあげる。その気持ちが大切なんだよ」と優しい言葉で教えたそうだ。

自らの意志で Adventure するということ

　玉川のモットーは「人生のもっとも苦しい、いやな、辛い、損な場面を真っ先に微笑をもって担当せよ」だが、この言葉にも第二里行者の精神が刻み込まれている。

　「人生のパイオニヤたれ！」と小原國芳先生はいつもおっしゃられていたそうだ。玉川の大切な教育信条の一つであり、TAP においても重要な条件の一つである。

【ファシリテーターや教師がファシリテーションしていくうえでのポイント】
　・Challenge by Choice は個人や集団の目標設定をするうえで非常に重要 !!
　・参加者にとっての C-zone と S-zone を把握することがファシリテーターにとって重要！
　・チームにとっての Challenge by Choice は全員が理解していることが必要 !!
　・参加者の S-zone が発見しづらくなったときは、振返りをじっくりしてみよう！
　・Challenge by Choice には参加者相互のフィードバックが非常に重要 !!

〔**5**〕　Full Value Contract と学級のルール

（**1**）Full Value Contract とは何か

　TAP の基盤となっている PA（Project Adventure）において、Full Value Contract という言葉は、当初 No-Discount Contract（軽視しない契約）と呼ばれていた。PA が生まれた米国は、さまざまな文化・人種・宗教が存在していて、一昔前までは当たり前のようにしてさまざまな差別が存在していた。そこで、PA を行ううえではそうした差別を一切取り除き、「すべての人が平等に参加できるようにしたい」という願いから、活動の前提としてそれを契約することから活動を始めるようにしたのである。

　1976 年、PA の P. Radcliffe によって、望んだことを達成するためのグループの規範として、「No-Discount Contract（軽視しない約束）」がつくられた [18]。

「No-Discount Contract（軽視しない約束）」の二つの要素[18]

①自分や他者を軽視したり、ばかにしたりしないで、互いを尊重する。

②目標を設定し、その目標を達成するためにグループのサポートを活用する。

(Schoel Maizell. 2002. Exploring Islands of Healing)

No-Discount Contract（軽視しない約束）は、広く使われていく中で、肯定的な部分を強調し、「**Full Value Contract**」という名称に変化した。また、それに伴ってこれまでの①と②に加えて、グループとしての在り方に関する意味合いが加わってきた[18]。

Full Value Contract を直訳すると、「互いの価値観、言動を最大限に尊重すること（すべてに価値がある）の契約」ということである。次の①〜③を契約することが活動の前提になる。

①活動の際の安全が保障され、互いに尊重し合うための行動規範について理解すること。

②グループの一人ひとりがその規範を肯定的に受け容れ、またそれに参加すること。

③規範を維持するために、互いの行動に対して相互で責任をもつこと。

こうした①〜③を踏まえたうえで、PA や TAP では、活動の際に以下のように提示している。

● Full Value Contract の例

・Have Fun（一人だけではなく、みんなで楽しむ）

・Play Safe（心と身体の安全を守りながら活動する）

・Play hard（一生懸命に活動する）

・Play Fair（公正に、ルールを守って活動する）

・Be Here（今ここで起こっていることに目を向ける）

・Speak the Truth（正直に伝える）

・Let go and Move on（こだわりやネガティブを捨てて、前に進む）

・Care for self and Others（思いやりをもって活動する）

このすべてを参加者に提示する必要ないが、参加者の状況によって使い分けられるようにすることが必要である。

（2）学校教育現場における Full Value Contract（FVC）

先にも述べたとおり、TAP の基盤となっている PA は米国が発祥であるということもあり、英語表記が非常に多い。外国語活動と関連づけてそのまま英語表記で TAP の活動を行うこともあるが、筆者自身は学校教育現場（小学生〜大学生まで）においては、次のような FVC を

「活動の約束」として提示している。

全員が楽しいと思えるように活動しよう

①ルールを守ろう！

②ポジティブな言葉を使おう！

③自分から進んで挑戦してみよう！

④心も身体も安全に活動しよう！

①〜④を守ることによって「**全員が楽しい**」という条件を達成できる。また、提示する際には、以下のような説明を加えると、より効果的である。

(3)「活動の約束」の説明例

(a)「ルールを守ろう！」に関して

スポーツなどでルールは非常に重要な役割を果たす。例えば、サッカーで試合開始早々ボールを持ち上げる人はいないだろう（そもそもレッドカード？）。誰もが当たり前のようにルールを守ることによって、安心してプレーできる。しかし、学校ではどうだろうか。廊下を走ってはいけない、授業中におしゃべりをしてはいけないなど、わかっていても「自分だけはよいだろう」「少しくらいはよいだろう」と思ってしまいがちである。実際に今週一度も廊下を走っていない人はいるだろうか（実際に聞いてみると、大抵の場合、多くの児童・生徒は手が挙がらない）。ルールは、皆さんの自由を束縛するためにあるのではない。むしろ、「一人ひとりが少しの我慢をすることによって、全員の安心と楽しさを保障することができる」ものなのである。なので、全員の安心と楽しさを保障するためにも、一人ひとりが「ルールを守る」という意識をもつことを大切にしていこう。

(b)「ポジティブな言葉を使おう！」に関して

皆さんには、活動中に絶対に止めてほしいと思っていることがある。それは、ネガティブに周囲を巻き込んでいくことである。「ねぇ、あいつうざくない？」「めんどくさくない？」「マジ無理じゃない？」と言われたらどうだろう。ほとんどの人が、「うざいよねぇ」「めんどくさいよねぇ」「マジ無理〜」と答えるのではないだろうか。もちろん、本当に同意してしまうときがあるかもしれない。しかし、同調しないことによって仲間はずれになることや、「異質」と見なされることへの心配や不安が理由になることの方が多いのではないだろうか。そのような「ネガティブへの巻込み」は、やがては学級全体を巻き込んでしまう。その結果として、「なんとなく嫌なクラス」や「居心地の悪いクラス」になってしまうのである。そのようなクラスにするのも、「居心地のよいクラス」にしていくのも、一人ひとりの意識次第なのである。だから、今日の活動においては「ネガティブへの巻込み」は絶対厳禁。

逆に、ポジティブな声掛けはどのような言葉があるだろうか。そして、そういう言葉を日常

的に使うことができているだろうか。「ありがとう」は割といろいろなタイミングで伝えることができる。しかし、「○○君がいてくれて助かった」「○○してくれて嬉しかったよ」といった具体的な感謝の言葉は、中々使うことが難しいのではないだろうか。こうしたポジティブな言葉は、周囲の雰囲気や関係性をとても良好にしていくことができる。もし、普段使うことができていないのなら、この TAP の活動を通じて、ぜひ練習をしてみてほしい。

(c)「自分から進んで挑戦してみよう！」に関して

　日常的に次のようなことを考えたことってないだろうか。「誰かがやってくれるだろう」「誰かがやるのをまずは見てから動きたい」「別に自分がやらなくてもよくない？」……。

　Adventure をしていくにあたって最も大切なのは、「何のために行うのか」「自分の目標は何か」ということを明確にしていくことである。ただ、学校の授業を「言われるがまま」に受けていると、こうした目的や目標が非常に不明瞭になっていくことがある。つまり、「自分から進んで行動すること」と「目的・目標の明確化」は非常に関連性があるのだ。

　授業を受けているときや宿題が出たときに、「マジ意味ないんだけど」と考えたことってないだろうか。基本的にこれまでの学校では、常に大人が意味あることを提示してくれる。また、現代では「知りたい」と思うことはすぐにネットで検索できるために、自分の中で取捨選択することに慣れており、行っていることに対する「意味づけする力」が損なわれてきている。例えば、「この勉強は○○という意味で大切です」「この体験はあなたの将来に役立ちます」と説明を受けて行う授業・宿題はまだやる気になるのに対し、そうした説明が一切なくて理解できないと「マジ意味ない」と一蹴してしまう、というのはよくあることだろう。ただ、学校生活でも今後社会に出ていく際においても、いつまでも「意味あること」を提示してくれる大人がずっといてくれるわけではない。大切なのは、自分で「意味を探せる力」を身につけることである。「これはきっとこんな力になる」「自分の将来を考えるとこの体験は貴重だ」といった具合に、同じ体験から意味を見出すことができる人と、「意味ない」と言って何もしない人に大きな差が出てくることは明確である。この活動を通じて、ぜひ「何のために行うのか」を自ら見出し、「自分から進んで行動できる」人になってほしいと願っている。

(d)「心も身体も安全に活動しよう！」に関して

　まずは「心の安全」に関して触れると、「心の安全が守られてない」ときって日常の中に結構あるものだ。

【仲間同士】

・ひそひそ話をする　・悪口を言う　・表情、態度、行動に「イライラ」を出す
・イツメンだけで固まって他のメンバーに疎外感を出すなど

【教師から学生（児童・生徒）】

・決めつけ（どうせできないだろう）　・理由や背景を理解しようとしない　・できる子と比較するなど

【学生（児童・生徒）から教師】

・話しを聞かない　・何でもかんでも文句を言う　・授業の上手な教師と比較して文句を言うなど

　大切なのはまずは「目の前の人、起こっていること（状況）を許し、受け容れること」である。これは非常に難しいことだが、人は自分の中の「当たり前」や「経験したことがあること」などの価値観によって、判断する基準をもっている。また、人の脳には「自分とは異なる他者」や「経験したことがないこと」といった「異質性」を、排除（サンクション）していく性質をもっているのである[19]。そのため、無意識・無自覚のうちに、自分にとっての異質性を排除してしまうこと、つまり「心の安全」を守れないことが生じてしまう。

　ただ、私たちは多様性の社会の中で生きているため、「世の中には自分とは異なる他者が当たり前のように存在している」ということは、誰でも頭では理解しているものである。そこで、そうした異なる他者（異質性）を受け容れるためには、よりその人を知り、（行動や言葉の）背景や理解していくことが大切になる。「心の安全」とは、そうした「異質性を排除」する自らの脳に対し、意識的にストップを欠けていくことなのである。

　次に身体の安全に関しては、これはもはやいうまでもない。例えふざけていなかったとしても、誰かに怪我をさせたり誰かがケガをしたりしたら、必然的に楽しくなくなるものだ。自身に対しても他者に対しても身体の安全を守れるように活動していこう。

（**4**）Full Value Contract から Full Value へ

　Full Value Contract は、最初の契約・約束であり、いわばルールに近いものである。それを、活動が進むにつれて、学級集団の規範意識を自分たち自身でつくれるようにしていくこと、つまり自分たちにとっての「Full Value」をつくり上げていくことが大切になる。なお、ここでの活動とは、TAP のみならず学級活動や学校行事での活動も含んでいる。

Full Value に含まれるもの

前提となるもの：ルール、コントラクト（FVC）

必要となるもの：モラル、マナー（活動中に形成していくもの）

目指していくもの：（活動中の目標に含まれてくる可能性があるもの）

・規範、規範意識、規範感覚

・自己肯定、他者肯定

・受容と共感、感謝

・自己効力感、自己有用感

・自己尊重、他者尊重、相互尊重

つまり、Full Value は活動目標を達成するプロセスを通じて獲得していくだけでなく、時として目標そのものになる可能性も有しているということである。集団の発達段階や状況に応じて、適切な Full Value をつくり上げていくことが求められよう。

（5）玉川教育と Full Value の関連

先にも述べたとおり、玉川学園・玉川大学では、創立者の小原國芳がクリスチャンだったこともあり、聖書の教えを非常に大切にしている。その一つに、「汝自身を愛するように、汝の隣人を愛せよ」という言葉があるが、まさに Full Value に通ずることである。

・「友のために自分の魂をなげうつこと、これより大きな愛をもつ者はいません。」ヨハネ 15：13
・「それゆえ、自分にしてほしいと思うことはみな、同じように人にもしなければなりません。」マタイ 7：12

この言葉は、「互いに憎しみ合っていくのではなく、互いに認め合いながら生きていきなさい」ということ。

また、筆者が恩師から教わり、大切にしている言葉の一つに、「恕」という言葉がある。

「恕」（じょ）とは：「己の欲せざる所は、人に施す勿れ」

「己の欲せざる所は人に施す勿れ」とは、自分がしてほしくないと思うことは、他人にとっても同じなのだから、他人にすべきではないということ。

この恕という言葉は、孔子が弟子から「仁とは何でしょうか」と聞かれたときに答えた言葉である。「一生守ることができる徳目はないでしょうか」と聞かれたときに、「其れ恕か。己の欲せざる所は人に施す勿れ（それは、思いやりというものだ。自分がしてほしくないことを、人にするべきではない）」と答えた言葉からである。

つまり、恕とは「相手の気持ちになって、受け容れ許すこと」なのである。まさに、Full Value と通ずる言葉ではないだろうか。

【教育現場におけるファシリテーション（教師として）のポイント】

・活動中に提示する FVC は、参加者の実情に合わせて必ず決めておきましょう！
・学校教育現場に用いる場合の FVC は必ず見ないでも書けるようにしましょう！
・活動や学級の初期段階には随時 FVC を提示し、定着を図りましょう！
・ファシリテーター自身が参加者を Full Value できるようにしましょう！

以上、これまで述べてきたように、学級開きの際に TAP を活用していくことによって、集

図 **3.8** C-zone の図の教室掲示例。学級会の議題へと結びつけている

団の条件を効率的に、そして効果的に整備していくことが可能となる。また、大きな行事の後や学期明けの状況など、集団を再度形成し直す必要性があるときにも、非常に効果的である。また、C-zone の図や FVC に関しては、教室に掲示しておくことによって、その効果をより一層高めることが可能になってくる（図 **3.8**）。

3.4 学級における集団の発達段階モデルと振返りの手法

集団の発達段階を示す理論は、多数存在しているが、そのうち TAP で最も使用する機会が多いのはおそらく B. W. Tuckman（1965）が提唱した「集団の発達段階モデル」[20] であろう。Tuckman の集団発達段階モデルは、集団が形成後の発達段階を大きく 5 段階で示している（表 **3.1** 参照）。

先にも述べたとおり、TAP における集団活動はいつでも「集団・組織の条件を整備」することから始まる。そして、その条件が整い、集団・組織として形成した状態を「フォーミング段階」と呼んでおり、このフォーミング段階から学級や TAP における集団としての発達段階を上げていくことが、教師や TAP におけるファシリテーターの役割になる。また、こうした集団の発達段階を上げていく際には、振返りの指導が非常に重要となるため、教師やファシリテーターは集団の状況や発達段階に応じた振返りの手法を身につけておきたいところである。

〔**1**〕Tuckman（1965）の集団の発達段階モデル[20]

① Forming（形成期）段階：集団としての条件がある程度整備され、集団として形成される
　　段階である。構成メンバーは互いのことをよく知らない状態、もしくは上辺だけの関係性

であり、共通の目的や役割は存在するものの、それが明確に位置づけられていたり共有化
されたりする段階までには至っていない。緊張感がみられる。Forming 段階の後期には、
一時的に爆発的に盛り上がるときがある（スポーツ大会や運動会で優勝したときなど）。

②Storming（混乱期）段階：Forming 段階での上辺のつき合いから抜け出し、価値観や意
　見の対立・衝突が起こりやすくなる段階である。集団が成長していくためには避けては通
　れない段階だが、教師はこの段階を「活用できるか」、または「避けようとするか」で、
　その後の学級集団の成長が大きく変わってくる。そのため、次の Norming 段階を視野に
　入れた指導が求められる。また、個々の性格や特徴をそれぞれが認識してくることもあ
　り、集団内における役割が明確になってきたり、リーダーシップをとる人が出てきたり
　と、集団がこれまで以上に構造化されてくる。

③Norming（統一期）段階：Storming 段階での対立や衝突を基に、集団内で改めて規範の
　必要性について見直され、規範が再構築される段階である。そのため、集団としての凝集
　性や帰属意識がこれまで以上に高まってくる段階である。また、集団としての目指す方向
　性や目標、役割などもより一層明確になり、共有化されてくる段階である。

④Performing（成熟期）段階：Norming 段階を経て、集団として高い成果を出すことが可
　能となる段階である。振返りを通じての自己や集団としての C-zone や S-zone を的確に
　認識できるようになっており、これまでの固定的な役割から脱却し、それぞれの目的・目
　標に向けての Adventure が可能となる。また、集団内における個々の Adventure も相互理
　解しているため、互いの支援ができるようになってくる。その結果、強い信頼関係に基づ
　き、自分たちで意思決定し、率先して行動するような集団となる。

⑤Adjourning（離散期）：当初の目的・目標を達成した集団は離散していく。

　このようにして、学級における集団は段階的に発達していく。ただし、学級の場合には先にも述べたとおり、4月当初は集団の条件が一切整備されておらず、そのため「ただの集まり」の状態からスタートすることになる。そのため、Tuckman の集団発達段階には示されていない「集団が成立する前の段階」が存在するのである。そのため、次の**表3.1** には集団としての条件が整備される前段階である「Isolating（孤立）段階」（筆者が命名）という段階を入れてある。つまり、Forming 段階に至るための条件（目指す学級像の決定、役割分担（係や当番決め）、クラス全員とのコミュニケーション）を整備していくことが求められる。

　また、集団の発達段階を上げていくためには、その段階に応じた適切な振返りの手法が必要となる。そこで、次に学級で取り扱うことが可能ないくつかの振返り手法について説明していく。

〔**2**〕シングルループ学習とダブルループ学習[21]

振返りの手法を説明していく前に、シングルループ学習とダブルループ学習について取り上

表 **3.1**　学級における集団の発達段階モデル

段階	特徴	区分	具体的な動き
孤立 (Isolating)	個々が孤立している段階で、「集団」になろうという意識はまだない。	第 0 段階	個々が集まっただけ（群れ） つながりをもとうとする意識がない 他者に対する興味・関心がない
形成 (Forming)	互いに知り合いとなる。互いに遠慮がち。集団のメンバーとしての意識が芽生えてくる。	第 1 段階	互いに緊張し、遠慮がち 互いを知り合う出会いの状態 空気を読み合い、<u>表面的に楽しもうとしている</u> 葛藤や対立を避け、他者への無理な介入を避ける
波乱 (Storming)	集団の構造化とリーダーシップが成立。その過程で成員間で競争と葛藤、または衝突が生じる。	第 2 段階	リーダーシップをとる人が出てくる 集団として構造化されてくる <u>個人目標が明確化してくる</u> 互いの特徴を認識し始める 個や集団の役割の分担 メンバー間での競争と<u>葛藤・対立が生じ始める</u> 価値観のずれが生じ始める
規律成立 (Norming)	集団目標が明確になり、規範が成立し、凝集性が高まる	第 3 段階	<u>集団の目標が明確化してくる</u>（目的や目標の明確化） 個人目標と集団目標の関連性をもてるようになる <u>規範が成立してくる</u> 凝集性や帰属意識が高まってくる 個や集団の役割が明確化してくる
課題遂行 (Performing)	協力して、課題遂行にエネルギーを集中する	第 4 段階	<u>目標達成に向けての手段が明確化してくる</u> 固定化された役割から脱却し始める <u>個と個のネットワークが確立されてくる</u> 階層や格差が生じる関係からの脱却 予定調和的な意見だけでなく、<u>成長に向けた対立意見を出せる</u> 課題達成に対するエネルギーが集中してくる
離散 (Adjourning)	目標が達成、あるいは失敗し、成員は集団から離れる	第 5 段階	上記の目標が達成される 集団から個へ 目的地に辿り着いた段階

（B. W. Tuckman（1965）の集団の発達段階モデルを参照にして筆者が加筆）

げておきたい。シングルループ学習とダブルループ学習とは、1978 年に米国の組織心理学者 C. Argyris と D. A. Schön が「組織学習」において提唱した概念のことである[21]。

・シングルループ学習：過去の学習や成功体験を通じて獲得した「ものの見方・考え方」や「行動の仕方」に則って問題解決を図り、その過程で学習すること。「改善」のための学習スタイル。

　つまり、現行の学習指導要領に示されている「ものの見方・考え方」とは、そもそもがシングルループ学習である。

・ダブルループ学習：既存の枠組みを捨てて新しい考え方や行動の枠組みを取り込んで学習すること。「変革」や「改革」を前提とした学習スタイル。

　これら二つの学習スタイルは、どちらがよい悪いということではなく、外部から新しい知識・情報を取り入れつつダブルループ学習を行い、それをまたシングルループ学習によって反復・強化するという補完関係にある。そのため、このサイクルを繰り返し継続できる組織・集団だけが組織の成長を継続することができるとされている。特に、S-zone（伸びしろ）の限界性を感じたときには、ダブルループ学習が絶対的に必要となってくる。その際には、時として目指す学級像や学級目標の在り方自体を見直す必要が生じる可能性もあるということである（個人であれば、個人の目的・目標）。

　また、シングルループ学習やダブルループ学習のいずれの場合においても、振返りとフィードバックの果たす役割が非常に大きいため、その方法論を確立しておくことが、集団には強く求められる。

〔3〕学級における振返りとフィードバック

　フィードバックとは、そもそも「活動内に起こった出来事、感情を振り返り、意見や感想をつけ加えたりすることなく、見たままを相手に伝える作業」のことである。このフィードバックに関しては、学級集団の初期段階における自己・集団としての C-zone を形成する段階や、S-zone を広げていく際の「伸びしろ」や「可能性」を発見する段階においては、その方法論はこのフィードバックが中心となる。

　振返りにおいては、集団の発達段階や発育段階、もしくは集団の活動状況などによって用いる手法や意図が変わってくる。そのため、一概に述べることはできないが、多様な振返りの共通点や基本的事項としては以下のようなことが挙げられる。

振返り・フィードバックの基本事項

　①互いを否定したり攻撃したりすることなく、受容的・共感的に行うこと。

　②振返りのプロセスを通じて集団の現状や個々の内面（Adventure の背景や理由、または頑張ろうとしていることの背景など）を知っていくこと。

　③目標に対する活動の成果・影響を、個と集団の視点双方から確認すること。

　④次の活動や学級の目標を導き出し、具体的なアクションプラン（手段）を打ち立てること。

　次に、学級で活用できる振返りのさまざまな手法とその違いに関して説明する。

〔4〕学級で活用できる振返りのさまざまな手法とその違い

（1）PDCA サイクル

説明

　Plan（計画）、Do（実行）、Check（確認）、Action（行動）を繰り返す（サイクルしていく）ことによって、活動を改善していく。

タイプ

　シングルループ学習を推進していくための手法であるため、ダブルループ学習には不向きである。また、個人よりも集団に特化した振返りである。

特徴

　ルーティンワークや同質の継続的な活動に向いており、「業務改善」のための振返りである。また、ギャップアプローチ（何ができていないかに焦点化）の振返りであるため、人間関係を伴う内容や集団としての在り方を取り扱う場合には、ネガティブな側面を引き起こすことがある。そのため、学級・学校でPDCAサイクルを用いる際には、日直や当番活動、委員会活動等のタスクの振返りや、学級活動の内容（2）における生活習慣の改善等に用いることができる。

（2）KPT（A）

説明

　Keep（大切にしていきたい点）、Problem（課題や問題点）、Try（次の目標）の頭文字で、これにAction（A）を加えてKPTAと呼ぶこともある。

タイプ

　基本的にはシングルループ学習に向いているが、使い方によってはダブルループ学習に用いることもできる。また、個人にも集団にも用いることができるが、基本的には集団の振返りに向いている。

特徴

　幅広い用い方ができ、短時間でできることが最大のメリットである。また、PDCAと違いKeepという集団のポジティブな側面も扱うため、人間関係や集団としての在り方を取り扱う内容にも用いることができる。ただし、「何が（できていた、できていない）」が話題の中心となるため、「なぜ（背景や原因）」を特定したり共有したりすることには長けていない手法であることを認識しておく必要性がある。

（3）YWT

説明

　Y（やったこと）、W（わかったこと）、T（次に活かせること）の頭文字であり、日本語のローマ字の頭文字を取ったユニークなネーミングとなっている。

タイプ

　シングルループ学習・ダブルループ学習のいずれにも用いることができるが、基本的には「個人」のシングルループ学習に用いることが多い。

特徴

　KPTと同様に短時間で使用できるだけでなく、「何を」学んだのか、できるようになったの

かを自覚・認識できるところが YWT の最大の長所である。学級で用いる際には、YWT のそれぞれの質問を工夫し、同様の内容ながらも、聞くことを焦点化したり幅を広げたりすることもできる。ただし、KPT と同様に「なぜ（背景や原因）」を特定したり、個人の内面的な側面を深く掘り下げたりしていくことには長けていない点には留意する必要がある。

（4）経験学習サイクル（ELC：Experiential Learning Cycle, 体験学習サイクルとも呼ぶ）[22]

説明

　D. Kolb[22] が提唱した振返りの理論。Dewey の体験⇒振返りという 2 段階の振返りよりも、「4 段階の過程で起こる学びが最も効果的である」という理論を基盤としたもの。体験⇒振返り⇒一般化・概念化⇒展開・応用、を螺旋的に繰り返していく。

タイプ

　シングルループ学習にも用いることができるが、振返り手法の中では最もダブルループ学習に用いやすい。また、個人にも集団にも用いることができる。

特徴

　一般化（日常に置き換えること）や概念化（体験を理論化すること）を通じて、他の振返りが弱い「なぜ」について追求していくことができるため、学びを深めたり、日常に活かしたりしやすいのが特徴である。ただし、他の振返り手法と比べると、時間が格段にかかってしまうことが難点として挙げられるため、学期の中で使用できるタイミングは限られるかもしれない。なお、TAP ではこの体験学習サイクルを振返りの基本としている。

（5）表情イラストやポストカードなどを用いた振返り

説明

　イラストやカードなど、さまざまなツールを用いて自身の感情や思考を比喩したり表現したりする方法であり、教育現場におけるさまざまな場面で用いられてきた手法を振返りに活用したもの。

タイプ

　シングルループ学習・ダブルループ学習というよりは、現状の確認に用いることが多い。

特徴

　先にも述べたとおり、現状の確認に長けているため、他の手法に至るまでの導入やきっかけとして用いることが多い。また、Forming 段階においては、他者と振返りをするうえでのアイスブレイキング的な役割を果たすこともできる。いずれにせよ、単体では「何を」「なぜ」などを深めていけるものではないことに留意しておく必要がある。

（6）発問を焦点化した振返り

説明

　どの手法を用いることもせず、特定の発問に特化した方法。「学び」を焦点化しやすい側面を有している一方、使用方法を間違えると「学び」の操作・誘導になりやすい点に留意することが必要である。

タイプ

　発問が焦点化しやすい場面において用いることができれば、シングルループ学習・ダブルループ学習の双方に用いることができる。

特徴

　集団の発達段階過程において、特定の事象に焦点化したい場合に用いるため、最も「狭く深い」学びとなる。しかし、事前に用意した発問等を用いると、集団における「今ここで」起こったこととかけ離れてしまい、学びの操作・誘導になってしまうことがある。そのため、最もファシリテーターのスキルに左右される方法であることに留意が必要である。

（7）手法を用いない振返り

説明

　特定の手法を用いずに、活動や業務で生じていた行動・思考の振返り、または「何が起こっていたか」「なぜ（それが）起こったのか」「どうやって解決したのか」などの事象を自由に振り返っていく方法。必要に応じて一般化・概念化も行うとともに、次に向けての具体的なアクションプランも立てていくため、最も難易度の高い振返り方法である。

タイプ

　向き・不向きというよりも、状況・段階などによって自由にその姿を変えることができる。

特徴

　特定の手法を用いずに行う振返りとなるが、元来この振返りができるのであれば、「手法を用いる必要性がない」。そのため、振返りの最終形態ということができよう。

　このように、振返りは集団の発達段階や状況によって、さまざまな用途・方法が存在している。そのため、集団の現状に合わせて振返りを使い分ける力が教師やファシリテーターには求められる。

　ここまで学級経営・特別活動における TAP の活用に関して述べてきた。特別活動における TAP の活用は、その他にも学級（ホームルーム）活動、クラブ活動、児童会活動・生徒会活動、学校行事にも幅広く活用していくことが可能だが、今回は紙面上の都合によりそれぞれの具体的な活用方法に関しては、また場を改めることにする。しかし、いずれの場合においても、今回述べた「集団・組織としての条件整備」が基盤となっていることは確かである。その

ため、まずは本書を参考にしながら、学級や学校における「集団・組織の条件整備」や「TAP の条件整備」に関する具体的な手立てを、自身で確立していただけると幸いである。

3.5 特別活動と TAP における集団活動の共通性

　学習指導要領解説特別活動編において育成する資質・能力における重要な視点は、①人間関係形成、②社会参画、③自己実現であり、学習の過程を形成する段階においても重要な意味をもつことが述べられている[23]。ここでは特別活動の視点に焦点を当て、TAP との集団活動における共通点についての一考察として述べていく。

〔1〕特別活動における人間関係形成の視点と TAP の共通性

　TAP では、アドベンチャーの要素を含んだアクティビティ、チャレンジコースを活用しながらプログラムが構成されていく。ファシリテーターがアクティビティを選択する際は参加者の状況を鑑み、モチベーション（動機づけ）を促進させるように注意を払う。参加者が元気なく、やる気がみられない状況でエネルギーが必要と判断した際に、ファシリテーターは身体的に動きが伴い、なおかつ参加者同士が関われるようなアクティビティを選択する。例えば二人組で行うミラーストレッチ（ペアでできるアクティビティで、互いが向き合い一人がゆっくり身体を動かしながら、相手はその動きについていく）を行うことによって、自ら身体を動かすことが難しかったとしても、相手と同調することで身体を動かすことができる。そのことによって互いの身体もほぐれながら心もほぐれていく。このアクティビティをきっかけとして、さらなるアイスブレイキングやイニシアティブ（課題解決）へと発展させていく。Schoel ら（2002）は「グループ同士の関わり合いは個人の理解、態度、感情、そして行動によい影響を与える」と述べている[24]。参加者はアクティビティを通じて身体を動かすことによって、感情などがポジティブな方向へと移行し、他者にも影響を及ぼす。そのためにファシリテーターは、参加者の状況を踏まえて適切なアクティビティを選択することが重要になってくる。

　また、学習指導要領では「人間関係形成に必要な資質・能力は、集団の中において、課題の発見から実践、振返りなど特別活動の学習過程全体を通じて、個人と個人、あるいは個人と集団という関係性の中で育まれると考える。」とある[25]。TAP ではアドベンチャーウェイブ[25]をプログラム展開する際に活用し、アクティビティを通じて、①ブリーフィング（説明）、②アクティビティ（活動）、③デブリーフィング（振返り）というフローに沿って集団活動として実施している。ファシリテーターは、①ブリーフィングでは活動の概要、ルールや安全の確認、そしてアクティビティの活動の意味や、時にはファンタジーを付け加えることで参加者のやる気を促す。②アクティビティではファシリテーターは主に観察を行う。プログラムにおいて、安全な活動と判断できないことや、参加者の目的に対して行動、言動などが枠から外れているときには、ファシリテーターは介入を行う。③デブリーフィング（振返り）では、アク

ティビティでの参加者の言動など、またそのつながりについて話し合う機会とする。体験教育の父といわれる J.Dewey は、「（前略）思考ないし、熟慮は、我々がしようと試みることと、結果として起こることの関係の認識である」と述べ、振返りのない経験は意味のないものであると強調している [26]。このことからも、アドベンチャープログラムや集団活動において振返りを行うことは重要である。学習指導要領では振返りについて「なすことによって学ぶ方法原理としている特別活動においては、（中略）振り返って成果や課題を明らかにし、次なる課題解決に向かうことなどが大切であることに気づいたり、その方法や手段を体得できるようにしたりすることが求められる。」とある [27]。

　体験だけになってしまうと TAP 特有の "Have fun" が強調されすぎてしまい、「楽しかった」の感想だけで終わってしまう可能性がある。"Have fun" が学びを促進させるといえるが、それだけでは「個人と個人あるいは個人と集団という関係性の中で育まれる」こととして、児童・生徒同士が認識し、さらなる行動に移行していくことは難しいと考える。TAP では Kolb が提唱した体験学習サイクルをベースとしてアドベンチャー教育に適応させているものを活用している [28]（図 3.9）。体験⇒内省的観察（*What?*）⇒抽象的概念化（*So what?*）⇒能動的実験（*Now what?*）⇒体験が螺旋状に上がっていくイメージで活動を改善させながら個人と集団の目標へと近づけていく。また、再施行から「適応（Accommodating）」としてアドベンチャープログラムで得た学びと成長といった報酬を実生活に活かすことができる。

　以降、TAP での活動における「振返り」の事例について述べる。

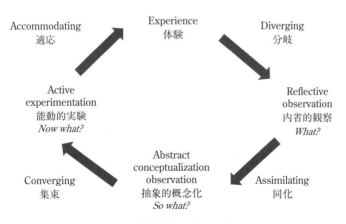

図 **3.9** Kolb の体験学習サイクル（Kolb, 1984）

TAP のローチャレンジコースに「TP シャッフル」という活動がある。丸太が横たわっており、その上に参加者はグループ全員落ちないように立ち、名前の順などによって協力して入れ替わるというアクティビティである。あるグループは協力することが難しく何度となく落ちてしまう。そこで、一度グループ全員で丸太から降りて話し合うことにした（振返り）。何が起こっているのか（*What?*）について、ある参加者が「みんなバラバラに動いているから落ちてしまう。」と発言し、それに対してどういった意味なのかについてファシリテーターが問うてみる。他のメンバーから「みんな自分勝手に動いてしまうと落ちてしまう。つまり、コミュニケーションがとれていない（*So what?*）。」「次回からは行動する前にみんなで方法などを確認し、意見がある人は主張してコミュニケーションをとろう（*Now what?*）。」といった具体的な行動が定まり、グループで共有し再度挑戦することで目標を達成することができた。また、活動後の振返りでは「今回の学びからコミュニケーションが重要であり、そしてグループをまとめるためにリーダーが必要である。自分が現場に戻ったら率先して意見をまとめたり、コミュニケーションを図っていこうと思う（適応）。」という学びが活かされた場面であるといえる。

〔2〕特別活動における社会参画の視点と TAP の共通性

児童・生徒が社会参画するためには、それに伴う活動が主体的および自発的・自治的なものでなければならない。特別活動の育成されるべき資質・能力の③では「自主的、実践的な集団行動を通して身につけたことを生かして、（中略）自己実現を図ろうとする態度を養う。」とある[29]。集団行動を行う際には教師およびファシリテーターが先頭に立って舵をとるのではなく、児童・生徒に委ねる。自ら選んだ道を進むことで時にはエラーを起こしながら問題（課題）を解決していく。そのことで達成感を感じ、仲間との社会性が育まれるのではないだろうか。

TAP では「Challenge by choice（CBC）」という概念をプログラムに取り入れている。Schoel ら（2002）は、CBC の意味について「参加者におけるチャレンジのレベルを自ら選択することとし、またその意味はチャレンジを避けることを許すことではない。」としている[30]。これは野外でのアドベンチャープログラムにおいて、強いられた体験からは学びがないという信念に基づいている。アドベンチャープログラムでは常に展開されるチャレンジにおいて参加者は自分の今の状況やスキルの度合い、感情などさまざまな情報を基にチャレンジレベルを自ら選択しているのである。

> 　TAPで行うハイチャレンジコースは高さ7、8ｍの場所にクライミングギアを装着し、仲間のサポート（万が一落ちた場合に参加者とつながっているクライミングロープを操作し、安全を確保する）を得て参加者はチャレンジを行う。素早く登っていく参加者もいれば、中には最初の梯子を登った段階で身体が震え、かたまってしまう参加者もいる。ある参加者は梯子の上に差し掛かったときに「降りたいです。」と下に戻ってきた。時間を経て、その参加者が「やらせてください！」と果敢にチャレンジを再開し、自分の目標を達成した。もし参加者が自分で降りたいと明示した際に、ファシリテーターが強要していたら2度目のチャレンジはなかったかも知れず、参加者自ら達成したという成就感は得られなかったかもしれない。

　特別活動やTAPにおける集団活動では個人の選択が尊重され、その積み重なりが集団での合意形成にとっても重要な役割を果たすのではないかと考える。また、活動の際のチャレンジは児童・生徒自らの選択で決める。このような環境を設定することにより、児童・生徒は常に自ら選択する習慣が身についていく。

〔3〕特別活動における自己実現の視点とTAPの共通性

　集団活動を行ううえで「自己のあり方を知る」、つまり自己概念についての理解は他の仲間との関わりにおいて基礎となるものであるといえる。心理学者のA.H.Maslowは欲求5段階説を唱えて尊敬・評価の段階を得て自己実現に向かうとしている。上田（1988）は尊重の欲求段階において「（前略）人びとから高い評価を受けるとか、自己の価値を自ら認めて自信や自尊心を高めるといった特徴をもっている。」と述べている[31]。このように自己実現に向かっていく過程において、「尊重」されるという体験や認知が重要なことがわかる。アドベンチャープログラムの核となる理念が「Full Value contract（FVC）」である。FVCとは最大限に互いを尊重し合うことをベースとし、アドベンチャーを通じて集団が成長していくために必要な行動規範となりうる。また、FVCは集団の目標において個人の個性的な要素とマッチされていなければならない。しかし、あくまでも行動規範であり、このFVC自体が目標となってしまわないように混同することを避けたいものである。

　著者が学校でのアドベンチャープログラムを経験して感じることは、行動規範はあるものの、児童・生徒の個性、状況に合った具体的な行動へと移しきれていない印象を受けるときがある。行動規範を考えながら、行動に移し、学習しながら他の状況に汎用させていくことが重要であると考える。規範となるFVCは、教師および児童・生徒における具体的な行動と言動となって学校生活に浸透されていくのである。

　アドベンチャープログラムの中でFVCの行動が現れた事例を以下に挙げる。

> 　参加者はグループ活動でハイチャレンジコースに挑戦していた。ある参加者は元気がよく盛り上げながら笑顔で挑戦をしていた。それに付随して参加者とつながったクライミングロープを確保している他のグループメンバーも楽しそうに応援している。次に挑戦した別の参加者は慎重に登っていき 7m の丸太の上で立ち止まった。なかなか進めずにいると、下にいる他のメンバーから「がんばれ！」「○○さんならいけるよ！」とその参加者のためと思い、声を出して激励した。その時上にいる参加者は「すいません。みんな静かにしてもらえませんか。自分に集中したい。」と発言した。その時から他のメンバーはその言葉を尊重し、静かにそしてしっかりと目を離さずに最後まで参加者のためにロープを確保した。活動を終えた参加者が降りてきた時には他のメンバーみんながその参加者のチャレンジを称賛していた。

　FVC の「正直になる」に対する具体的な行動および言動となった一例である。また、振返りでその行動・言動の意味をグループで共有することができる。教師・ファシリテーターにおいては活動の観察の中から「FVC」が具体的になるための鍵となる言動・行動について常に注目しておくことが重要である。

　ここでは特別活動の視点と TAP の共通性についてまとめてみた。振返りの方法や TAP の理念を踏まえて集団活動に取り組んでいくことにより、学校生活が楽しくなるだけでなく、何よりも児童・生徒において有意義となるさまざまな活動を展開していくための一助になればありがたい。

〈文　　献〉
1)　国立教育政策研究所『みんなで、よりよい学級・学校生活をつくる特別活動（小学校編）』（教師用指導資料）文溪堂、平成 30 年 12 月、p.29
2)　前掲書 1)、p.32
3)　前掲書 1)、p.31
4)　国立教育政策研究所『楽しく豊かな学級・学校生活をつくる特別活動』（教師用指導資料）文溪堂、2014 年 8 月、p.5
5)　Barnard, C. I. (1938). The functions of the executive. Cambridge, MA: Harvard University Press. 邦訳、C・I・バーナード（1968）『経営者の役割（新訳）』（山本安次郎、田杉競、飯野春樹 訳）. ダイヤモンド社
6)　文部科学省 『小学校学習指導要領解説　特別活動編』東洋館出版社、2008 年、p.8
7)　前掲書 6)、p.9
8)　吉本二郎「学年・学級経営の意義」『学年・学級経営』ぎょうせい、1979 年、p.16
9)　宮田丈夫『学級経営』金子書房、1954 年、p.63
10)　片岡徳雄『学校と学級の間—学級経営の創造』ぎょうせい、1990 年、p.26-27
11)　有村久春『教育の基本原理を学ぶ』金子書房、2009 年、p.98
12)　川本和孝『小学校学級活動における内容（1）と（2）の話合いの連携に関する一考察—発展的に成長していく学級を目指した自治的な話合いの段階的指導法—』上越教育大学修士論文、2010 年
13)　国立教育政策研究所『みんなで、よりよい学級・学校生活をつくる特別活動（小学校編）』（教師用指導資料）文溪堂、平成 30 年 12 月、p.34

14）宮田丈夫　『学級経営の現代化』明治図書、1966 年、p.133

15）前掲書 14）、p.165

16）前掲書 14）、p.162-163

17）Doran, G. T.（1981）. There's a S.M.A.R.T. Way to Write Management's Goals and Objectives. Management Review, 70, 35-36

18）Prouty, Dick, Schoel, Jim, Radcliff, Paul（1991）. Islands of Healing, Project Adventure, Inc. MA: Beverly. プラウティ, D., ショーエル, J., ラドクリフ, P.『アドベンチャーグループカウンセリングの実践』、プロジェクトアドベンチャージャパン（訳）みくに出版、1997 年

19）中野信子『ヒトは「いじめ」をやめられない』、小学館、2017 年

20）Tuckman,B.W.（1965）"Developmental Sequence in Small Groups", *Psychological Bulletin*, 63（6）：384-399.

21）Argyris, C. & Schön, D. A.（1978）Organizational Learning: A Theory of Action Perspective. Reading, MA: Addison-Wesley.

22）Kolb D.A.（1984）"Experiential Learning: Experience as The Source of Learning and Development," Prentice Hall, Englewood cliffs. New Jersey.

23）文部科学省「中学校学習指導要領解説　特別活動編」ぎょうせい、2017 年、p.12

24）Jim Schoel, Richard S. Maizell. 2002. Exploring Islands of Healing New Perspectives on Adventure Based Counseling. Project Adventure, Inc. p.21

25）文部科学省「中学校学習指導要領解説　特別活動編」ぎょうせい、2017 年、p.12

26）J. デューイ、『民主主義と教育（上）』、1975 年、岩波文庫、p.230

27）文部科学省「中学校学習指導要領解説　特別活動編」ぎょうせい、2017 年、p.16-17

28）Dick Prouty, Jane Panicucci, Rufus Collinson. 2007. Adventure Education: Theory and Applications. Human Kinetics. p.38

29）文部科学省「中学校学習指導要領解説　特別活動編」ぎょうせい、2017 年、p.11

30）Jim Schoel, Richard S. Maizell. 2002. Exploring Islands of Healing New Perspectives on Adventure Based Counseling. Project Adventure, Inc. p.14

31）上田吉一『人間の完成、マズロー心理学研究』誠信書房、1988 年、p.45

4章　道徳教育とTAP

4.1　道徳の本質と道徳教育の展望

〔1〕現代に求められる新たな道徳の基本的性格

　道徳というものを一義的に捉えることは、きわめて困難である。どの時代、どの場所においても、共通する道徳を現実の中に見出すことは、もはや不可能であると言っても過言ではない。グローバル化や情報化、価値観の多様化が急速に進展し、村井実（1922〜2013）により、「『生き方』の混迷の時代」[1) と称される現代において、道徳は、特に派生的・分化的なさまざまな意味・内容をもつ多義的な概念として語られ、時には激しく対立するものとして具現化されている。

　このことは、道徳というものが不断に問い直されるべき永遠の課題であることを示唆している。例えば、社会生活を送るうえで必要とされる「社会規範」を道徳の一部として捉えるのであれば、この「社会規範」は、さまざまな時代と場所において、絶えず変容し続けていることを容易に実感することができる。変化の激しい社会の中で、「社会規範」の意味・内容は、確かに、静的ではなく、きわめて動的である。育児や介護、働き方などを巡る近年の議論は、このことを端的に示している。実際、道徳を具体的・現実的なものとして捉えようとすればするほど、道徳の意味・内容は、ますます個別的・特殊なものとならざるをえない。

　事実、儒教倫理を基礎とするこれまでの伝統的な道徳の台座となる定型化された縦の人間関係は、大きく瓦解し、伝統的な道徳において重視されてきた抽象化された知識としての徳目や画一化された行為としての礼儀や作法は、現代では、もはや道徳における中心的な位置を占めるものではなくなっている。ここに、これまでの伝統的・儒教的な道徳を問い直し、現代に求められる新たな道徳の概念が志向されるべき所以が明らかになる。この現代に求められる新たな道徳は、まさに伝統的・儒教的な道徳とは逆の互いに認め合い尊重し合うことのできる「横の人間関係」を前提とするものであることは、疑う余地もない。この「横の人間関係」を台座とする現代に求められる新たな道徳の基本的性格は、おおむね、以下の五つに整理することができると考えられる。

　①日常性：日々繰り返される当たり前の生活に根差したものであること。
　②相対性：時間や場所に制約された主観的・特殊なものであること。
　③協働性：同じ目的を実現するために相互に協力し合わなければならないこと。

④創造性：これまで以上の新たな解決と理由を探求するものであること。
⑤主体性：自由と責任のもとあるべき自己を追求する行為であること。

　第一の基本的性格となる"日常性"は、新たな道徳が人間の実際生活と不可分なものであり、人間の在り方や生き方に直結するものであることを示唆している。道徳の問題は、小説や物語などの空想世界に生じる事柄ではなく、生き生きとした具体的な現実世界に生じる事柄である。それゆえ、私たちは、道徳の問題を自己の在り方や生き方と無関係に論じることはできない。言い換えれば、道徳の問題とは、私たち一人ひとりの在り方や生き方として具現化された人間の問題に他ならないものなのである。

　しかしながら、現実世界に生きる私たち一人ひとりを取り巻く環境や境遇は、同一のものではない。さらに、私たち一人ひとりは、人間としての普遍性とともに唯一無二の個性を有する存在である。それゆえ、たとえ同じ道徳の問題に直面したとしても、この問題に対する私たち一人ひとりの認識の仕方や解決の方法などは、必然的に異なるものとなるのである。第二の基本的性格となる"相対性"とは、まさにこのことを示唆している。すなわち、新たな道徳とは、人と人との関係を絶対的なものではなく、相対的なものとして捉えることを前提にするものなのである。

　このことに関連して、第三の基本的性格となる"協働性"が導かれる。これは、人と人との関係が相対的なものである以上、このような関係に基づく道徳が必然的に、私たち一人ひとりに固有なものとならざるをえないということである。しかしながら、この対立が放置されれば、道徳は独善的なものとなり、社会を破壊する危険をはらむことになる。それゆえ、この対立を克服する合意形成のための対話や理解が不可欠な事柄となる。すなわち、新たな道徳は、人間の根本問題である"よりよい在り方や生き方"を目的とした対話や理解を通して構築されるものなのである。

　ここで、着目しておかなければならないことは、"よりよい在り方や生き方"を目的とした対話や理解が単に特定の考えに対する賛否を問うたり、特定の考えに対する妥協点を探ったりするものでもないということである。"よりよい在り方や生き方"を目的とした対話や理解とは、いわば弁証法的に、意見や考えの対立を飛躍的に解消し、互いに納得し合うことのできる解決や理由を志向するものである。したがって、対話や理解を通して得られた解決や理解は、必然的に、"創造性"に基づくものとなる。これが第四の基本的性格である。

　第五の基本的性格となる"主体性"もまた、"人間としてのよりよい在り方や生き方"を目的とした対話や理解に着目することにより、導き出されるものである。これは、互いに納得し合うことのできる解決や理由が何よりも自己の意見や考えとして十分に納得できるものでなければならないことによるものである。それゆえ、新たな道徳は、自己の自由と責任において、自己の意志を働かせるものであると同時に、これに基づく行為へと私たち一人ひとりを誘うものとなるのである。

　以上のような基本的性格を有する新たな道徳は、それゆえ、私たち一人ひとりの生き生きとした体験の中で具現化されるものといえる。言い換えれば、この新たな道徳は、単に知的なものではなく、知・情・意の総体であり、きわめて全人的なものなのである。したがって、この新たな道徳は、私たち一人ひとりの日々の生活において——意識される場合もあれば、意識されない場合もあるが——絶えず問われるものとなるのである。

〔2〕 新たな道徳の教育の可能性

　それゆえ、この新たな道徳を国語や算数などの教科と同じように教育することは、不可能であり、適切とはいえない。道徳教育の可能性、言い換えれば、「道徳（あるいは“徳”）は教えられるか？」との問いに対しては、これまでにも、多くのさまざまな議論が展開されてきたが、よく知られているとおり、これに初めて正面から向き合ったのは、プラトン（Platōn：前427〜前347）の『メノン』であるといわれる。この著作において、ソクラテス（Sōkratēs：前470/469〜前399）は、教えることのできる唯一のものを“epistēmē”（知識、学問的な知識）としたうえで、徳が“epistēmē”であるとするならば教えることができるとの前提のもとに議論を展開し、徳が“epistēmē”であるとの結論に至る。しかしながら、この前提のもとに得られた結論は、最終的なものではない。なぜならば、もし徳が“epistēmē”であるとするならば、これを教えることのできる教師が存在するはずであるが、ソクラテスによれば、徳を教えることのできる教師は、どこにも存在しない。ここに、徳が“epistēmē”であるとの結論は、徳を教えることのできる教師がどこにも存在しないとの事実により、否定されることになる。

　ソクラテスによれば、徳とは、“epistēmē”ではなく、“phronēsis”（実践的な知）であるとされる。この“phronēsis”は、“epistēmē”と同じく、何かを正しく導くことができる善きもの（有益なもの）であるとされる。それゆえ、“phronēsis”と“epistēmē”には、行為の結果に関しての相違はない。しかしながら、“phronēsis”は、「神の恵み」によるものであり、永続性をもたないものであるという点において、“epistēmē”とは異なるものとされる。

　皇至道（1899〜1988）によれば、このような『メノン』の論証過程と結論は、「その後2,000年以上にわたって展開されてきた道徳教育に関する思想の一切を提示しているように思」[2)]われるものであるとされる。皇至道は、『メノン』の“phronēsis”と“epistēmē”との関係（皇至道においては、前者が「知識」、後者が「知見」と訳されているため、以下の記述でも、この訳語を用いる）をまさに「『道徳』の時間で教えようとするものが、知識であるのか、知見であるのか」を決定する「根本問題」として捉えたうえで、言葉を媒介とする教科教育的な「知識」を教える道徳教育の限界と「生活の場においての判断に必要な知性」である実践的な「知見」を教える道徳教育の可能性に言及している[3)]。言葉を媒介とする教科教育的な「知識」を教える道徳教育は、確かに、「人間の情意を呼び覚まし、そこから行動に導くことも可能」[4)]である。しかしながら、このときの「人間の情意」は、「行動」ではなく、行動の「動機」にすぎない。ここに、「生活の場においての判断に必要な知性」である「知見」を教える

道徳教育の重大性が主張されることになるのである。

　皇至道が『メノン』を読み解く中で明らかにしている「生活の場においての判断に必要な知性」である「知見」を教える道徳教育には、新たな道徳の教育の可能性を拓く多くの示唆が含まれている。なぜならば、「生活の場においての判断に必要な知性」である「知見」は、まさに新たな道徳の核心ともいうべきものであり、基本的性格とも密接に関わるものに他ならないからである。このことは、例えば、「生活の場においての判断に必要な知性」である「知見」を道徳として捉えたとき、この「知見」とは、まさに日常における相対的な行為により具現化されるものであること、したがって、教えられるものではなく、他者と協働し、自己の創造力を働かせ、主体的に学び取る他ないものであることからも、端的に知ることができる。

　日々の生活において、私たち一人ひとりが感じる矛盾や葛藤、悩み、苦悩には、常に道徳の課題が含まれている。ここには、常に理性と感情、理想と現実、利己と利他などの言葉で表現することのできるさまざまな対立が存在している。この対立は、矛盾や葛藤、悩み、苦悩が大きいものであればあるほど、より一層自己の在り方・生き方を問う困難な課題となる。このようなとき、私たちは、自然に他者との協働を求め、自己の創造を豊かにし、自立的な決断を行うことになる。このことは、まさに新たな道徳の教育の核心が私たち一人ひとりの日々の生活に生じる矛盾や葛藤、悩み、苦悩を改善・克服していく過程の中に存在していることを示唆している。新たな道徳の教育は、それゆえ、このような対立を改善・克服する過程に生きる一人ひとりの学びに寄り添い、学びの契機を与えるものに他ならない。ここに、押谷由夫の指摘しているとおり、「道徳そのものが体験を含んでいること」「含んでいるというより、一体化している」ものであること、それゆえ、「道徳は体験を抜きにしては形成されない」ものであるであることが明らかになる[5]。

　このような意味において、新たな道徳の教育は、人間の知・徳・体のすべてに関わるあらゆる教育の基盤として全人的・総体的に展開されなければならない。言い換えれば、新たな道徳の教育は、単に徳育の領域に留まるものとしてではなく、知育や体育の領域においても取り扱われるべき事柄なのである。このことにより、新たな道徳の教育の場は、必然的に、学校に限定されるものではなく、家庭や地域へと拡張されるものとなる。これは、新たな道徳が自己と自己を取り巻く人的・物的環境との相互作用の中に生起するものであるということ、したがって、新たな道徳の教育が自己の生活におけるあらゆる機会、あらゆる場所で行われるべきものであることを意味している。新たな道徳の教育が私たち一人ひとりの在り方や生き方として具現化されるものであり、学びとして成立するものである以上、これは、当然の事柄である。

〔3〕道徳性の意義と発達の課題

　私たち一人ひとりの生き生きとした実際生活の中で、"よりよい在り方や生き方"を志向するものとして具現化される新たな道徳が人間と環境の相互作用を通して学び取る他ないものである以上、このような学びを可能とする前提が不可欠なものになることは、いうまでもない。

このことは、私たち一人ひとりに"よりよい在り方や生き方"を志向するもの、言い換えれば、環境との関わりの中で道徳の問題として生起する人間の問題をよりよく改善・克服していこうとする傾向が生まれながらに備わっていることを含意している。このような人間の志向性・傾向性を"道徳性"として捉えることができる。

　生まれたばかりの人間は、確かに、無道徳の状態にあるといえるのかもしれない。しかしながら、人間は、誕生の瞬間から、自己を取り巻く人的・物的な環境に対して、能動的に働きかける力と受動的に反応する力をともに有している。私たちは、これらの力を基礎として自己と環境との呼応的な関係の中で、道徳を学び、道徳性を育んでいく。道徳の問題が私たち一人ひとりの在り方や生き方として具現化された人間の問題であることに注目すれば、道徳性とは、私たち一人ひとりの人間らしさの原点となるもの、言い換えれば、私たち一人ひとりの人格のうちに育成される人間性の基盤となるものであると言っても過言ではない。

　道徳性に対するこのような理解は、——道徳性に対する理解には、確かに、さまざまなものが存在しているが——少なくとも、一般的な道徳性の理解に矛盾するものではない。このことは、例えば、内海崎貴子の「一般に、道徳性とは、特定の社会に受け入れられている行動基準を理解し、自らの意志に基づいて主体的に行動を選択し、しかも、それを実践に移すことができる個人の能力、ないし人格特性を指す」[6]との理解とも鋭く一致する。実際、内海崎貴子も、「人間は、誕生直後から積極的に外界との交流を行っている」と、自己を取り巻く環境に対して、能動的に働きかける力と受動的に反応する力を人間の生まれながらのものとして認めたうえで、「人間の道徳性は、周囲の人々との交渉を通じて次第に発達していく」ものであることを指摘している[7]。

　このことにより、道徳性の発達における自己を取り巻く環境の重要性が明らかにされる。なぜならば、道徳性は、人間にふさわしい人的・物的な環境との関わりの中で、初めて健全な発達を遂げるものに他ならないからである。特に、乳幼児期において、自己を取り巻く環境の重要性が強調されるのは、例えば、アヴェロンの野生児の事例において明確である。幼稚園教育要領や保育所保育指針に示されているとおり、乳幼児期の教育は、一般的に、「環境を通して」行うものであるとされるが、ここで語られる「環境を通して」行う教育とは、原口純子の指摘するとおり、「倉橋惣三のいうところの『さながら』の生活で、教師が『これが教育でござる』といわんばかりのことをことごとしく幼児に押しつけるのではなく、さながら生活することが即ち幼児の成長をしっかり支えるものであってほしいということ」[8]を意味する考えとして理解することができる。しかしながら、原口純子は、このような意味における「環境を通して」行う教育が危機を迎えていると主張する[9]。原口純子のこの主張は、必ずしも乳幼児期の教育に限定されるものではない。児童期・青年期の教育においても、——さらには、その後の発達の段階の教育においても——同様に当てはまるものである。

　このことについて、2007年の日本学術会議子どもを元気にする環境づくり戦略・政策検討委員会による対外報告である「我が国の子どもを元気にする環境づくりのための国家的戦略の

確立に向けて」では、既に「近年、子どもの成育環境は、モータリゼーション、都市化による自然環境の喪失、急速に進展する高度情報化社会、女性の社会参加、地域コミュニティや家族形態の変化など、子どもを取り巻く社会的変化とともに大きく変容している」こと、このような変容による「子どもの『成育環境の質』」の低下はきわめて深刻であり、「我が国の子どもは世界でも先端的な危機状況にある」ことが指摘され、「子どもの『成育環境の質』の向上」を図るための「戦略」が具体的に提言されている[10]。さらに、この対外報告の指摘を受けて、日本学術会議心理学・教育学委員会・臨床医学委員会・健康・生活科学委員会・環境学委員会・土木工学・建築学委員会合同子どもの成育環境分科会が 2008 年、2011 年、2013 年の提言に続いて 2017 年に取りまとめた「我が国の子どもの成育環境の改善にむけて―成育コミュニティの課題と提言―」でも、「次世代を担う子どもの成育環境は深刻さを増している」こと、「子どもの成長に関わる子どもの成育コミュニティの課題は山積している」現状にあることが確認されたうえで、①子どもの成育コミュニティの再構築、②子どもの成育コミュニティの障害となる課題への対策、③子どもの成育コミュニティの形成のための具体的方策の実施、④総合的研究から総合的政策への一元化と法整備、⑤子どもを第一とする国民運動の推進の五つの内容からなる提言が明らかにされている[11]。

〔4〕道徳性の発達における体験の重要性

　子どもの成育環境分科会による四つの提言（2008 年、2011 年、2013 年、2017 年）を読み解いていく中で忘れてはならないことは、これら四つの提言のすべてが「我が国の子どもを元気にする環境づくりのための国家的戦略の確立に向けて」（2007）において示された「子どもの成育環境の全体を捉える総合的視点」[12]に基づくものに他ならないということである。なぜならば、このことは、「空間、方法、時間、コミュニティ」という互いに影響し合う四つの要素により構成される「子どもの生育環境」の改善もまた、「総合的」な取組みにより、初めて可能になることを明確に示しているからである。それゆえ、2008 年の提言でも、このことが「子どもの成育空間は、時間、方法、コミュニティと密接に絡みながら成育環境を構成する。ゆえに子どもの成育環境改善への取組みは総合的でなければならない。空間も、時間的、方法的、人的・社会的条件が整わなければ機能する遊びや活動の場とならず、これらの条件との関係の中で総合的に捉えられる必要がある」[13]と述べられているのである。

　このような視点に基づき、「子どもの生育環境」の改善を図る取組みを考えるための鍵になるものとして「体験」を位置づけることができる。この「体験」という言葉もまた、きわめて多義的な概念であるが、ここでは、例えば、篠原助市（1876 ～ 1957）の「體験は精神的な内容に對する全精神の反應である」[14]との定義や、ディルタイ（Dilthey：1833 ～ 1911）の「心的状態の把握は、**体験**から生まれ出て、常に体験と結びついている。体験においては、**全心情**の諸過程が共働している。感覚においては、個々の事象が雑多に与えられているにすぎないけれども、体験においては、連関が与えられている。体験におけるそれぞれの過程は、心的生の

総体に支えられており、常に連関のうちにあり、心的生の全体として関連している」[15] の記述などに象徴的な「全体性」（ないしは、「総体性」）を特質の一つとしていることを押さえておく必要がある。より厳密にいえば、人間と環境との相互作用を「体験」として捉えるとき、主体となる自己は、「全体的」（ないしは、「全人的」）な存在として捉えられていることに十分な注意が払われなければならない。なぜならば、このことにより、「体験」を「子どもの生育環境」の改善を図る取組みの鍵であると同時に、私たち一人ひとりの人格のうちに育成される人間性の基盤となる道徳性の発達の鍵としてとらえることが可能になるからである。

　道徳性の発達と体験との関係（**図4.1**）に対するこのような理解は、例えば、国立青少年教育振興機構の「青少年の体験活動等に関する実態調査（平成26年度調査）」において、「自然体験や生活体験、手伝いといった体験が豊富な者や、朝食をとる、あいさつをするといった生活習慣が身についている者ほど道徳観・正義感が高くなる傾向がみられる」との報告がなされていることからも、妥当なものと判断することができる[16]（**図4.2**）。このことは、多様な体験の機会の喪失が人間性の基盤となる道徳性の発達を妨げていることを含意している。言い換

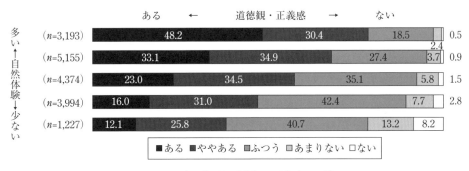

図 4.1　自然体験と道徳観・正義感の関係

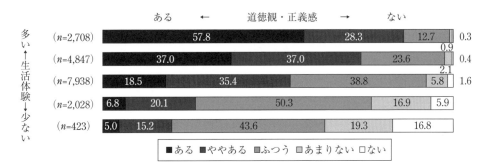

図 4.2　生活体験と道徳観・正義感の関係

えれば、多様な体験の機会を質的・量的に豊かにしていくことは、まさに道徳性の発達を保証することに他ならない。このような意味において、「我が国の子どもを元気にする環境づくりのための国家的戦略の確立に向けて」（2007）において報告されている子どもの「成育環境」の改善に向けた「各種の体験環境を整える」ためのさまざまな取組みの必要性は、まさに道徳性の発達を規定するきわめて重要な要因であるといえるのである。

　しかしながら、私たち一人ひとりの「体験」は、——「体験」が人間と環境の相互作用である以上——必然的に、量的にも質的にも異なるものとならざるをえない。事実、自然体験や生活体験、さらには、共同体験の量や質は、家庭や地域の実態に大きく左右されている。例えば、旅行の体験は各家庭の経済状況や価値観に、ボランティアの体験は各地域の文化や伝統に多大な影響を受けざるをえない。少子化や核家族化、晩婚化などの進展による家庭環境の変化、情報化やグローバル化、都市化などの進展による地域の変化は、「体験」の希薄化に拍車をかけている。松岡亮二によれば、このような本人にはどうすることもできない家庭や地域の環境の違いは、まさに収入・職業・健康などのさまざまな格差の基盤になるものとされる[17]。

　それゆえ、子どもの「成育環境」の改善を図る取組みにより、彼らの生活環境である家庭や地域の環境を整え、家庭や地域における「体験」を豊かなものにしていくことは、まさに不可欠な喫緊の課題であるといえる。しかしながら、これを実現するためには、多くの困難を乗り越える必要がある。もとより、少子化や核家族化、晩婚化、情報化やグローバル化、都市化の進展を一方的に悪と見なすことはできない。

　このことは、何よりもまず、家庭や地域と同じく子どもの生活環境である学校の環境を整えること、言い換えれば、学校における「体験」を豊かなものにしていくことの必要性と重要性を示唆している。学校の環境を整えることを通して、家庭や地域の環境を整えていくこと、言い換えれば、学校の環境を軸に子どもの「成育環境」の改善を図ることが強く期待されているのである。

4.2　学校における新たな道徳の教育の展開

〔1〕学校における道徳教育の意義と構造

　学校における道徳教育は、まさにこのような期待に直接応えるものとして理解され、展開されなければならない。周知のとおり、2015 年の小・中学校の「学習指導要領」の一部改正により、これまで領域の一つとされてきた「道徳」は、「特別の教科道徳」（以下、「道徳科」とも記す）となり、小学校では 2018 年度、中学校では 2019 年度より、新たな「学習指導要領」が完全実施されているが、このことは、新たな道徳の教育の学校における道徳教育への具現化を意味するものとして捉えることもできる。これは、まさに教育基本法の改正を起点とする我が国の学校の道徳教育の大きな変革を意味するものといえる。そして、例えば、2008 年の中央教育審議会の答申である「幼稚園、小学校、中学校、高等学校及び特別支援学校の学習指導

要領等の改善について」に記された「子どもたちに、基本的な生活習慣を確立させるとともに、社会生活を送るうえで人間としてもつべき最低限の規範意識を、発達の段階に応じた指導や体験を通して、確実に身につけさせることが重要である」[18]との指摘には、この具現化の端緒を見出すことができる。「道徳の教科化」とは、それゆえ、貝塚茂樹も指摘しているとおり、「道徳教育の在り方に関わる歴史的かつ構造的な課題」の克服を目指し、学校における道徳教育の構造を整備し、新たな道徳教育を創造していくためのものに他ならないものなのである[19]。

　このことにより、「道徳の教科化」とは、単にこれまでの「道徳の時間」の改善・充実を目指したものとしてではなく、学校における道徳教育全体の改善・充実を目指したものとして捉えられなければならないことが明らかになる。それゆえ、現行の小・中学校「学習指導要領」でも、「学校における道徳教育は、特別の教科である道徳（以下、「道徳科」という）を要として学校の教育活動全体を通じて行うものであり、道徳科はもとより、各教科、外国語活動、総合的な学習の時間および特別活動のそれぞれの特質に応じて、児童（「中学校学習指導要領」では生徒）の発達の段階を考慮して、適切な指導を行うこと」が求められている。すなわち、現行の小・中学校の「学習指導要領」でも、確かに、学校における道徳教育に対する「学校の教育活動全体を通じて行うもの」との基本的な考え方は引き継がれているのである。実際、現行の小・中学校の「学習指導要領」では、学校における道徳教育の「要」としての位置づけを与えられた「道徳の時間」が「道徳科」へと改められているものの、「学校の教育活動全体を通じて行う」道徳教育と「特設された道徳の時間」に行われる道徳授業との「二重構造」による学校における道徳教育の展開は、これまで同様「適切なもの」として継承されている。このことを踏まえれば、「道徳の教科化」とは、「特設された道徳の時間」を基軸とする学校における道徳教育全体の改善・充実のための変革として理解することもできる。

　しかしながら、この変革を確かなものとするためには、例えば、住友剛の指摘しているとおり、「『道徳の時間』だけではなく、それ以外の各教科、特別活動、総合的学習の時間などで扱われる『道徳的』な内容にも目を向ける必要性」[20]が十分に意識されなければならない。なぜならば、この必要性を軽視すれば、「学校の教育活動全体を通じて行う」道徳教育と「特設された道徳の時間」に行われる道徳授業とが分離され、学校における道徳教育のもつ「二重構造」は、十分に機能することができなくなるからである。「道徳の教科化」には、確かに、「道徳の時間」の直接的な改善・充実の意図が強く含まれている。実際、教科書の作成や指導方法の見直し、評価の導入などは、これまで軽視されてきた「道徳の時間」を「道徳科」へと改め、「特設された道徳の時間」に行われる道徳授業の改善・充実に直接関わる事柄である。しかしながら、学校における道徳教育全体の改善・充実を図るためには、これらのことに目を向けるだけでは不十分である。このことは、例えば、「道徳の教科化」を必要不可欠な事柄と主張する貝塚茂樹でさえも、「『戦後70年』の時間の中で解体された道徳教育が、教科化することで、たちどころに再生できるはずはないし、いじめや登校拒否などの教育問題が一気に解決するわけでもない」[21]と述べていることからも、端的に知ることができる。

　学校における道徳教育の「二重構造」を構成している「学校の教育活動全体を通じて行う」道徳教育と「特設された道徳の時間」に行われる道徳授業は、いうまでもなく、相互的・有機的に関連し合うことにより、学校における道徳教育全体の改善・充実を図るものである。学校における道徳教育と道徳科のこのような関係は、例えば、小・中学校の「学習指導要領解説」では、「要」となる「道徳科の指導において、各教科等で行われる道徳教育を補ったり、それを深めたり、相互の関連を考えて発展させ、統合させたりすることで、学校における道徳教育は一層充実する」と述べられている。したがって、学校における道徳教育の「二重構造」は、循環的・往還的な機能をもつべきものとして理解されなければならない。ここに、学校における道徳教育の目標は、実に「学校の教育活動全体を通じて行う」道徳教育と「特設された道徳の時間」に行われる道徳授業との循環・往還を不断に活性化させることにより、初めて実現可能なものであることが明らかになる。

〔2〕学校における道徳教育の目標

　学校における道徳教育の目標の実現が「学校の教育活動全体を通じて行う」道徳教育と「特設された道徳の時間」に行われる道徳授業との循環・往還によるものである以上、「学校の教育活動全体を通じて行う」道徳教育の目標と「特設された道徳の時間」に行われる道徳授業の目標には、必然的に同一であることが求められる。それゆえ、現行の小・中学校の「学習指導要領」では、——道徳教育の充実に関する懇談会の報告である「今後の道徳教育の改善・充実方策について（報告）—新しい時代を、人としてよりよく生きる力を育てるために—」（2013）における「道徳教育の目標と道徳の時間の目標とを見直し、それぞれよりわかりやすい記述に改めるとともに、その相互の関係をより明確にすることができるよう、学習指導要領を改訂することが求められる」[22]との指摘を踏まえて——「道徳性を養うこと」が「学校の教育活動全体を通じて行う」道徳教育と「特設された道徳の時間」に行われる道徳授業の共通の目標として掲げられている。

　この学校における道徳教育の目標とされる「道徳性」は、現行の小・中学校の「学習指導要領」の「第1章総則」では、「教育基本法及び学校教育法に定められた教育の根本精神に基づき、自己の生き方を考え、主体的な判断の下に行動し、自立した人間として他者と共によりよく生きるための基盤となる」もの、そして、「第3章特別の教科道徳」では、「第1章総則の第1の2の⑵に示す道徳教育の目標に基づき，よりよく生きるための基盤となる」ものと述べられている。この引用で語られている「教育基本法及び学校教育法に定められた教育の根本精神」とは、究極的には、教育の目的となる教育基本法第1条の「教育は、人格の完成を目指し、平和で民主的な国家及び社会の形成者として必要な資質を備えた心身ともに健康な国民の育成を期して行われなければならない」との規定を核心とするものである。教育基本法第2条に示された教育の目標、同第5条に示された義務教育の目的、さらには、学校教育法第21条に示された義務教育として行われる普通教育の目標などは、いずれも教育基本法第1条の規定

より演繹的に導き出されたものとして捉えることができるが、このことは、学校における道徳
教育の目標もまた、「人格の完成」に至る体系のもとに位置づけられるべきものであることを
示唆している。それゆえ、小・中学校「学習指導要領解説総則編」では、「人格の完成及び国
民の育成の基盤となるのが道徳性であり、その道徳性を養うことが道徳教育の使命である」と
述べられているのである。

　このことは、一般的な人格性の「こころ」と「からだ」という二つの側面の機能、より厳密
にいえば、「こころ」としての認知的・心情的・意志的の三つの側面と「からだ」としての行
動的な側面から成る一体的・複合的な機能を「道徳性」の内実として捉えることの可能性を示
唆している。実際、学校の教育活動を通して育むことが目指されている「生きる力」も、「確
かな学力」「豊かな人間性」「健康と体力」の三つの要素で構成されるものとして捉えられてい
る。それゆえ、小・中学校「学習指導要領解説特別の教科道徳編」の「道徳性とは、人間とし
てよりよく生きようとする人格的特性であり、道徳教育は道徳性を構成する諸様相である道徳
的判断力、道徳的心情、道徳的実践意欲と態度を養うことを求めている」との記述にみられる
とおり、「道徳性」もまた、「道徳的判断力」「道徳的心情」「道徳的実践意欲と態度」の三つの
要素で構成されるものとして捉えることができる。このことにより、「道徳性を養う」という
学校における道徳教育の目標は、「道徳的判断力」「道徳的心情」「道徳的実践意欲と態度」を
調和的・総合的に養うことであると言い換えることもできる。

　ところで、小・中学校「学習指導要領解説総則編」では、この他にも、「道徳性」が「自立
した人間として他者とともによりよく生きるための基盤」「よりよく生きるための営みを支え
る基盤」「道徳的行為を可能にする人格的特性」、さらには、「人間らしいよさ」「道徳的価値が
一人ひとりの内面において統合されたもの」など、さまざまに表現され、意味づけられてい
る。これらを読み解くことにより、「道徳性」が「人格の完成」に直結するもの、人間が人間
として人間らしく生きていくための台座に位置するものであることを明らかにすることができ
る。このことは、教育の目的を実現するためには、学校における道徳教育の目標を達成するこ
とが不可避なものであることを含意している。学校における道徳教育の目標が「教育基本法お
よび学校教育法に定められた教育の根本精神」に基づくものである以上、確かに、学校におけ
る道徳教育の目標の達成なしに教育の目的を実現することは、到底不可能である。このことを
踏まえれば、──学問としての教育学を確立させたヘルバルト（Herbart：1776 ～ 1841）が教
育の目的を「強固な道徳的品性の陶冶」としたことにも通じることであるが──教育の目的
は、まさに道徳教育の目指すものと鋭く一致するもの、より明瞭にいえば、一体化したもので
あると言っても過言ではない。それゆえ、学校における道徳教育の目標は、少なくとも、日山
紀彦の指摘するとおり、「他の教育領域の活動に比較して、一層、教育そのものの目的と本質
的に近いものであること」[23]は、確かであるといえる。この指摘を踏まえれば、学校における
道徳教育の目標は、まさに「ほかの教育領域の活動」による学びを児童・生徒のよりよく生き
るためのものとして再編・統合し、生き生きとしたものにすることにも密接に関わるものであ

ると考えることもできる。

〔3〕学校の教育活動全体を通じて行う道徳教育の内容と方法

　学校における道徳教育の目標が認知的・心情的・意志的の三つの側面と「からだ」としての行動的な側面から成る一体的・複合的な機能を内実とする「道徳性を養う」ことであり、「学校教育においては、特に道徳的判断力、道徳的心情、道徳的実践を主体的に行う意欲と態度の育成を重視する必要があると考えられる」ものである以上、学校における道徳教育の内容が学校のあらゆる教育活動に含まれるものであることは、疑う余地もない。しかしながら、これは、必ずしも意識化されたものであるとは限らない。「国語のテストで思うような点数がとれなかったとき」「理科の実験で器具を壊してしまったとき」「学級活動でクラスの係を決めるとき」、さらには、「休み時間に友達が一人で遊んでいることに気づいたとき」など、児童・生徒が「人間としてよりよく生きようとする人格的特性」である道徳性が問われる場面は、児童・生徒の学校のあらゆる教育活動の中に潜んでいる。学校における道徳教育の内容とは、このような場面に遭遇したとき、私たち一人ひとりが人間としてよりよく生きるための拠り所としているものに他ならない。この拠り所の中核に位置するものを「道徳的価値」と呼ぶことができる。

　このことにより、学校の教育活動全体を通じて行う道徳教育の内容は、必然的に「道徳的価値」を含むものとなる。小・中学校「学習指導要領解説総則編」によれば、このような「人間としての生き方を考え、よりよく『生きる力』を育むうえで重要と考えられる道徳的価値を含む内容を平易に表現したもの」が「内容項目」であるとされる。それゆえ、「内容項目」とは、学校の教育活動全体を通じて行う道徳教育のより具体的な内容を意味するものとして捉えることのできるものである。そのため、学校の教育活動全体を通じて行う道徳教育の内容は、小・中学校「学習指導要領」では、「第3章特別の教科道徳の第2に示す内容」であると明記されているが、ここで語られている「内容」とは、実質的に「内容項目」を指し示していると考えることができる。

　この時、十分に注意しなければならないことは、小・中学校「学習指導要領解説総則編」において、「内容項目」は、「教師と児童（「中学校学習指導要領解説総則編」では生徒）が人間としてのよりよい生き方を求め、共に考え、共に語り合い、その実行に努めるための共通の課題」としても捉えられていることである。「内容項目」に対するこのような理解は、「内容項目」に含まれる「道徳的価値」が人間と環境の相互作用の中で初めて実態化されるものであることによるものである。このことは、「道徳的価値」を含む「内容項目」もまた、あらゆる学校の教育活動における児童・生徒と学校という教育環境との関わりの中に生まれる課題として捉えられるところに本義があることを示唆している。

　確かに、小・中学校「学習指導要領」に示される個々の「内容項目」は、——例えば、「親切、思いやり」や「感動、畏敬の念」を手がかりの言葉とする「内容項目」で、より明瞭になるが——自己の内面に限られた主観的な事柄でもなければ、自己と完全に切り離された客観的

な事柄でもない。自分がどれだけ「親切」に振る舞ったとしても相手に「親切」と受け止められないこともあるし、自分を「感動」させたものが同じように相手を「感動」させるものであるとは限らない。しかも、個々の「内容項目」は、——例えば、「正直、誠実」と「親切、思いやり」を手がかりの言葉とする「内容項目」の関係や「友情、信頼」と「相互理解、寛容」を手がかりの言葉とする「内容項目」の関係で、より明瞭になるが——人間と環境の相互作用の中では、必ずしも単一的な課題としてではなく、むしろ複合的な課題として実態化される。「正直」に振る舞うことと「親切」にすることの対立が課題として実態化することもあれば、「信頼」することの大切さと「相互理解」の必要性の協調が課題として実態化することもある。ここに、学校の教育活動全体を通じて行う道徳教育の内容を人間と環境の相互作用の中で実態化された課題として捉えるべき所以が明らかになる。

　したがって、学校の教育活動全体を通じて行う道徳教育の方法は、必然的に「体験」と「解決」の二つに収斂されるものとして規定されることになる。このことは、学校の教育活動全体を通じて行う道徳教育の内容である課題を実態化させる"人間と環境の相互作用"を注視することにより、「体験」を環境に対する人間の受動的な作用として、さらには、「解決」を環境に対する人間の能動的な作用として捉えることができることによるものである。したがって、これを「体験」が課題に対する人間の受動的な働きによるものであるのに対して、「解決」は課題に対する人間の能動的な働きによるものであると言い換えることもできる。

　しかしながら、学校の教育活動全体を通じて行う道徳教育では、多くの場合、「体験」は、「解決」に先行して生じるものとなる。人間と環境の関わりにおいて、「体験」と「解決」は、"「体験」が「課題」を生み、「課題」が「解決」を求める"という構図のもとに成立することが基本である。児童・生徒の道徳性の発達の観点からみても、やはり同じことがいえる。さらに、各教科や外国語活動、総合的な学習の時間など、学校で行われるすべての教育活動には、固有の目標や特質がある。これらの教育活動の中心は、あくまでも固有の目標の達成に置かれる。それゆえ、学校の教育活動全体を通じて行う道徳教育は、児童・生徒の自然な学びとして成立することを基本とするものになる。

　これらのことを踏まえれば、学校の教育活動全体を通じて行う道徳教育の方法は、「解決」よりも「体験」に重点を置くものとならざるをえないことが明らかになる。小・中学校「学習指導要領」では、それゆえ、「道徳教育に関する配慮事項」として「学校や学級内の人間関係や環境を整えるとともに、集団宿泊活動やボランティア活動、自然体験活動、地域の行事への参加などの豊かな体験を充実すること」の重要性が指摘されているのである。

〔4〕道徳科における道徳教育の内容と方法

　しかしながら、教師がどれだけ懸命に「学校や学級内の人間関係や環境を整え」「豊かな体験を充実すること」に努めたとしても、また、仮に「豊かな体験を充実すること」のできる「人間関係や環境を整える」ことを十分に達成できたとしても、学校における道徳教育の目標

である「道徳性を養うこと」が実現できるとは限らない。これは、もともと学校の教育活動全体を通じて行う道徳教育が児童・生徒の心情的・意志的な側面での学びとして成立することを基本とするものであること、さらには、学びの成立の可否が児童・生徒のこの時の「道徳性」の発達に依拠するものであることによるものである。すなわち、学校の教育活動全体を通じて行う道徳教育は、学校における道徳教育の目標を実現するための必要条件ではあるが、十分条件であるとはいえないのである。ここに、「特設された道徳の時間」に行われる道徳授業としての道徳科の意義が明らかになる。そして、このことにより、学校の教育活動全体を通じて行う道徳教育と道徳科における道徳教育の内容と方法は、異なる色彩を帯びることになる。

確かに、小中学校「学習指導要領」では、「学校の教育活動全体を通じて行う道徳教育の要である道徳科においては、以下に示す項目について扱う」と述べられていることにより、道徳科における道徳教育の内容もまた、学校の教育活動全体を通じて行う道徳教育と同じく、実質的には、「内容項目」を指し示していると理解することができる。しかしながら、この引用において、「内容項目」を指し示すために使用されている「項目」という言葉は、学校の教育活動全体を通じて行う道徳教育の内容について述べられるときには使用されていない。すなわち、小中学校「学習指導要領」では、「第3章特別の教科道徳の第2に示す内容」と「内容項目」を指し示すものとして「内容」という言葉が使用されているのである。

このことにより、学校の教育活動全体を通じて行う道徳教育と道徳科における道徳教育の内容の実質的な意味の違いを明確化することができる。すなわち、――学校の教育活動全体を通じて行う道徳教育の内容としての「内容項目」が“児童・生徒が学ぶべきこと”を第一義とするものであるのに対して――道徳科における道徳教育の内容としての「内容項目」は、“教師が教えるべきこと”を第一義とするものなのである。実際、小中学校「学習指導要領特別の教科道徳編」では、このことが「『第2 内容』は、道徳教育の目標を達成するために指導すべき内容項目」であると述べられている。

このことは、教師の指導を効果的なものにするためには、道徳科における道徳教育の内容としての「内容項目」を一定の論理に従い分類・整理することの必要性を含意している。それゆえ、小・中学校「学習指導要領」では、「A 主として自分自身に関すること」「B 主として人との関わりに関すること」「C 主として集団や社会との関わりに関すること」「D 主として生命や自然，崇高なものとの関わりに関すること」の四つの視点と「第1学年および第2学年」「第3学年および第4学年」「第5学年および第6学年」の学年段階により、すべての「内容項目」が整理分類され、道徳科における道徳教育の内容の全体構成および相互の関連性と発展性が明らかにされているのである。すなわち、道徳科における道徳教育の内容としての「内容項目」は、この整理分類に従い、関連的・発展的に捉えられなければならないのである。

これに伴い、学校の教育活動全体を通じて行う道徳教育の方法の原点である「体験」と「解決」もまた、道徳教育の目標を達成するための教師の指導に適したもの――したがって、「道徳性を養う」ことを直接の目標とした教科にふさわしい認知的な側面を中心とした学び――へ

と改造されることになる。すなわち、本来偶発的・運命的なものである「体験」と「解決」（ここには、他の領域や教科等の固有な目標のもとに組織された「体験活動」や「体験学習」「問題解決学習」なども含まれることに十分注意する必要がある）は、道徳科における道徳教育では、計画的・必然的なもの、より具体的にいえば、道徳科の「道徳的諸価値についての理解を基に、自己を見つめ、物事を多面的・多角的に考え、自己の生き方についての考えを深める学習」にふさわしいものへと整備化・組織化されることになるのである。このことにより、道徳科における道徳教育では、「体験学習」（「体験的な学習」「体験活動」などともいわれる）と「問題解決学習」（「問題解決的な学習」「問題解決的学習」などともいわれる）が方法の中心に置かれることになる。小中学校「学習指導要領」では、このことが「児童（「中学校学習指導要領」では生徒）の発達の段階や特性等を考慮し、指導のねらいに即して、問題解決的な学習、道徳的行為に関する体験的な学習等を適切に取り入れるなど、指導方法を工夫すること」と述べられている。

　この引用では、「問題解決的な学習」が「体験的な学習」に先行して述べられているが、これは、道徳科の「学校の教育活動全体で行う道徳教育の要として、それぞれの教育活動で行われた指導を補ったり、深めたり、まとめたりするなどの役割を果たす」特質によるものと考えられる。このことを鑑みれば、道徳科における道徳教育の方法の中心は、「体験学習」ではなく「問題解決学習」に置かれていることを明らかにすることができる。さらに、このことを授業における教師の指導方法としてより具体的に捉えるのであれば、──道徳の教科化が「読み物道徳」から「考える道徳」「議論する道徳」への転換、「どう説く」から「どう解く」への転換と語られていることなどからも、知ることのできるとおり──道徳科における道徳教育の方法の中心を「互いの知識や意見を、共通のテーマをめぐる話し合いの中で交換しながら、協同して問題を考え、解決していこうとする集団的な対話・討論の方法」である「話し合い」[24]として捉えることもできる。

〔5〕学校における道徳教育と家庭や社会との連携

　ところで、道徳科における道徳教育が「学校の教育活動全体で行う道徳教育の要として、それぞれの教育活動で行われた指導を補ったり、深めたり、まとめたりするなどの役割」を与えられていること、加えて、学校の教育活動全体を通じて行う道徳教育の方法の中心となる「体験」と「解決」が道徳科における道徳教育の方法として整備化・組織化されるべきものであることは、「体験」と「解決」の内実が──自然なものとして生起する限りは──児童・生徒の「道徳性を養う」という目標との関係において、必ずしも望ましいものばかりではないことを暗喩している。このことにより、学校生活はもちろん、家庭生活や社会生活の中で課題として実態化される「体験」や「解決」には、「道徳性を養う」うえで、必要とは考えられない「体験」や適切とはいえない「解決」が存在すること、より厳密にいえば、「道徳的価値」を含むとは言い難い問題が存在していることが明らかになる。

　確かに、教師や友人とのトラブルなどの「体験」、受験や恋愛への不安や悩みの「解決」など、学校生活を送る中で実態化される問題の中には、時には「いじめ」や「不登校」に至る「体験」や「解決」が存在することを完全に否定することはできない。しかしながら――学校の教育活動がすべて「道徳性」を基盤とする「人格の完成」を目指し、意図的・計画的に行われるものである限り――児童・生徒の学校生活においては、このような「体験」や「解決」を防いだり、遠ざけたりするためのさまざまな対策がとられている。これに対して、児童・生徒の家庭生活や社会生活の中には、「道徳性を養う」うえで、必要とは考えられない「体験」や適切とはいえない「解決」が――少なくとも、学校生活と比較すれば――より多く存在している。社会的にも文化的にも変化の激しい時代の中で、児童・生徒の「道徳性を養う」ための有意義で効果的な「体験」や「解決」を後押ししたり、「道徳性を養う」ための不必要な「体験」や不適切な「解決」を退けたりする家庭生活と社会生活の基盤は、現在、まさに喪失の危機を迎えていると言っても過言ではない。児童・生徒の家庭生活の危機的状況は、例えば、厚生労働省が 2020 年に公表した「平成 30 年度『福祉行政報告例』」において、2018 年度の児童相談所における児童虐待相談の対応件数が年々増加し、過去最悪の 159,838 件になったこと、さらには、主な虐待者別構成割合として「実母」が 47.0％、「実父」が 41.0％ときわめて高い割合であることなどからも、明らかにすることができる[25]（**図 4.3**）。また、社会生活については、例えば、英国の慈善団体 CAF（Charities Aid Foundation）が 2019 年に発表した“WORLD GIVING INDEX 10TH EDITION”の「見知らぬ人や助けを必要としている人を助けたことがあるか？」との観点で、我が国が世界最下位の 125 位であったことなどからも、端的に知ることとができる[26]（**表 4.1**）。

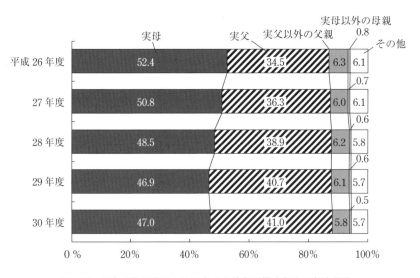

図 4.3　児童虐待相談における主な虐待者別構成割合の年次推移

表 **4.1**　Bottom 10 countries by participation in helping a stranger

Helping a stranger by country and ranking		People（%）
Latvia	116	32%
Slovakia	117	32%
Belarus	118	32%
China	119	31%
Croatia	120	30%
Czech Republic	121	29%
Madagascar	122	29%
Serbia	123	28%
Cambodia	124	24%
Japan	125	24%

　これらのことは、——少なくとも、「人格の完成」を目指して整備化・組織化されるものである学校の教育活動全体を通じて行う道徳教育における「体験」と「解決」と同じように——児童・生徒の家庭生活と社会生活における「体験」や「解決」を「道徳性を養う」うえで、ふさわしいものに改造することの必要性を示唆している。なぜならば、「道徳性」を基盤とする「人格の完成」は、学校における教育だけではなく、家庭や社会における教育でも、同様に目指される目的に他ならないものであること、それゆえ、児童・生徒の家庭生活や社会生活における「道徳的価値」を含むとは言い難い問題に関わる「体験」や「解決」を改造することなしに、この目的を実現することは到底不可能だからである。ここに、学校における道徳教育と家庭や社会との連携の重要性を明らかにすることができる。

　しかしながら、基本的な生活習慣や善悪の判断などの基本的倫理観の学びの出発点となる役割を与えられる家庭も、社会規範や自然環境を大切さ、他者への思いやりなどの学びに積極的に関与することが期待される地域も、道徳教育に関わるこのような役割や期待に応えることがもはや困難な状況にある。実際、2006年に東京大学基礎学力研究開発センターが全国の小中学校長1万人を対象として実施した調査では、校長の90%は、「家庭の教育力」が20年前と比べ「下がった（悪くなった）」と回答していることが苅谷剛彦により報告されている[27]（図**4.4**）。また、2005年に株式会社日本総合研究所の実施した調査では、50%を超える保護者が「地域の教育力」を自身の子ども時代と比較して「低下している」（55.6%）と回答していることが明らかにされている[28]（図**4.5**）。

　このような現状を踏まえ、インターネットを活用した情報発信や相互交流の場の設定、授業公開など、「道徳教育の主体」である学校は、家庭や地域との連携を図るためのさまざまな取組みを展開している。このような取組みの中で、家庭生活や社会生活における「体験」や「解決」を改造し学校の教育活動として取り入れること、言い換えれば、家庭生活や社会生活における「体験」や「解決」を再構成し学校生活に再現するための取組みは、児童・生徒の「道徳

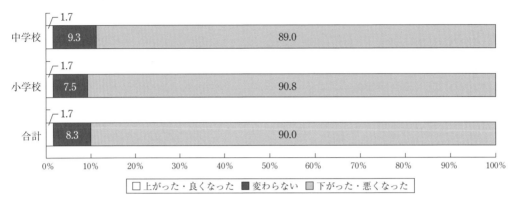

図 4.4 20 年前と比べ「家庭の教育力」

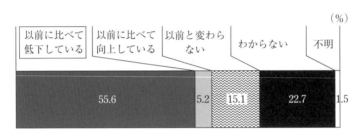

図 4.5 自身の子ども時代と比較した地域の教育力

性を養う」うえでも、きわめて重要な意義をもつものと考えることができる。このような意味において、学校の教育活動として展開される集団宿泊活動やボランティア活動、自然体験活動などは、特に道徳教育との関連が深いものであるといえる。

4.3 道徳と TAP をつなぐもの

〔1〕「体験」と「解決」の改造の原像——ペスタロッチーの道徳教育論を手がかりに

道徳の豊かな学び、言い換えれば、道徳性の健全な発達にふさわしいものへと児童・生徒の「体験」や「解決」を改造する取組みは、学校の道徳教育はもちろん、家庭や社会の道徳教育においても、さらなる推進が強く期待される喫緊の事柄である。しかしながら、このような取組みは、必ずしも目新しいものではなく、これまでの歴史の中で繰り返し試行されてきたことであることを忘れてはならない。学校・家庭・社会の生活を包括的に捉え、子どもを取り巻く環境を教育にふさわしいものへと整えることの必要性は、——例えば、フレーベル（Fröbel：1782 ～ 1852）やモンテッソーリ（Montessori：1870 ～ 1952）など、幼児教育に関わる人々を

中心に——多くの先哲により、幾度となく主張されてきた。私たちは、これら先哲の主張に十分に耳を傾けなければならない。なぜならば、これまでの改造の取組みは、まさにこれからの改造の取組みを創造していくための原点であり、これからの改造にさまざまな示唆を与えてくれる源泉に他ならないものだからである。このような視座に加えて、TAPの目指す理念の中心にある玉川学園の「全人教育」論の提唱者である小原國芳（1887～1977）への思想的な影響などを考慮し、ここでは、スイスの教育家ペスタロッチー（Pestalozzi：1746～1827）の道徳教育論に着目することにより、これからの道徳教育における「体験」と「解決」の改造のための端緒を得ることを目指したい。

　ペスタロッチーの道徳教育論には、新たな道徳の教育との多くの共通点を見出すことができる。例えば、道徳教育の出発点となる人間の誕生の瞬間は、ペスタロッチーにおいても、まさに「自然の印象を受け取る力が成熟したこと」[29]を意味するものとして捉えられ、人間の感覚器官や四肢の諸能力は、「それぞれの能力の本性によって、自分自身の中でその能力を使用するように駆り立てられる」[30]ものとされる。このことにより、自己を取り巻く「環境」に向かう力を彼もまた、受動的な意味と能動的な意味において捉えていることが明らかになる。ペスタロッチーにより、「人間の自然性」と表現されるこのような力の働きは、「人間の道徳性」と表現することのできるものである。実際、彼は、「道徳力」を「人間の自然性」の奥底に自立しているものとして捉えている。

　しかしながら、このような「道徳力」を覚醒させるためには、自己を醇化しようとする人間の純粋な努力や意志を「わたしの認識の一定の型とわたしの境遇の一定の状態とに結びつける」[31]ことが必要であると、ペスタロッチーは主張する。この主張は、「道徳力」の覚醒のためには、あるがままの自然な環境を「人間の自然性」の発達にふさわしいものに整えることが不可欠であること、そして、彼が「自然状態」から「社会的状態」を経て「道徳的状態」へと至る「人間の自然性」の発展を人間と環境の相互作用のもとに捉えていることを示唆している。ペスタロッチーによれば、「自然の諸法則の歩みやその歩みのとる個々の現れ方は、個々の被造物に対して、とりわけ、自然がなんらの干渉によってもその独立を害しようとしない人間に対しては、無関心のように見える」[32]ものとされる。したがって、「放任された子どもは、何もわからずに世界を眺め、暗中模索して見つけ出した個々の知識の断片に迷わされて、日々、誤謬から誤謬へとさまよう」[33]ことになる。このことにより、放置されたままの環境は、「体験」の基礎にある人間の受動的に反応する力に対しても、「解決」の基礎にある人間の能動的に働きかける力に対しても、偶発的・盲目的に作用するものであることが明らかにされる。ここに、ペスタロッチーの道徳教育論における環境の重要性と「体験」と「解決」の改造の必要性とを読み解くことができる。

　ペスタロッチーは、「体験」と「解決」の改造の手がかりを「子どもと母親の関係」に求めている。彼において、「子どもと母親の関係」は、子どもの受動的に反応する力に視点を置けば「母親はどうしても子どもを世話し、養い、守り、そして喜ばせずにはいられない」[34]と語

られ、子どもの能動的に働きかける力に視点を置けば「母親ということと満足ということを、子どもは、まったく同じものとみている」[35]と語られている。なぜならば、「子どもと母親の関係」の中で、言い換えれば、「子どもたちが母親を通して学ぶことのすべては彼らの内面的自我の深みから取り出される」[36]ものに他ならないからである。このことは、子どもに対する母親の働きかけが子どもの受動的に反応する力と子どもの能動的に働きかける力をともに鼓舞するものであることを示唆している。それゆえ、「子どもと母親の関係」は、まさに相互形成的で理想的な人間と環境の関係として捉えられることになるのである。

　確かに、このような「子どもと母親の関係」の中で、子どもに対する母親の働きかけは、本能的なものであるが、それゆえ、純粋で根源的・無意図的なものでもある。このことにより、ペスタロッチーは、子どもに対する母親の働きかけを「本能の振る舞いである限り、それ自体、知的・身体的・道徳的の三つの分野のすべてにおけるわたしの種族の一般的な基礎教育のための正しい基礎」[37]になるものであるというのである。なぜならば、このような子どもに対する母親の働きかけは、まさに「子どもの精神や心情や身体の力を喚起し、鼓舞するための生き生きとした統一」[38]をもつものに他ならないからである。ここに、「子どもと母親の関係」を「人間と環境の関係」とする「体験」と「解決」の改造の原像を明らかにすることができる。

〔2〕「体験」と「解決」の改造の原理——小原國芳の道徳教育論を手がかりに

　学校・家庭・社会における道徳教育の内容や方法は、時代や場所、さらには、語り手により、異なる様相を呈するものである。しかしながら、このような相違の中には、人間らしく生きるために必要な道徳の学びを豊かなものにすること、言い換えれば、"よりよい在り方や生き方"を志向する人間の生まれながらの道徳性を育むことへの関心や配慮が共通に存在することは、疑う余地のない事実である。さらなる推進が期待される「体験」と「解決」の改造の取組みも、同様である。ここには、「体験」と「解決」の改造の原理の存在とこれを明らかにすることの必要性が暗喩されている。なぜならば、この原理は、これからの「体験」と「解決」の改造のための指針となりうるものに他ならないからである。このような視座に基づき、ここでは、TAP の目指す理念の中心に位置する玉川学園の「全人教育」論の提唱者である小原國芳の道徳教育論に直接焦点を当てることにより、これからの道徳教育における「体験」と「解決」の改造の原理を明らかにしたい。

　小原國芳の道徳教育論では、人間の生き方と不可分な関係にある道徳の本質的な問題として、「善とは何か」「道徳とは何か」「人生の目的とは何か」の三つが「道徳教授の根本問題」として提示されている。小原國芳によれば、道徳教授では、「教案も段階も、教科書も例話も、何はさておいて早くこれらの根本問題について徹底した深い解釈を得」[39]ることが不可欠であるとされる。このことは、これら三つの根本問題と（これら三つの根本問題の解明の前提となる）「人生観の探究」のうちに、「体験」と「解決」の改造の原理を見出すことのできる可能性を示唆している。このような理解に基づき、小原國芳の道徳教育論により明らかにされる「体

験」と「解決」の改造の原理を示せば、おおむね、次のようにまとめることができる。

　①媒介の原理：改造者の「人生観」により、必然的に彩られること。
　②発達の原理：道徳性の発達の程度に応じて生活の中に再現されること。
　③行為の原理：自律的な行為を導き出せること。
　④解決の原理：一人ひとりの理知的な問題解決を求める課題であること。

　第一の「媒介の原理」は、「人生観の探究」に見出すことのできるものである。小原國芳によれば、道徳の教授は、必然的に教師の「人生観」を基礎に展開されるものであるとされる。それゆえ、小原國芳の道徳教育論においては、一般的には当時の国家の目的とされていた「教育勅語」も「いわば一つの徳目表であって、……。それらの徳目の内容は各自が各自の人生観で付与する……各自が自己をもって解釈していく」⁴⁰⁾べきものであるとされる。このことは、たとえ物的な環境との相互作用の中でも、媒介者となる教師の「人生観」が確かに影響を及ぼすものであることを端的に表している。

　第二の「発達の原理」は、「人生の目的は何か」という根本問題に対する探究のうちに明らかにされるものである。小原國芳は、「人生の目的は何か」という根本問題に「自己の本領を発揮すること」⁴¹⁾であると答えている。小原國芳によれば、この「自己の本領」とは、「個性」や「人格」「人間価値」と同義のものであるとされるが、「自己の本領を発揮する」ためには、「第一義的生活」による「自覚」が不可欠である。しかしながら、このような「自覚」は、まさに一人ひとりの児童・生徒の道徳性の発達の程度に依存している。言い換えれば、「自己の本領」は、道徳性の発達の程度に応じたものにならざるをえないのである。

　第三の「課題の原理」は、「善とは何か」という根本問題に対する探究のうちに見出すことのできるものである。小原國芳は、この根本問題に対する答えを「自律的道徳」の一つである「活動説」（「自己実現説」）に立脚し、「哀心の要求を発揮すること」⁴²⁾であるとしているが、ここで語られている「活動説」とは、「意志の命令に従うこと……意志といっても、知情意三つに分けた意味の意志ではなくて、全人格の根本の意味で全人格の命令に従う」⁴³⁾ものとされる。このことにより、「全人格の命令」は、必然的に児童・生徒の解決に向けた自律的な行為を迫るものといえる。

　第四の「解決の原理」は、「道徳とは何か」という根本問題に対する探求の中に求められるものである。小原國芳によれば、道徳とは、「内の問題であり、二元の葛藤の如何」⁴⁴⁾に他ならないものであるとされる。このことは、道徳が峻烈で困難を伴う個人的な事柄であることを示唆している。小原國芳によれば、二元の葛藤の克服は、理性の力によるものとされる。それゆえ、小原國芳は、道徳を「我々の意欲を導いて行くこと」「自然の理性化」「煩悩、意欲、本能、自然をば理知で正しく導くこと」とも述べている。このことは、道徳の問題解決の過程があくまでも理知的なものでなければならないことを端的に示している。

　小原國芳の道徳教育論からは、戦前と戦後（修身と道徳）の断絶を乗り越えた道徳教育における普遍的・本質的な事柄を読み解くことができる。このことは、例えば、彼の道徳教育論の理論や原理の記された『道徳教授革新論』の原板が 1920 年に出版された『修身教授革新論』であり、これらの著書では、時流に飲み込まれることのない徹頭徹尾一貫した主張が展開されていることからも、端的に知ることができる。このような小原國芳の道徳教育論の性格は、もともと彼の教育論がすべて「根本問題」を論じることに始まることによるものといえる。「万事は、根本問題から出発」[45]しなければならないという小原國芳の主張は、生涯をかけて「根本問題」の研究に取り組むことによって、教育界に尽くしたいという彼の信念に裏づけられたものである。ここには、小原國芳の道徳教育論から導かれる「体験」と「解決」の改造の原理の妥当性が明確に表されていると考えられる。

〔3〕道徳教育と TAP の関係

　これまでの考察を踏まえ、ここに、道徳教育と TAP の関係を問い直せば、TAP が道徳教育の単なる方法的手段に留まるものでないことは、明確である。現行の小・中学校「学習指導要領」には、確かに、道徳科における道徳教育の配慮として「児童（「中学校学習指導要領」では生徒）の発達の段階や特性等を考慮し、指導のねらいに即して、問題解決的な学習、道徳的行為に関する体験的な学習等を適切に取り入れるなど、指導方法を工夫すること」が明記されている。それゆえ、TAP をここで語られている「問題解決的な学習、道徳的行為に関する体験的な学習」に相当するものとして捉え、道徳科に固有の目標を達成するための手段として活用することは、十分に可能なことであるといえる。実際、TAP の「体験」や「解決」を改造し、道徳科の固有の目標である「道徳的な諸価値の理解」の手立てにしたり、「自己を見つめ」る契機にしたりすることは、十分に効果的な取組みであると考えらえる。

　さらに、TAP を学校の教育活動全体を通じて行う道徳教育の方法として位置づけること、より厳密にいえば、TAP の「体験」や「解決」を学校の教育活動全体を通じて行う道徳教育の方法として捉えることもまた、十分に可能なことであるといえる。実際、大山剛が TAP を「アドベンチャーを基盤とした体験学習プログラム」[46]であると述べているとおり、「体験学習プログラム」としての TAP は、特別活動や総合的な学習の時間など、教育課程の内外を問わず、これまで学校の教育活動として、さまざまな場面で実践されてきた。ここに、TAP を──集団宿泊活動やボランティア活動、自然体験活動などと同じく──道徳教育と関連の深い学校の教育活動として展開される「体験活動」として位置づけることの妥当性が明らかになる。

　このことは、TAP が教育基本法第 1 条に規定された「人格の完成」を目指す学校の教育活動のあらゆる場面に応用され、実践される豊かな可能性をも示唆するものである。実際、学校の教育活動における「体験活動」の重要性は、戦後の「学習指導要領」の中で、繰り返し強調されてきた事柄である。それゆえ、現行の小・中学校「学習指導要領」でも、「体験活動」の重要性が「各教科等の特質に応じた体験活動を重視し……」と明記されている。このことによ

り、学校の教育活動として展開される「体験活動」としてTAPには、これからますます大きな期待が寄せられることになると考えることができる。

　しかしながら、難波克己が「広義的な定義をするとTAPは体験教育」[47]であると述べていることに十分な注意を払えば、TAPには、"単独の「体験学習プログラム」"としての捉え方だけではなく、"複数の「体験学習プログラム」のまとまり"としての捉え方があることに気づくことができる。このような意味において、TAPは、単なる教育方法上の概念を越えたものとなる。ここに、TAPを「人格の完成」を目的とする複数の「体験学習プログラム」で構築された学校教育を越えた独自の教育システムとして捉えることの可能性が拓かれることになる。

　実際、TAPにおける「体験」と「解決」は、道徳科を含むすべての教科・領域を越えたあらゆる学習を包含し、統合するものとして理解することが可能である。このような理解は、これまでの「学習指導要領」改訂のプロセスの中で着目されてきた「汎用的能力」の考え方にも通じるものであり、小・中学校「学習指導要領」で求められている「教育の目的や目標の実現に必要な教育の内容等を教科等横断的な視点で組み立てていくこと」に応えるものでもある。

　さらに、このような理解は、TAPの礎となる小原國芳の全人教育論における「労作」の概念にも鋭く一致するものであるといえる。実際、小原國芳の『全人教育論』では、労作教育が「聖育、知育、徳育、美育、生産教育、健康教育の綜合全一」と語られている。小原國芳によれば、「教育の根本は労作教育」に他ならないとされる。

　このことは、「幼稚園教育の根本問題」の「『百聞は一見に如かず』、しかも百聞は一労作に如かないと思います」[48]など、小原國芳の他の著作でも、さまざまな表現で繰り返し述べられている。ここに、"複数の「体験学習プログラム」のまとまり"としてのTAPは、学校教育に限定されたものではなく、家庭教育や社会教育をも包括した総合的・複合的な教育システムとして捉えることが可能になる。実際、TAPの実践は、「学校教育や企業人材教育、地域活動、スポーツチームのチームビルディングなど、四つのプログラム領域を中心に」多様な範囲に及んでいる[49]（図**4.6**参照）。

　TAPの固有の目標は、実にフレキシブルであり、教育基本法第1条に規定された「人格の完成」という目的、言い換えれば、玉川学園の教育理念である全人教育の目的を踏まえ、活動ごとに個別に設定される。そして、この固有の目標に従い"単独の「体験学習プログラム」"が"複数の「体験学習プログラム」のまとまり"として組織される。ここに、教育基本法第1条に規定された「人格の完成」を目的とする学校・家庭・社会のすべてを包括した総合的・複合的な教育システムとしてTAPを捉える所以が明らかになる。そして、このように考えたとき、道徳科における道徳教育はもちろん、学校の教育活動全体を通じて行う道徳教育、さらには、家庭における道徳教育や社会における道徳教育のすべては、TAPの教育システムに内包されるものとして捉えることが可能になるのである。

図 **4.6**　TAP の四つのプログラム領域

4.4　道徳教育と TAP

〔**1**〕道徳教育の目標に基づき発達段階に応じて道徳性を養う TAP

　道徳教育の目標は以下のように示されている。紙数に限りがあるため、本節では小学校課程での道徳に特化する。

　「道徳教育は、教育基本法及び学校教育法に定められた教育の根本精神に基づき、自己の生き方を考え、主体的な判断の下に行動し、自立した人間として他者と共によりよく生きるための基盤となる道徳性を養うことを目標とする[50]。」

　道徳教育と道徳科の目標は最終的にはよりよく生きるための基盤となる「**道徳性**」を養うことであり、学校の教育活動全体を通じて行うものである。TAP は以下のような道徳性の定義（**表 4.2**）や発達段階等の研究を踏まえ、道徳教育として実践している。

　文部科学省「小学校学習指導要領（平成 29 年告示）解説　特別の教科　道徳編（平成 29 年 7 月）」第 2 章第 2 節 3 では、道徳性を「人間としてよりよく生きようとする人格的特性」[51]とし、道徳教育は道徳性を構成する諸様相である道徳的判断力、道徳的心情、道徳的実践意欲と態度を養うことを求めている。なお、これらの諸様相は相互に深く関連し合っているのである。また道徳教育は、発達の段階を考慮して適切な指導を行わなければならないため、道徳性

表 **4.2** 道徳性の定義

氏名（年）	道徳性
Durkheim（1925）	「規律の精神・社会集団への愛着・意志の自律性」の三つが道徳性の本質的な要素
細川幹夫（1990）	「対人的行為が人間の幸福につながるという関心から善悪・正邪の基準に基づいて行われるとき、その行為の本質」
押谷由夫（2015）	「思いやりの心や感謝の心、命を大切にする心、くじけず努力する心といった価値意識が統合されたもの」
永田繁雄（2017）	「一人の人間の人格の全体の関わり、いわゆる人間性にも重なるものであり、広汎な内容を含むこと。一人の人間の生活や生き方の全般にわたり、一生をかけて自らを育んでいくものであり、個人の問題に関わるものであること」
宇内一文（2017）	「自分の生き方を主体的に考え、追求し、自立した人間となり、皆でよりよい社会を創造していくことを根底で支えるもの」

の発達という視点が必要である。Piajet（1932）の認知的発達理論においては、子どもの道徳的判断は発達に伴い他律的判断から自律的判断へ移行すると考えられている（**表4.3**）。小学校3・4年生頃には、自他を比較してみることができるようになり、学習面では具体的思考から抽象的思考に移行していくことで、個人差やつまずきがみられ始める時期である。また、友達集団の関係性を重視する時期でもあり、親や教師からの干渉を嫌うようになっていく時期でもある。

表 **4.3** 道徳性の発達段階

レベル	おおよその年齢	概　要
前道徳的な段階	0〜5歳	規則その他の側面をほとんど理解していない。
道徳的リアリズムの段階（他律的道徳性）	5〜10歳	規則は守るべきだと厳格に考える。行為の善悪の程度は生じた結果によって判断される。
道徳的相対主義の段階（自律的道徳性）	10歳〜	道徳的な問題に関して柔軟に考えられる。人それぞれは道徳的な規準が異なっていることを理解する。規則は破られることもあり、悪い行動は必ずしも罰せられないことがわかる。

　林（2012）は「9歳以降になって大人と同様の道徳的判断を行うこと」[52]を示唆しているが、小学校3、4年生より5、6年生において相手の立場に立って考えられるようになり、より自立的な道徳性を獲得できると期待されている。

　Kohlberg（1984）は、認知的発達理論において青年期までを含めた道徳性の発達段階を示し、道徳性は道徳的葛藤（モラルジレンマ）の経験と社会的相互作用の中で他者の立場に立って考えたり、他者の考えや感情を推測したりする役割取得の機会によって促進されると主張している（**表4.4**）。個人が経験する社会的相互作用の質は、個人が属する集団の質（道徳的環境）によっても影響され、その集団がどのように機能し、一員を公正に扱っているかが関係するのである。道徳性の発達を促す集団は、集団の成員に、①役割取得の機会が提供され、②意思決定への参与が認められ、③集団が高いレベルで機能し、公正な集団であると認知されてい

表 4.4　Kohlberg による道徳性の発達段階

レベル	ステージ	概　念
慣習以前の水準	1.　罰と服従への志向 <他律的道徳性>	苦痛と罰を避けるため、大人の力に譲歩し、規則に従う。
	2.　道具主義的な相対主義志向 <個人主義的、道具的道徳性>	報酬を手に入れ、愛情の返報を受ける仕方で行動することによって、自己の欲求の満足を求める。
慣習的な水準	3.　対人的一致、「よい子」志向 <対人的規範の道徳性>	他者を喜ばせ、他者を助けるために「よく」ふるまい、それによって承認を受ける。
	4.　社会システム・秩序への志向 <社会システムの道徳性>	権威（親、教師、神）を尊重し、社会的秩序をそれ自身のために維持することにより、自己の義務を果たすことを求める。
慣習以後・原則的水準	5.　社会契約的遵法的志向 <人権と社会福祉の道徳性>	他者の権利について考える。共同体の一般的福祉、および法と多数者の意志によってつくられた基準に従う義務を考える。公平な観察者により尊重される仕方で行為する。
	6.　普遍的倫理原則への志向 <普遍的、可逆的、指令性をもつ一般的な倫理原則の道徳性>	実際の法や社会の規則を考えるだけでなく、正義について自ら選んだ基準と、人間の尊厳性への尊重を考える。自己の良心から非難を受けないような仕方で行為する。

る集団であり、山岸（1995）は「公正な共同体を組織化する道徳教育を行っている」[53] としている。

　Selman（1971）は、6 段階に役割取得能力の発達を分けている（**表 4.5**）。小学校 3、4 年生はステージ 2 に相当し、自己内省的役割取得ができる頃であり、小学校 5、6 年生はステージ 3 までの間であり、相互的役割取得をできるようになりつつある時期である。

表 4.5　役割取得の発達段階

段　階	特　徴
ステージ 0 自己中心的役割 4 歳頃まで	自己と他者の視点が未分化であり、同じ状況でも自他で異なった見方をすることがあることに気づかない。
ステージ 1 主観的役割取得 6〜8 歳頃	自他の視点が分化できるが、視点間の関連づけはできない。人が自分と違う感情や考え方をすることに気づくが、他者の視点には立てない。
ステージ 2 自己内省的役割取得 8〜10 歳頃	自他の視点を分化でき、他者の視点に立って自己の思考や感情を内省できるようになるが、双方の視点を同時に相互的に関連づけることができない。
ステージ 3 相互的役割取得 13〜16 歳頃	自他の視点の両方を考慮する第三者的視点をとれる。人は同時に、互いに相手の思考や感情などを考察し合って、相互交渉していることに気づく。
ステージ 4 質的体系の役割取得 青年期以降	相互的なだけではなく、より深いレベルで相手を概念化し、人々の視点がネットワークや体系をなすと見なされる。
ステージ 5 象徴的相互交渉の役割取得 青年期以降	役割取得は、対人関係や社会的関係を分析する方法と見なされる。他者の主観そのものは体験できないが、同じような仕方で推論することにより互いに理解し合えると考えるようになる。

　文部科学省（2009）は「子どもの徳育の充実に向けた在り方について（報告）」において、子どもの発達段階ごとの重視すべき課題として**表 4.6**のように示している。

表 4.6　子どもの発達段階ごとの重視すべき課題

乳幼児期	・愛着の形成 ・人に対する基本的信頼感の獲得 ・基本的な生活習慣の形成 ・十分な自己の発揮と他者の受容による自己肯定感の獲得 ・道徳性や社会性の芽生えとなる遊びなどを通じた子ども同士の体験活動の充実
学童期 （小学校低学年）	・「人として、行ってはならないこと」についての知識と感性の涵養や、集団や社会のルールを守る態度など、善悪の判断や規範意識の基礎の形成 ・自然や美しいものに感動する心などの育成（情操の涵養）
学童期 （小学校高学年）	・抽象的な思考の次元への適応や他者の視点に対する理解 ・自己肯定感の育成 ・自他の尊重の意識や他者への思いやりなどの涵養 ・集団における役割の自覚や主体的な責任意識の育成 ・体験活動の実施など実社会への興味・関心をもつきっかけづくり
青年期前期 （中学校）	・人間としての生き方を踏まえ、自らの個性や適性を探求する経験を通して、自己を見つめ、自らの課題と正面から向き合い、自己の在り方を思考 ・社会の一員として他者と協力し、自立した生活を営む力の育成 ・法やきまりの意義の理解や公徳心の自覚
青年期中期 （高等学校）	・人間としての在り方・生き方を踏まえ、自らの個性・適性を伸ばしつつ、生き方について考え、主体的な選択と進路の決定 ・他者の善意や支えへの感謝の気持ちとそれに応えること ・社会の一員としての自覚をもった行動

出典：文部科学省（2009）より作成。
http://www.mext.go.jp/b_menu/shingi/chousa/shotou/053/gaiyou/attach/1286156.htm（令和2年4月20日閲覧）

　森川（2010）はTuriel の理論に基づく研究結果から、日本の子どもには5段階の社会的慣習概念の発達段階があることを明らかにし、規範意識の育成に特化した道徳教育の必要性を示している（**表 4.7**）。

　工藤（2018）は「規範を内的規範と社会規範の二つの側面をもち合わせ、その社会のよきモデルとなるような行動や思想の基準と定義し、この規範に基づいて判断と行動をしようとする意識」[54]を規範意識と定義している。

　道徳と関連性の高い概念に向社会的行動がある。P. Mussen & N. Eisenberg-Berg（1977）は、向社会的行動を「外的な報酬を期待することなしに、他者や他の人々の集団を助けようとしたり、こうした人々のためになることをしようとする行為」[55]と定義している。菊池（2014）は「他人との気持ちのつながりを強めたり、それをより望ましいものにしようとする場合にとられる行動」[56]と向社会的行動を定義し、積極的な社会的行動とも呼んでいる。

　高木（1982）は、向社会的行動を以下のように分類している（**表 4.8**）。

表 **4.7**　社会的慣習概念の発達に即した規範意識を育成する道徳教育プログラムモデル

「社会的慣習」概念の発達段階			規範意識の育成に有効な指導方法
発達段階・年齢		規範の捉え方	
レベル1	第1段階 8歳まで 【肯定】	学校規範の遵守	規範意識の基礎形成期【第1肯定期】 規範を守ることの大切さを繰り返し指導する時期
	第2段階 8〜9歳 【否定】	学校規範の否定 社会への気づき	規範の意識化期【第1否定期】 自分と相手の双方にとってのよい考え方を吟味させることを通して、身近なルールやきまり等の規範がなぜあるのか、その意味について考えさせる指導
レベル2	第3段階 10〜11歳 【肯定】	形式的な社会規範 の遵守	規範の社会化期【第2肯定期】 規範としての礼儀やマナーの大切さに気づかせる時期
	第4段階 12〜18歳 【否定】	形式的な社会規範 への否定	規範の抽象化期【第2否定期】
	4-(a)： 12〜15歳	社会規範の意味 への気づき	A期：親密な仲間意識の拡大期 親密と捉える仲間集団の範囲が拡大し、より広い視点から社会規範の意味に気づかせる指導
	4-(b)： 16〜18歳	社会規範の必要性 への気づき	B期：仲間意識の社会化期 社会自体を身近なものとして捉えさせることにより、社会規範の必要性に気づかせる指導
レベル3	第5段階 18歳以降 【肯定】	社会規範の尊重	規範の主体化期【第3肯定期】 社会を担う一員として規範の意義や自己の社会的役割についての理解を深め、状況に応じた主体的な判断について考えさせる指導

出典：森川敦子「子どもの規範意識の育成と道徳教育」渓水社、2010年、p.95

表 **4.8**　向社会的行動の分類（高木修, 1982）

寄付・奉仕活動	他者のために自分のお金、血液、努力、あるいは時間を寄付したり、提供すること。
分与行動	他者に自分の貴重なものを分け与える行動。 お金を貸す、持ち物をあげること。
緊急事態における救助行動	重大な緊急事態にあって苦しんでいる人に援助の手を差し伸べる。乱暴されている人を助ける、救急車を呼ぶなど。
努力を必要とする援助行動	身体的努力を必要としている事態で援助を提供する場合。近所の葬儀を手伝う、車が故障しているのを助けるなど。
迷い子や遺失者（物を失った人）に対する援助行動	迷子を交番に連れて行く、忘れ物を届けるなど。
社会的弱者に対する援助行動	老人や弱者に援助の手を差し伸べる。老人に席を譲る、手を貸してあげるなど。
小さな親切行動	出費を伴わないちょっとした親切心からの援助行動。道順を教えてあげる。傘をさしかけたり貸したりするなど。

出典：高木修「順社会的行動のクラスターと行動特性」年報社会心理学、23、勁草書房、1982年、pp.141-142を参考に筆者改変。

〔2〕道徳教育としての TAP の可能性

TAP と道徳に関わる筆者のこれまでの研究結果は以下のとおりである。

①子どもに対し「Being 活動」を用いた心の安全教育に関する事例研究をした結果「否定的な言葉は出るが肯定的な言葉が出にくいこと、肯定的・否定的の両方に容姿に関する記述が目立つこと、他人に自分の言葉は知られたくないこと、言葉の捉え方が個々に違うことに改めて気づいたり、不快な言葉を言わないように心がけること」がわかった（2004）。

②玉川学園小学 5 年生を対象に TAP を実践（90 分 ×5 回）し、2001 〜 2004 年の 4 年間分の効果測定をした結果、規範は 2001 年と 2003 年に有意差がみられ、リーダーシップは、2002 年のみに有意傾向がみられた。目標達成と意思決定に関しては、4 年間のすべてにおいて有意差はみられないことがわかった（2005）。

③玉川学園高校 2 年生を対象に TAP を実践（100 分 ×6 回）し、2004 年に効果測定を実施した結果、他者受容・リーダーシップ・信頼関係・挑戦・意思決定・規範・積極性、すべての因子間で有意な差がないことがわかった。しかし、信頼関係では有意傾向があり、リーダーシップ・積極性・他者受容・意思決定の因子間でも社会的に望ましい方向に向かっていることがわかった（2005）。

④全人教育を具現化した TAP の学習理論と現行の小学 5、6 年生で実施されている道徳について「道徳の時間の内容構成の四つの視点と TAP の学習理論の関係性」としてまとめ、TAP の学習理論は道徳に貢献できると考えられる（2016）。

⑤TAP を実践している小・中学校教諭（2 名）へのヒアリング調査の結果、TAP と近接領域と考えられる構成的グループ・エンカウンター（SGE）やソーシャル・スキルトレーニング（SST）より、TAP はより開発的かつ体験・学習的であるため、道徳や特別活動等での導入が効果的であると考えられる（2017）。

⑥TAP が規範意識の醸成や道徳性を養うために貢献ができることは、体験活動や学びのプロセスを子どもたちに提供し、人間的に成長した個を目指すことである。また教師は子どもの発達段階を踏まえ、アドベンチャーの理論や体験学習法 BACKL などの TAP の学習理論を活用し、「指導と支援のバランス」をとることで、子どもが自主的・主体的に規範を守ることや道徳的な行為ができるようになる（2018）。

⑦TAP を通し、クラスや学校を C-zone にしていくことを促進し、D-zone を取り除いていくことも道徳教育の実践的な一つと考えられる（2019）。

⑧TAP を活用したアクティブ道徳教育は、体験学習サイクルにより活動中や活動後の気づき・感じたこと・学んだことを教室内外での学習場面や生活場面で想起させることができ、それが実感の伴った新たな知識の学修や道徳的価値の理解につながるため、小学校での道徳科に導入する意義があり、道徳性の育成に貢献する可能性は十分にある（2020）。

TAP 効果測定の結果（小学 5 年生・高校 2 年生）からは「規範・リーダーシップ・意思決

定」の三つの共通した因子を抽出することができ、小学5年生では「規範」を守ることや規範意識を醸成する可能性がある。このことは、Piajet（1932）の認知的発達理論やSelman（1971）は役割取得能力の発達を裏づけ、文部科学省（2009）の小学校高学年の子どもの発達段階ごとの重視すべき課題に対応している。したがって、規範意識の醸成や道徳性を養うためにTAPは貢献できるのである。

　文部科学省は「いじめ防止対策推進法」（平成25年6月28日）を公布し、第3章基本的施策（学校におけるいじめ防止）第15条において、「学校は、児童等の豊かな情操と道徳心を培い、心の通う対人交流の能力の素地を養うことがいじめの防止に資することを踏まえ、すべての教育活動を通じた道徳教育及び体験活動等の充実を図らなければならない」[57] と示している（下線は筆者加筆）。

　また、文部科学省「小学校学習指導要領（平成29年告示）解説特別の教科道徳編（平成29年7月）」第1章総説第3節（3）の指導計画の作成と内容の取扱いでは、ウの「自らを振り返ること、自らが考え、理解すること」、エの「多様な感じ方や考え方に接する中で、考えを深め、判断し、表現する力等の言語活動」、オの「問題解決的な学習、道徳的行為に関する体験的な学習等」[58] が示されている（下線は筆者加筆）。

　以上の下線部に対しては、いずれも対人関係型・課題解決型の体験学習であり、安心できる環境（C-zone）づくりや支持的風土づくりを基礎とし、規範意識の向上や信頼関係の構築に効果が期待できるTAPは道徳教育やいじめの防止にも貢献できるのである。

　いじめの防止にあたり、混同されている「いじり・からかい・いじめ」を整理しておく必要がある。「いじり・からかい・いじめ」はその差異は曖昧であり、個人や関係性によってもその境界線は異なり、明確に認識することや可視化することは困難である。しかし、その区別化と可視化（いじり・からかい・いじめをする側視点での境界線）をすることで、いじめの防止の手がかりとなる（図**4.7**、表**4.9**）。

　いじり・からかい・いじめをする側（実行者）とされる側（対象者）との意識と認識のズレがある。する側が「大したことがない・ふざけているだけ・相手が悪い」と考えていても、される側が心身の苦痛を感じるようであればそれはすべて「いじめ」であり、される側は傷ついているのである。この意識のズレの解消にはTAP-Commitmentを前提とした他者理解や相互尊重の考え方が有効である。また無理強いに対するコーピング能力の養成には、I am a Challenger! という考え方に基づいた自己決定権の保障と尊重が有効であり、自己主張能力を養いながら道徳的実践力や向社会的行動が身についていくのである。青年期の特徴の一つでもある「偽りの自己行動」は、場の雰囲気を壊したくないからなどで「いじられキャラ」を無理に演じることもある。本当の自分ではない自分を演じ、笑ってごまかし続けることは本当に辛いことである。

　いじりには「誰も傷つかない、いじられると嬉しい、いじられたいときだけいじってくれる、いじられる側がコントロールするもの、いじる側といじられる側がWin-Winの関係」な

どの考えもあるようだが、境界線はわかりにくく、いつでもどこでもいじりのつもりがいじめに変化する可能性がある。したがって、Play Safe（心身の安全を守る）を活動中の規範とする TAP では、相手に不快な思いや感情を抱かせるリスクのあるいじり・からかいによるコミュニケーションは存在しないのである。いかなる理由があっても相手が心身の苦痛を感じるような事態は絶対に許してはいけないのである。

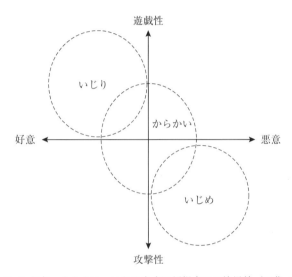

図 4.7 いじり・からかい・いじめをする側視点での境界線（工藤, 2019）

出典：工藤亘「TAP と道徳教育に関する一考察」玉川大学教育学部全人教育研究センター年報第 6 号、2019 年、
　　　p.37

表 4.9　いじり・からかい・いじめの区別（工藤, 2019）

いじり	からかい	いじめ
いじる もてあそぶ。おもちゃにする。ほしいままにする。たわむれる。あなどる。なぶりものにする。	からかう からい。きびしい。むごい。せめる。せめとがめる。わずらわしい。みざす。さわがす。	いじめる しいたげる。そこなう。むごくあつかう。むごい。わざわい。
おもしろ半分に、いじめたり、からかったりする。	相手が困ったり怒ったりするようなことをしておもしろがる。揶揄する。	弱いものを苦しめ、痛めつける。つらく当たる。さいなむ。
嬲る（なぶる）：責めさいなむ。いじめる。からかい、ひやかす。ばかにする。	冗談を言ったり困らせたりして、人をなぶる。じらし苦しめる。	いじめること。
対象者と実行者との間に好意や愛情がある。	実行者には悪意はないが相手をバカにする行為であり、対象者は不快感をもつ。	実行者に悪意があり、対象者は不快感をもち、さらに継続的に行われる。
他人をもてあそんだり、困らせること。	他者に向けられた攻撃行動・問題行動。	受け手に苦痛や不快感情を生じさせる。
親しい関係のなかで行われ、受け手の身体的特徴や行動に関する言語的な反応、指で突くといった非言語的な反応、無視をするといった反応・行動がみられる。ときに関係を深化させる肯定的な反応だけでなく、関係が悪化するような否定的反応につながることもある。	受け手の容姿、行動、人間関係、趣味などがあり、基本的に否定的なもの。	一定の人間関係のある者から、心理的・物理的な攻撃を受けたことにより、精神的苦痛を感じているもの。
からかいやいじめの言い換えである可能性もある。からかいやいじめと共通の特徴をもつ可能性がある。	送り手が遊戯性を含めることで攻撃性や悪意を低く伝える特徴もある。対話者同士の心理的な結束が強くなるに従って、攻撃的であっても「自分はあなたをからかえるほど親しみを感じている」という間接的メッセージを含むため、相手に心地よさを感じさせる機能がある。	児童・生徒に対して、当該児童・生徒が在籍する学校に在籍している等当該児童・生徒と一定の人間関係にある他の児童・生徒が行う心理的または物理的な影響を与える行為であって、当該行為の対象となった児童・生徒が心身の苦痛を感じているもの。攻撃を受けたことにより、精神的苦痛を感じているもの。
第三者がいじりという行動を好意や親密性に基づくという認識をもったとしても、受け手は表面上はいじりだと同意していたとしても、実際の認識はより否定的である可能性がある。	受け手の怒りを引き出す挑発性を含むとともに、親しみの感情を伝える遊戯性をもった行動。	いかなる理由があったとしても、絶対に許容されるものではない。

出典：工藤亘「TAP と道徳教育に関する一考察」玉川大学教育学部全人教育研究センター年報第 6 号、2019 年、p.37

〔3〕道徳科における学習と TAP

道徳科の目標は以下のとおりである。

（「第 3 章　特別の教科道徳」の「第 1　目標」）

第 1 章総則の第 1 の 2 に示す道徳教育の目標に基づき、よりよく生きるための基盤となる道

徳性を養うため、道徳的諸価値についての理解を基に、自己を見つめ、物事を多面的・多角的に考え、自己の生方についての考えを深める学習を通して、道徳的な判断力、心情、実践意欲と態度を育てる[59]。

　道徳的価値とは、よりよく生きるために必要とされるものであり、人間としての在り方や生き方の礎となるものである。子どもが将来、さまざまな問題場面に出合った際に、その状況に応じて自己の生き方を考え、主体的な判断に基づいて道徳的実践を行うためには、道徳的価値の意義およびその大切さの理解が必要である。道徳的価値が人間らしさを表すものであることに気づき、その意義やその大切さを理解するには、価値理解（人間としてよりよく生きるうえで大切な内容項目を大切なことであると理解すること）、人間理解（道徳的価値は大切であってもなかなか実現することができない人間の弱さなどを理解すること）、他者理解（道徳的価値を実現したり、実現できなかったりする場合の感じ方、考え方は一つではなく多様であるということを前提として理解すること）を深めていく必要がある。TAP は異なる価値観や考え方を尊重し合いながらグループで体験学習を行い、その過程で他者や自分と対峙し、葛藤を乗り越えること、自己主張や他者受容、合意形成を図っていくことの体験が豊富に組み込まれているため、道徳的価値の理解の促進に貢献できるのである。さらに TAP は仲間との気持ちのつながりを強めたり、他者や集団を助けようとしたりする向社会的行動にも好影響を与えるのである。

　自己を見つめるとは、自分との関わり、これまでの自分の経験やそのときの考え方、感じ方と照らし合わせながら、さらに考えを深めることで、道徳的価値の理解と同時に自己理解を深めることである。TAP は、成功するかどうか不確かなことや正解が一つとは限らない課題に対し他者とともに試行錯誤し、振返りを通じて自分自身の問題として向き合うプログラムである。そのため自己を見つめる機会が豊富である。

　物事を多面的・多角的に考えるとは、子どもが多様な考え方や感じ方に接することが大切であり、子どもが多様な価値観の存在を前提にして、他者と対話したり協働したりしながら、物事を多面的・多角的に考えることである。TAP はグループでの課題解決が中心であり、合意形成の際に葛藤や対立等をしながら道徳的価値に向き合い、自分以外の考えに触れる機会が豊富であり、多面的・多角的に考えることが可能となる。ただ単に活動を行うだけではなく体験を個人やグループで振り返ることで多面的・多角的に考え、正解が一つではないことを議論するため道徳の充実を図ることに寄与するのである。

　自己の生き方について考えを深めるとは、道徳的価値の理解を基に自己を見つめるなどの道徳的価値の自覚を深める過程であり、同時に自己の生き方についての考えを深めているが、特にそのことを強く意識させることが重要である。TAP の中核である体験学習サイクルにより、TAP での気づきや感じたこと・学んだことを教室内外での学習場面や生活場面で想起させることができるのである。それによって実感の伴った新たな知識の学修や道徳的価値の理解が促進され、普段の生活の中での道徳的実践に結びついていくのである。子どもたちは、TAP の

活動を通して試行錯誤ができる安心・安全な環境（C-zone）を築くことの大切さを学び、振返りを通じて気づき・感じ・学んだことを日常生活に応用・転用させ、道徳的価値の理解を自分自身との関わりの中で自覚し、自己の生き方についての考えを深めていくのである。

　道徳科の目標は道徳性を養うことであり、道徳性は人間としてよりよく生きようとする人格的特性である。道徳教育は道徳性を構成する諸様相である道徳的判断力、道徳的心情、道徳的実践意欲と態度（内面的資質）を養うことを求めている。

　道徳的判断力とは、それぞれの場面において善悪を判断する能力である。つまり、人間として生きるために道徳的価値が大切なことを理解し、さまざまな状況下において人間としてどのように対処することが望まれるかを判断する力である。TAP の学びのプロセスは、個人⇒集団⇒チームというようにチームビルディングの過程の中で、チームが目標とする姿を完成するまでメンバー間で相互作用が行われるように刺激し合いながら学ぶものである。TAP では課題解決を目指し状況応じたコミュニケーションやリーダーシップとフォロワーシップを効果的に発揮し、その過程での洞察や振返りによってルールや規範遵守（Play Fair・善悪の判断）、主体性と協調性、自己主張と協力等を体験学習するものであり、道徳的判断力の向上や場面に応じた道徳的行為を促進できるのである。

　道徳的心情とは、道徳的価値の大切さを感じとり、善を行うことを喜び、悪を憎む感情のことである。人間としてのよりよい生き方や善を志向する感情である。TAP は精神的・身体的ストレスやリスクを伴いながらグループ活動を行うため、アドベンチャーができる環境の前提は TAP-Commitment（Play Safe・Play Hard・Play Fair・Be Positive・Have Fun・Be Here・Respect）が守られていることである。この活動中の規範を守ろうとする中で、善を行うことを喜びやルールや規範を守ることで互いに心地よい感情が芽生えてくるいのである。また TAP で大切にしている FVC や I am a challenger! という考え方は、メンバー全員が相互に尊重し合うことであり、人間としてのよりよい生き方や善を志向する感情を育てることに貢献するのである。その結果として道徳的行為への動機が高まっていくのである。

　道徳的実践意欲と態度とは、道徳的心情や道徳的判断力によって価値があるとされた行動をとろうとする傾向性を意味し、道徳的実践意欲は、道徳的心情や道徳的判断力を基盤とし道徳的価値を実現しようとする意志の働きであり、道徳的態度は、それらに裏づけられた具体的な道徳的行為への身構えということができる。TAP の学びのプロセスではコンピテンシー（自ら獲得した知識やスキルを実際に活かして成果や効果をもたらす能力）を獲得する機会が豊富にあり、規範遵守や道徳的な主体性の形成が期待できるのである。なぜなら TAP では、頭では理解している知識から生きた知識・知恵へと応用・転用を促進し、実生活での行動変容や見識の変容を目指して実践されているからである。生きた知識に変えるためには理解が必要であり、理解や認識を深めるためには行動や体験が不可欠である。知識としてルールを守ること、思いやりをもって行動すること、生命や自然を尊重することなどの道徳的に価値があることを知っていても生きた知識でなければ活用できないのである。実際に道徳的価値を普段の生活の

中で実践として行為や表現できるかが重要である。

小原（1980）は「道徳をつめ込まないで、自ら道徳を発見し、善を創造する子どもを造らねばならぬのです」[60] と述べ、また「自己の内に見出し、自己そのものの真の道徳律にせねばならない」[61] とも述べている。前田（1985）は、善としての節度とはただ規則を守ればよいということではなく他者に参入する心の働きが要であり「規則の単なる遵守というレベルを超えた、他者への限りない思いやり、他者との共感であり、その思い極まるところがない」[62] と指摘している。

TAP は、チームビルディングの過程を通した学びにおいて、子どもたちに人間的に成長した個を目指しており、よりよく生きるための基盤となる道徳性の涵養に貢献できる。ただし、そのチームは必ず解散を迎えるため、他者から課題を与えられ、誰かが見ているから実行するのではなく、自ら問題を発見し、主体的に問題解決をしていけるように促進しているのである。このプロセスは道徳的実践力にもつながり、道徳的判断力や道徳的心情、道徳的態度や意欲の向上にも寄与できるのである。

体験的・実践的・直接的な対人とのやりとりを重視する TAP は、自ら道徳を発見し、善を創造する子どもの育成やいじめの防止などに貢献できるのである。しかし、TAP は即効性のある劇薬というよりは漢方薬のように時間をかけて徐々にその効果が現れることが多い。子ども自身が、さまざまな道徳的葛藤や社会的相互作用を通して自分と向き合うことで道徳性が発達し、道徳的実践力の向上や向社会的行動ができるようになっていくのである。

したがって、TAP は単発で実行するのではなく、普段の子どもの実態や関心等を教師が把握し、目標や動機を促しながら子どもが主体的に体験学習をできるように環境を整える必要がある。また、教師は子どもの体験学習中の様子や考えを把握し、それを促進しながら学校生活などに応用・転用できるようにすることで、実生活への生きた学びや深い学びになるのである。このように TAP は、道徳科を含む顕在的カリキュラムと潜在的カリキュラムなどをつなぐことで、全教育活動に貢献できるのである。教師は子どもの発達段階を踏まえ、アドベンチャーの理論やの体験学習サイクルなどを活用し、指導と支導のバランスをとることで、子どもが自己を見つめ、物事を多面的・多角的に考え、自己の生方についての考えを深め、道徳的な判断力、心情、実践意欲と態度を育てることができるようになるのである。

〔4〕アクティブ道徳教育

2019 年 4 月、玉川大学 TAP センター内にアクティブ道徳教育研究会が発足した。ここでいうアクティブとは「能動的・活動的・積極的」であり、身体的な活動と精神的な活動が伴っていることを指し、ただ単に活動をするだけではなく学びの深さを保証するためのアクティブである。アクティブ道徳教育研究会の目的は、玉川学園 K–12 を通した縦断的な道徳教育を研究・開発し、児童・生徒の道徳的実践力の向上とカリキュラム導入を目指すことである。そして道徳教育と TAP の理論と実践の往還・統合をした後、玉川大学・玉川学園内と外部の教育機関

にその研究成果や実践事例等を発信し、外部の教育関係者とも共同研究を行うことである。その発端は、2014年11月の中央教育審議会への諮問「初等中等教育における教育課程の基準等の在り方について」において、主体的・協働的に学ぶアクティブラーニングの必要性が指摘されたことにある。また同年12月の中央教育審議会答申「新しい時代にふさわしい高大接続の実現に向けた高等学校教育、大学教育、大学入学者選抜の一体的改革について」において、従来のような知識の伝達・注入を中心とした授業から、学生が主体性をもって多様な人々と協力して問題を発見し解を見出していくことが示され、アクティブラーニングが教育方法の中核となっているからである。

　道徳教育においては、道徳的価値に迫る読み物の活用や道徳的価値に関する問題解決的な学習・体験的な学習等、多様な指導方法を取り入れた授業の展開が求められている。自分ならどうするかという観点から道徳的価値と向き合うとともに、自分とは異なる意見をもつ他者との議論を通して、①道徳的価値を多面的・多角的に考える道徳、②他者との合意形成や具体的な解決策を得ること自体が目的ではなく、多面的・多角的な思考を通じて道徳的価値の理解を自分自身との関わりの中で深める議論する道徳の実践が求められている。

　TAPは、グループでの課題解決的な学習かつ体験学習であり、ただ単に活動を行うだけではなく体験を個人やグループで振り返ることで多面的・多角的に考え、正解が一つではないことを議論するため「考え、議論する道徳」の充実に寄与するのである。さらに体験学習サイクルを用いることで、TAPでの気づきや学びを教室内外での学習場面や生活場面で想起させることができ、それによって実感の伴った新たな知識の学修や道徳的価値の理解が促進され、普段の生活の中での道徳的実践に結びつくのである。

　アクティブ道徳教育研究会（第3回）では、玉川学園4年生の道徳科にTAPを導入するうえでの注意事項や課題等について検討を行った。道徳科としての試行錯誤は現状をよりよくするためにあり、あえて失敗をするような前提がないことが明らかとなった。TAPでは成功体験だけはなく失敗体験も成長の糧と考えるために試行錯誤を推奨しており、試行錯誤に対する意味合いや捉え方が道徳科とは異なる点をどのように位置づけていくかが今後の研究課題の一つとなった（**図4.8**、**図4.9**）。

　玉川学園小学校課程における道徳教育は、「宗教・道徳課程」として位置づけられており、児童がよりよく生きるための基盤として全教育活動を通して行われるべきものである。その目的は、向上心をもち心豊かに心身の安全を確保しながら社会性を備えた玉川っ子を育成することである。この目的を達成するために、全人教育の具現的な教育活動の一つとしてTAPが導入されている。TAPの体験学習サイクルにより「目標設定・実体験・振返り・概念化・再試行」が繰り返され、TAPでの学び（知的側面・情意的側面・行動的側面）の循環過程を学校生活や社会生活に応用・転用することが期待されている。また、TAPによる道徳教育で育てたい能力は**表4.10**のとおりである。

　TAPは、正解が一つとは限らない課題をグループで解決しながら自分自身の問題として向

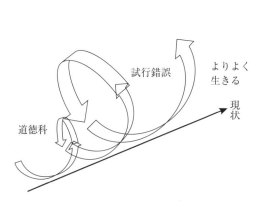

図 **4.8**　道徳科での試行錯誤のイメージ（工藤, 2020）

出典：工藤亘「TAP を活かしたアクティブ道徳教育に関する研究―道徳科での TAP の可能性を探る―」玉川大学 TAP センター年報第 5 号、2020 年、p.43

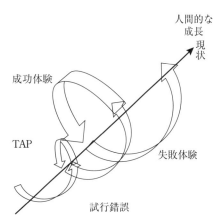

図 **4.9**　TAP での試行錯誤のイメージ（工藤, 2020）

出典：工藤亘「TAP を活かしたアクティブ道徳教育に関する研究―道徳科での TAP の可能性を探る―」玉川大学 TAP センター年報第 5 号、2020 年、p.43

表 **4.10**　TAP による道徳教育において育成したい能力（工藤, 2020）

知的側面 （情報の活用能力の習得と発達）	・提示された問題の内容、意図を的確に把握する能力 ・他者の考え方や意見を聞いて、自分の考えと比較する能力 ・自分の考えを構成して、他者に的確に伝える能力
情意的側面	・自分の感情に気づき、適切な自己表現をする能力 ・他者の感情に気づき・理解することから養われる共感性、受容性、寛容の心 ・くじけない心 ・自分を信じる心
行動的側面 （意思決定・意思表示）	・課題への積極的な取組みへの行動力 ・体験から学び、判断力から行動力へ ・トライアンドエラーから前に進む力

出典：工藤亘「TAP を活かしたアクティブ道徳教育に関する研究―道徳科での TAP の可能性を探る―」玉川大学 TAP センター年報第 5 号、2020 年、p.44

き合うプログラムであり、考え議論する道徳とも密接である。今般の小学校学習指導要領には、各学年を通じて自立心や自律性、生命を尊重する心や他者を思いやる心を育てることに留意することが示されている。発達段階ごとの重点化内容は第 3、4 学年では「善悪の判断、身近な人との協力と助け合い、集団や社会のきまり」、第 5、6 学年では「相手の考えや立場の理解、法やきまりの意義の理解、集団生活の充実、伝統と文化の尊重、他国の尊重」などである。4 年生の道徳科に TAP を導入するにあたり、教務主任と TAP センタースタッフの共同のもとに指導計画を作成し、担任からクラスの実態やグループ構成、児童一人ひとりの様相を聴

き取りクラスに適したプログラムを作成したのである。

「特別の教科　道徳」（小学校）の内容項目と TAP の活動例

「特別の教科　道徳」（小学校）の内容項目とキーワードを踏まえ、それらを体験的に学習できる TAP の活動例を表 **4.11** に示す。紙数に限りがあるため、内容項目のキーワードに即した TAP の活動例（二つ）を抜粋し、その方法やルールを以下に示す。

(a) **キーワード「規則の尊重」「公正、公平、社会正義」「正直、誠実」「節度、節制」**

TAP で実施している「ペアタグ・レフトライトタグ」などの鬼ごっこ系の活動は、通常の遊びで行っているものとはルールが異なる。

・ルール①：スピードを制限する。（早歩きや歩く速度など）

・ルール②：スペースを制限する。（目印やマーカーなど）

・ルール③：タッチの部位と強さを制限する。（両腕のみで、優しくなど）

このようなルールで鬼ごっこ系の活動をした後に、①から③に関しての体験学習サイクルに則った振返りを行うことで、気づきや学びが促進されるのである。教師から「つい走ってしまった人はいませんか？」「ついエリアの外に出てしまった人はいませんか？」「優しくタッチはできましたか？」などの問いかけをすることで活動を振り返ることができ、できたことや失敗したこと、感じたことや工夫したことなどを認識するのである。また、なぜこのようなルールがあるのか、どうしてルールを守る必要があるのかなどついて考え、議論することにより、安全面や公正・公平、ルールの必要性や意義についての理解が促進されていくのである。この体験を振り返ることで、人間は誰でも Error を起こしてしまうこと（走ってしまう、エリアを越えてしまうなど）、ルールを守ったうえで鬼ごっこをしないと心身ともに安全ではないことやつまらなくなってしまうことなどを認識するのである。教師は、ここでの気づきや学びを次の活動や学校生活等に応用・転用するように点と点をつなぎ促進していくことが役割である。

(b) **キーワード「善悪の判断、自律、自由と責任」「正直、誠実」「親切、思いやり」「相互理解、寛容」「公正、公平、社会正義」**

「ビート」という活動は最小限では二人組から始まり、四人組や八人組、四十人組など人数を増やすことが可能である。最初は二人とも目を閉じ、教師が鳴らす音から聴覚と想像力を働かせ、簡単な法則とどのような動きをしているのかを導き出す活動である。音を聞いた後で二人とも目を開け、法則性や動作について話し合い、二人で試すのである。

【教師が鳴らした音や動作と活動例】

①法則：「1 ⇒ 2 ⇒ 3 ⇒ 4 ⇒ 5 ⇒ 4 ⇒ 3 ⇒ 2 ⇒ 1」のように、数が 1 から 5 まで一つずつ増加し、その後、一つずつ減少する。その数の間に「パン・パン」が入る。

②動作：「1 ⇒ 2 ⇒ 3 ⇒ 4 ⇒ 5 ⇒ 4 ⇒ 3 ⇒ 2 ⇒ 1」は拍手で音を立て、「パン・パン」は、太腿を両手で 2 回叩いて音を出している。

③正答を確認した後に二人組で向かい合い、拍手の動きは一人で行い、「パン・パン」の部

表 4.11　資料「特別の教科　道徳」の内容項目一覧（3〜6年生）とTAPの活動例（工藤，2020）

キーワード	小学校第3学年および第4学年 (20)		小学校第5学年および第6学年 (22)		教室やグラウンドでできるアクティビティ（例）
A　主として自分自身に関すること					
善悪の判断、自律、自由と責任	(1) 正しいと判断したことは、自信をもって行うこと。	(1)	自由を大切にし、自律的に判断し、責任のある行動をすること。	(1)	ビート、ウェルデッドアンクルズ
正直、誠実	(2) 過ちは素直に改め、正直に明るい心で生活すること。	(2)	誠実に、明るい心で生活すること。	(2)	ビート、ウェルデッドアンクルズ
節度、節制	(3) 自分でできることは自分でやり、安全に気をつけ、よく考えて行動し、節度のある生活をすること。	(3)	安全に気をつけることや、生活習慣の大切さについて理解し、自分の生活を見直し、節度を守り節制に心がけること。	(3)	シェルパウォーク、ブラインドウォーク
個性の伸長	(4) 自分の特徴に気づくこと。	(4)	自分の特徴を知って、短所を改め長所を伸ばすこと。	(4)	EMBLEM、Positive Name
希望と勇気、努力と強い意志	(5) 自分でやろうと決めた目標に向かって、強い意志をもち、粘り強くやり抜くこと。	(5)	より高い目標を立て、希望と勇気をもち、困難があってもくじけずに努力して物事をやり抜くこと。	(5)	キーパンチ、カードラインナップ
真理の探究			真理を大切にし、物事を探究しようとする心をもつこと。	(6)	1・2・3 = 20、Maze
B　主として人との関わりに関すること					
親切、思いやり	(6) 相手のことを思いやり、進んで親切にすること。	(6)	誰に対しても思いやりの心をもち、相手の立場に立って親切にすること。	(7)	アトム＆博士、マインフィールド、バルーントレイン
感謝	(7) 家族など日頃世話になっている人々や現在の生活を支えてくれた高齢者に、敬意と感謝の気持ちをもって接すること。	(7)	日々の生活が家族や過去からの多くの人々の支え合いや助け合いで成り立っていることに感謝し、それに応えること。	(8)	アトム＆博士、マインフィールド、シェルパウォーク、ブラインドウォーク
礼儀	(8) 礼儀の大切さを知り、誰に対しても真心をもって接すること。	(8)	時と場をわきまえて、礼儀正しく真心をもって接すること。	(9)	Quick Norm、Being
友情、信頼	(9) 友達と互いに理解し、信頼し、助け合うこと。	(9)	友達と互いに信頼し、学び合って友情を深め、異性についても理解しながら、人間関係を築いていくこと。	(10)	マジックカーペット、パイプライン、シットアップ
相互理解、寛容	(10) 自分の考えや意見を相手に伝えるとともに、相手のことを理解し、自分と異なる意見も大切にすること。	(10)	自分の考えや意見を相手に伝えるとともに、謙虚な心をもち、広い心で自分と異なる意見や立場を尊重すること。	(11)	フーラフープ、あやとり、ネームトス
C　主として集団や社会との関わりに関すること					
規則の尊重	(11) 約束や社会のきまりの意義を理解し、それらを守ること。	(11)	法やきまりの意義を理解した上で進んでそれらを守り、自他の権利を大切にし、義務を果たすこと。	(12)	ペアタグ、Wペアタグ、レフトライトタグ、Quick Norm、Being
公正、公平、社会正義	(12) 誰に対しても分け隔てをせず、公正、公平な態度で接すること。	(12)	誰に対しても差別をすることや偏見をもつことなく、公正、公平な態度で接し、正義の実現に努めること。	(13)	ペアタグ、Wペアタグ、レフトライトタグ、ビート、ウェルデッドアンクルズ
勤労、公共の精神	(13) 働くことの大切さを知り、進んでみんなのために働くこと。	(13)	働くことや社会に奉仕することの充実感を味わうとともに、その意義を理解し、公共のために役に立つことをすること。	(14)	マジックマロリバー、ヒューマンチェアー、オールキャッチ
家族愛、家庭生活の充実	(14) 父母、祖父母を敬愛し、家族みんなで協力し合って楽しい家庭をつくること。	(14)	父母、祖父母を敬愛し、家族の幸せを求めて、進んで役に立つこと。	(15)	家族のしきたり、家族の袋
よりよい学校生活、集団生活の充実	(15) 先生や学校の人々を敬愛し、みんなで協力し合ってよりよい学級や学校をつくること。	(15)	先生や学校の人々を敬愛し、みんなで協力し合ってよりよい学級や学校をつくるとともに、様々な集団の中での自分の役割を自覚して集団生活の充実に努めること。	(16)	キャッチ、ライフアップ、ヒューマンチェアー、ヘリュームスティック、エブリバディアップ
伝統と文化の尊重、国や郷土を愛する態度	(16) 我が国や郷土の伝統と文化を大切にし、国や郷土を愛する心をもつこと。	(16)	我が国や郷土の伝統と文化を大切にし、先人の努力を知り、国や郷土を愛する心をもち、国際親善に努めること。	(17)	Mapping、ヒューマンビンゴ
国際理解、国際親善	(17) 他国の人々や文化に親しみ、関心をもつこと。	(17)	他国の人々や文化について理解し、日本人としての自覚をもって国際親善に努めること。	(18)	カテゴリー、共通点、多文化紹介
D　主として生命や自然、崇高なものとの関わりに関すること					
生命の尊さ	(18) 生命の尊さを知り、生命あるものを大切にすること。	(18)	生命が多くの生命のつながりの中にあるかけがえのないものであることを理解し、生命を尊重すること。	(19)	ヒューマンカメラ、Being
自然愛護	(19) 自然のすばらしさや不思議さを感じ取り、自然や動植物を大切にすること。	(19)	自然の偉大さを知り、自然環境を大切にすること。	(20)	ヒューマンカメラ、カモフラージュ
感動、畏敬の念	(20) 美しいものや気高いものに感動する心をもつこと。	(20)	美しいものや気高いものに感動する心や人間の力を超えたものに対する畏敬の念をもつこと。	(21)	ヒューマンカメラ、カモフラージュ
よりよく生きる喜び			よりよく生きようとする人間の強さや気高さを理解し、人間として生きる喜びを感じること。	(22)	Quick Norm、Being

出典：工藤亘「TAPを活かしたアクティブ道徳教育に関する研究―道徳科でのTAPの可能性を探る―」玉川大学TAPセンター年報第5号、2020年、p.46

　分は互いにリズムに合わせ両手の平を2回合わせる。

④二人組で何度も取り組み、慣れたらスピードアップや目を閉じて挑戦してみる。ただし、途中でどちらかがエラーをしてしまったら最初から何度もやり直せる。

⑤二人組でできるようになったら隣のペアと合流し、四人組で挑戦してみる。三人組以上で行う際には円の中心を見るようにして並び、「パン・パン」の部分は左右隣の人と片方の手の平がそれぞれ2回合うようにする（自分の右手は右隣の人の左手、自分の左手は左隣の人の右手）。二人組と同様に、途中で誰かがエラーをしたら最初から何度もやり直すことができる。

⑥八人組やクラス全員でも同様に実施可能である。

　このビートは大人数でも可能であるが、教師一人で全員が Error なく正しい動作や法則に従っているかの判定は困難になる。大切なことは、児童自身が正直に Error を認められるかどうかであり、Error をみんなの前で公表できる環境や関係性ができているかどうかである。大人でも子どもでも誰でも Error は起こすものであるが、その Error をごまかさずに自律的に判断し、素直に認められるかどうかは非常に大切なことである。活動の途中や活動後に、「活動中にどんなことが起きたか？」「どんな気持ちをしていたか？」「Error をした際に正直に言えたか？」「どんな工夫をしたか？」などの発問や振返りを行うことで、気づきや学びが促進されていくのである。TAP では **Error is OK!** という考え方を大切にし、「Trial & Error（試行錯誤）」を学びや人間的な成長のために推奨している。誰もが安心して Trial & Error ＝アドベンチャーをするためには、Error をした際の仲間や周りの関わり方が重要となる。Error は自分も含め誰もが起こすものであるが、Error を起こした際に、けなす・ばかにする・からかうなど、否定的な態度や行為・D-zone を感じると回避行動や退行しやすくなる。

　その結果、再びアドベンチャーはしにくくなり、個人やグループとしての成長を阻害することになる（図4.10）。したがって、Error を認め、許容し、心と体の安全や C-zone を確保・拡大させながら、相手の立場や状況を考え、寛容な態度で臨むことが重要となる。論語では「恕」が道徳の根底とされ、「他人の心の如くなれ」という意味で、思いやりや許すことを指す。

　道徳科として TAP を導入する際には、子どもの発達段階による道徳性の課題を把握し、TAP の学習理論やアクティビティの特性と目的を理解することが重要である。そして、事前の打合せやニーズアセスメントにより、子どもの現状や特徴を踏まえた目標設定とプログラミングを行い、シークエンスに則りながら展開する必要がある。

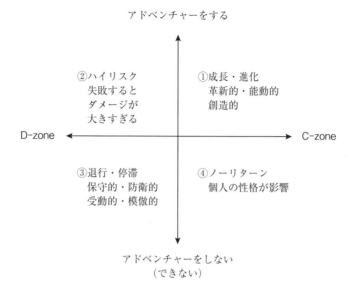

図 4.10　アドベンチャーと C-zone・D-zone の関係性（工藤, 2020）

出典：工藤亘「TAP を活かしたアクティブ道徳教育に関する研究—道徳科での TAP の可能性を探る—」玉川大学 TAP センター年報第 5 号、2020 年、p.48

〈文　　献〉

1)　村井実「「善さ」の復興」東洋館出版社、1988 年、p.20
2)　皇至道「徳は教えられるか──道徳教育の人生観的基礎──」御茶の水書房、1976 年、p.10
3)　同上書、pp.11-12 を参照
4)　同上書、p.11
5)　押谷由夫編「道徳形成論・徳育論」放送大学教育振興会、2011 年、p.14 を参照
6)　杉浦宏編「道徳教育の研究」八千代出版、1985 年、p.16
7)　同上書、p.15
8)　原口純子「環境を通して行う教育」田代和美編「幼児の教育」日本幼稚園協会、1997 年、p.55
9)　同上書、pp.56-57 を参照
10)　日本学術会議　子どもを元気にする環境づくり戦略・政策検討委員会「我が国の子どもを元気にする環境づくりのための国家的戦略の確立に向けて」、2007 年、（http://www.scj.go.jp/ja/info/kohyo/pdf/kohyo-20-t39-4.pdf　2020 年 4 月 21 日最終閲覧）、pp.1-20 を参照
11)　日本学術会議心理学・教育学委員会・臨床医学委員会・健康・生活科学委員会・環境学委員会・土木工学・建築学委員会合同　子どもの成育環境分科会「我が国の子どもの成育環境の改善にむけて──成育コミュニティの課題と提言──」2017 年、（http://www.scj.go.jp/ja/info/kohyo/pdf/kohyo-23-t235-1.pdf　2020 年 4 月 21 日 最終閲覧）、pp. i -iv を参照
12)　日本学術会議　子どもを元気にする環境づくり戦略・政策検討委員会、同上書、p.1
13)　日本学術会議心理学・教育学委員会・臨床医学委員会・健康・生活科学委員会・環境学委員会・土木工学・建築学委員会合同　子どもの成育環境分科会「我が国の子どもの成育環境の改善にむけて──成育コミュニティの課題と提言──」、2008 年、（http://www.scj.go.jp/ja/info/kohyo/pdf/kohyo-20-t62-15.pdf　2020 年 4 月 21 日 最終閲覧）、p.1
14)　篠原助市「教授原論 改訂版」玉川学園大学出版部、1953 年、p.163
15)　西村晧、牧野英二編集代表「ディルタイ全集」第 3 巻、法政大学出版局、2003 年、p.675
16)　国立青少年教育振興機構「「青少年の体験活動等に関する実態調査（平成 26 年度調査）」[結果の概要]」、

2018 年、(http://www.niye.go.jp/kanri/upload/editor/107/File/20180129gaiyou.pdf　2020 年 4 月 22 日 最終閲覧)、p.25 を参照。図については、番号を削除したうえで転用している。

17)　詳細については、松岡亮二「教育格差——階層・地域・学歴」ちくま新書、2019 年を参照。

18)　中央教育審議会「幼稚園、小学校、中学校、高等学校及び特別支援学校の学習指導要領等の改善について」、2008 年、(https://www.mext.go.jp/b_menu/shingi/chukyo/chukyo0/toushin/__icsFiles/afieldfile/2009/05/12/1216828_1.pdf　2020 年 4 月 22 日最終閲覧)、p.29

19)　貝塚茂樹「道徳の教科化——「戦後 70 年」の対立を超えて——」文化書房博文社、2015 年、pp.31-39 を参照

20)　住友剛「「道徳の教科化」をめぐる教育政策の動向の再検討——「教科化」とは別の道徳教育を構想する必要性をめぐって——」(「京都精華大学紀要」第 44 号) 京都精華大学、2014 年、p.98

21)　貝塚茂樹、前掲書、p.57

22)　道徳教育の充実に関する懇談会「今後の道徳教育の改善・充実方策について (報告) ——新しい時代を、人としてより良く生きる力を育てるために——」、2013 年、(http://www.mext.go.jp/b_menu/shingi/chousa/shotou/096/houkoku/__icsFiles/afieldfile/2013/12/27/1343013_01.pdf　2020 年 4 月 22 日最終閲覧)、p.7

23)　杉浦宏編、前掲書、p.43

24)　同上書、p.51

25)　厚生労働省「平成 30 年度「福祉行政報告例」 結果の概要」、2020 年、(https://www.mhlw.go.jp/toukei/saikin/hw/gyousei/18/dl/kekka_gaiyo.pdf　2020 年 4 月 22 日最終閲覧)、p.8 を参照。図については、番号等を削除したうえで転用している。

26)　Charities Aid Foundation "WORLD GIVING INDEX 10TH EDITION"、2019 年、(https://www.cafonline.org/docs/default-source/about-us-publications/caf_wgi_10th_edition_report_2712a_web_101019.pdf　2020 年 4 月 22 日最終閲覧)、p.15 を参照。図については、番号等を削除したうえで転用している。

27)　苅谷剛彦「社会変動と学校：学力低下と格差問題を中心に調査結果を読む」東京大学大学院教育学研究科基礎学力研究開発センター「第 5 回基礎学力シンポジウム　日本の学校——現実と未来——」発表資料、2006 年 (http://www.p.u-tokyo.ac.jp/coe/sympopaper/kariya2006.pdf　2020 年 9 月 1 日最終閲覧)。図については、番号等を削除したうえで転載している。

28)　株式会社日本総合研究所「「地域の教育力に関する実態調査」 報告」、2006 年、(https://www.mext.go.jp/b_menu/shingi/chukyo/chukyo2/003/siryou/06032317/002/003.htm　2020 年 4 月 25 日最終閲覧)を参照。図については、番号等を削除したうえで転用している。

29)　長田新編「ペスタロッチー全集」(全 13 巻)、平凡社、1974 年 (以下、「全集」と記す)、第 8 巻、p.29

30)　「全集」第 12 巻、pp.13-14

31)　「全集」第 6 巻、p.176

32)　「全集」第 8 巻、p.186

33)　同上書、p.187

34)　同上書、p.205

35)　同上書、p.206

36)　「全集」第 9 巻、p.416

37)　「全集」第 8 巻、p.336

38)　「全集」第 10 巻、p.202

39)　小原國芳「道徳教授革新論・学校劇論・理想の学校」玉川大学出版部、1980 年、p.25

40)　同上書、p.24

41)　同上書、p.32

42)　同上書、p.50

43)　同上書、p.50

44)　同上書、p.71 を参照。

45)　同上書、p.11

46)　大山剛「Tamagawa Adventure Program の 15 年間とこれからの取り組み」玉川大学 TAP センター「玉川大学 TAP センター年報」創刊号、2016 年、p.9

47)　難波克己、川本和孝「TAP におけるアドベンチャーに関する諸理論に対する再考察」玉川大学 TAP センター

「玉川大学 TAP センター年報」創刊号、2016 年、p.24

48）小原國芳「小原國芳全集」第 43 巻、玉川大学出版部、1973 年、p.17

49）玉川大学 TAP センターホームページ（http://tap.tamagawa.ac.jp/index.html　2020 年 5 月 1 最終閲覧）を参照。図についても同じ。

　　〈註記〉　長田新編「ペスタロッチー全集」（全 13 巻）、平凡社、1974 年からの引用については、表記や論調の統一を図るため、必要に応じて、"Pestalozzi, J.H. 1997. Kritische Gesamtausgabe sätlicher Werke und Briefe. K.G.Saur/G"を参照したうえで、その一部に表現の統一や修正を加えている。

50）文部科学省「小学校学習指導要領（平成 29 年告示）解説　特別の教科　道徳編（平成 29 年 7 月）」廣済堂あかつき、p.17

51）前掲書 50）、p.20

52）清水由紀、林創編「他者と関わる心の発達心理学」金子書房、2012 年、pp.75-91

53）山岸明子「道徳性の発達に関する実証的・理論的研究」風間書房、1995 年、p.25

54）工藤亘「規範意識や道徳性と TAP との関係についての研究—— TAP は規範意識の醸成と道徳性を養うことに貢献できるか——」教育実践学研究第 21 号、2018 年、p.2

55）P. Mussen、N. Eisenberg-Berg 著、菊池章夫訳「思いやりの発達心理」金子書房、1980 年、p.6

56）菊池章夫「さらに / 思いやりを科学する」川島書店、2014 年、p.3

57）いじめ防止対策推進法（平成 25 年 9 月 28 日）https://www.mext.go.jp/a_menu/shotou/seitoshidou/1406848.htm（令和 2 年 4 月 20 日閲覧）

58）前掲書 50）、p.9

59）前掲書 50）、p.16

60）小原國芳「道徳教授改革論」小原國芳選集 5、玉川大学出版部、1980 年、p.46

61）前掲書 60）、p.47

62）前田浩一「全人教育の再確認」小原哲郎編「全人教育の手がかり」玉川大学出版部、1985 年、p.30

〈主な参考文献・資料〉

・佐野安仁・荒木紀幸編著「道徳教育の視点」晃洋書房、1990 年

・小笠原道雄・田代尚弘・堺正之編「道徳教育の可能性——徳は教えられるか——」福村出版、2012 年

・渡邉満・押谷由夫・渡邉隆信・小川哲哉編「「特別の教科 道徳」が担うグローバル化時代の道徳教育」北大路書房、2016 年

・渡邉満・山口圭介・山口意友編著「新教科「道徳」の理論と実践」玉川大学出版部、2017 年

・西野真由美「新訂 道徳教育の理念と実践」放送大学教育振興会、2020 年

・文部科学省「幼稚園教育要領」（2017 年）（https://www.mext.go.jp/content/1384661_3_2.pdf　2020 年 5 月 2 日最終閲覧）

・文部科学省「幼稚園教育要領解説」（2018 年）（https://www.mext.go.jp/content/1384661_3_3.pdf　2020 年 5 月 2 日最終閲覧）

・文部科学省「小学校学習指導要領」（2017 年）（https://www.mext.go.jp/content/1413522_001.pdf　2020 年 5 月 2 日最終閲覧）

・文部科学省「小学校学習指導要領解説　総則編」（2017 年）（https://www.mext.go.jp/component/a_menu/education/micro_detail/__icsFiles/afieldfile/2019/03/18/1387017_001.pdf　2020 年 5 月 2 日最終閲覧）

・文部科学省「小学校学習指導要領解説　特別の教科道徳編」（2017 年）（https://www.mext.go.jp/component/a_menu/education/micro_detail/__icsFiles/afieldfile/2019/03/18/1387017_012.pdf　2020 年 5 月 2 日最終閲覧）

・文部科学省「中学校学習指導要領」（2017 年）（https://www.mext.go.jp/content/1413522_002.pdf　2020 年 5 月 2 日最終閲覧）

・文部科学省「中学校学習指導要領解説　総則編」（2017 年）（https://www.mext.go.jp/component/a_menu/education/micro_detail/__icsFiles/afieldfile/2019/03/18/1387018_001.pdf　2020 年 5 月 2 日最終閲覧）

・文部科学省「中学校学習指導要領解説　特別の教科道徳編」（2017 年）（https://www.mext.go.jp/component/a_menu/education/micro_detail/__icsFiles/afieldfile/2019/03/18/1387018_011.pdf　2020 年 5 月 2 日最終閲覧）

・プラトン著 / 藤沢令夫訳「メノン」岩波書店、1994 年

あ と が き

　あなたは「予測困難で前例がないから楽しみ！と感じるタイプ」ですか？　それとも「不安が先行し回避するタイプ」ですか？　筆者は比較的、前者のタイプだと自己分析する。人間は誰でもできる限り失敗はしたくないし、失敗によって恥をかくことは避けたくなる。しかし考え方や視点を転換し、「予測困難で前例がない」を「誰にも正解は分からないし、初めて挑戦した人が成功者だ」と捉えると、肯定的でワクワク・ドキドキの感情が湧いてくるのである。

　TAP の実践と研究に関わって 20 年になるが、常に最前線に身を置いているためすべての事に前例はないのである。したがって模倣がでないため予測困難であり、日々暗中模索、試行錯誤の連続だが、そのすべての試行錯誤が前例となり、成功へと導く未来への道標となっていくと考えるとアドベンチャーは楽しいのである。

　我々のモチベーションは、成功や成長を実感できることで高まるのである。そのためにも試行錯誤が必要で、徐々に工夫をしながら達成感を味わい、未知や不可能が既知や可能になっていく体験や実感が人を成長へと導くのである。感情によって行動や認識を制限するのではなく、行動が感情や認識を変えるのである。したがって、老若男女、古今東西、教師、子ども、管理職等を問わず、アドベンチャーを推奨するのである。"挑戦し続ける限り、誰もが成功者"である。

　論語には「子曰、巧言令色、鮮矣仁」という教えがある。うまい言葉を用い、表情をとりつくろって人に気に入られるのではなく、堅実にアドベンチャーを有言実行していきたいのである。

　教師が教育の専門家として授業の指導法や技術を高め、科学的な知識や理論を学ぶ自己研鑽に励むことや、子ども一人ひとりを受容的に理解し、子どもの個性を尊重しながら親和性を高めるための研修を積むことは子どもの成長を促進するためには必要不可欠である。また、高度で多様な価値観や個性を有している子どもたちや保護者（地域の方々や関係機関）との良好な関係を構築するための多様なコミュニケーション能力や柔軟性も必要である。さらに、子どもたちが学んだ知識を普段の生活に生きた知識・実感の伴った知識として応用・転用できる教育実践が求められている。

　「学思行、相まって良となす」は細井平洲（江戸時代の儒学者）の教えであり、学問と思索と実行が三つそろって、初めて学問になるという意味である。単に話を聞いて学ぶだけではなく、自ら考え、実行に移すことで、初めて学んだことになる。つまり、体験学習が重要であるということである。

　教師は指導者であり、支導者でもある。21 世紀市民としてこれからの世界を担っていく子どもたちが、夢を叶えるまでの険しい道のりを積極的に歩んで行くために必要な自己冒険力や課題探求能力を育成することも使命である。そのためには教師が指導と支導のバランスを考慮

し、子どもたちの冒険心や探究心の協働者であり、推進者であり、刺激者でもある必要がある。さらには、予想不可能で対処困難な課題や正解のない問題に対して前向きに対応し、社会に貢献する気概をもった子どもたちを育成していくことが教育に関わる者の使命と考える。

また、教師は学級をリードする役割もある。スタンフォード大学経営大学院の顧問委員会に名を連ねる 75 人に「リーダーが伸ばすべき最大の能力は何か」と尋ねたところ、「自己認識力」であると答えがほぼ一致した。自己認識力とは、自己に意識を傾けることであり、自分の感情、長所、短所、欲求、衝動を深く理解することである。自己認識に優れた人は、自分の感情が、自分自身、他者、自分の仕事の結果にどう影響するかを認識している人である。したがって、教師自身も自己認識力を高めることで、子どもたちへの影響を洞察することができ、その結果として子どもの成長につなげることが可能になるのである。

教室は、多彩な能力を有した子ども、発達の途中にあり未知の可能性を有した子ども、サッカーは得意だけど数学が苦手な子ども、人前で発表は苦手だけど進んでお花に水をあげる子どもなど、マルチプルな子どもたち同士と教師が関わり合うダイナミックな場所である。この子どもたちと教師との関わりや化学反応によって生じる体験を通して人は成長するのである。

論語には「子曰、知之者不如好之者、好之者不如楽之者」という教えもある。あることを理解している人は知識があるけれど、そのことを好きな人にはかなわない。あることを好きな人は、それを楽しんでいる人に及ばないという意味である。我々は、アドベンチャーを楽しむ子どもたちや大人を増やしていけるように挑戦し続けたいのである。

本書を通じて、アドベンチャーの考え方や必要性を知識として学ぶことができたと思うが、今度は、教育現場や普段の生活でアドベンチャーを子どもたちと楽しんでみてください！

2020 年 10 月

玉川の丘より

工　藤　亘

索 引

■執筆分担

[編著者]

工藤　亘（くどう・わたる）
　1970年、青森県生まれ
　玉川大学教育学部教授、玉川大学 TAP センター長
　東海大学大学院文学研究科コミュニケーション学専攻博士課程単位取得退学
　『生徒・進路指導の理論と方法』（編著、玉川大学出版部、2019年）
　『教育実践学―実践を支える理論―』（共著、大学教育出版、2017年）他
　1章・2章 2.1 ～ 2.6〔1〕、4章 4.4

[執筆者]

川本和孝（かわもと・かずたか）
　1974年、東京都生まれ
　玉川大学 TAP センター准教授
　上越教育大学大学院学校教育研究科学校臨床コース修士課程修了
　『学校の社会学』（共著、ナカニシヤ出版、2013年）
　『教育実践学―実践を支える理論―』（共著、大学教育出版、2017年）他
　3章 3.1 ～ 3.4

村井伸二（むらい・しんじ）
　1972年、神奈川県生まれ
　玉川大学 TAP センター准教授
　九州大学大学院人間環境学府行動システム専攻修士課程修了
　『アドベンチャープログラムのリスクマネジメント―チームチャレンジコースと共に更なる
　安全に向けて―』（玉川大学 TAP センター年報　No.5、2020年）
　『新設チームチャレンジコースから考える TAP センターのネクストステージ』（玉川大学
　TAP センター年報　No.4、2019年）他
　2章 2.6〔2〕、3章 3.5

山口圭介（やまぐち・けいすけ）
　1967年、神奈川県生まれ
　玉川大学教育学部教授
　玉川大学大学院文学研究科教育学専攻博士課程単位取得退学
　『新教科「道徳」の理論と実践』（編著、玉川大学出版部、2017年）
　『インターンシップ実践ガイド―大学と企業の連携―』（編著、玉川大学出版部、2017年）
　他
　4章 4.1 ～ 4.3

アドベンチャーと教育
特別活動とアクティブ道徳教育

2020年11月20日　初版第1刷発行

編著者―――工藤　亘
発行者―――小原芳明
発行所―――玉川大学出版部
　　　　　　〒194-8610　東京都町田市玉川学園6-1-1
　　　　　　TEL 042-739-8935　FAX 042-739-8940
　　　　　　http://www.tamagawa.jp/up/
　　　　　　振替：00180-7-26665
印刷・製本――株式会社日本制作センター

乱丁・落丁本はお取り替えいたします。
© Wataru KUDO, 2020　Printed in Japan
ISBN978-4-472-40594-5　C3037/NDC377